AUF EINEN BLICK

GESCHICHTE

D1876815

Titel der Originalausgabe: *Instant History*

© 2023 Librero IBP (für die deutschsprachige Ausgabe)
www.librero-ibp.com

Ursprünglich herausgegeben 2019 von Welbeck, einem Imprint von Welbeck Non-Fiction Limited,
Teil der Welbeck Publishing Group.
Text und Design © Welbeck Non-Fiction Ltd 2019

Verantwortlicher Redakteur: Chris Stone
Design: Katie Baxendale und Gemma Wilson

Übersetzung aus dem Englischen:
Daniela Schmid, Wien
Redaktion und Satz der deutschen Ausgabe:
Print Company Verlagsges.m.b.H., Wien

Printed in China

ISBN: 978-94-6359-426-4

Alle Rechte vorbehalten. Nichts aus dieser Ausgabe darf ohne vorherige schriftliche Zustimmung des Verlags elektronisch oder mechanisch vervielfältigt, gespeichert, veröffentlicht, fotokopiert oder aufgenommen werden.

Der Richtigkeit und Vollständigkeit der Informationen in diesem Buch wurde größte Sorgfalt gewidmet. Sollte unabsichtlicherweise dennoch ein Urheber nicht angegeben sein, werden wir dies nach Kenntnisnahme in der nächsten Ausgabe berichtigen.

Alle Illustrationen von Noun Project außer S. 16 Eddo via Wikimedia Commons

AUF EINEN BLICK
GESCHICHTE

DIE WICHTIGSTEN THEMEN AUF EINER SEITE ERKLÄRT

SANDRA LAWRENCE

Librero

INHALT

FRÜHE NEUZEIT

LANGES 19. JAHRHUNDERT (1789–1914)

KRIEGSJAHRE

VOM KALTEN KRIEG BIS HEUTE

EINLEITUNG

Die Geschichte besteht keineswegs aus einzelnen, aufeinanderfolgenden Ereignissen. Vielmehr handelt es sich um ein dicht verflochtenes Gewebe aus Ursachen, die oft weit in der Vergangenheit liegen und auf den ersten Blick gar nichts mit den jeweiligen Geschehnissen zu tun haben, und ihren Folgen. Um das große Ganze zu sehen, muss man einen Schritt zurückgehen und sich damit beschäftigen, was wann wo geschehen ist, um die Zusammenhänge zu verstehen.

Das Zeitalter der Entdeckungen ist beispielsweise ein relativ breiter Themenbereich, der hier den – auf den ersten Blick vielleicht relativ unvermittelten – Einstieg in unsere Reise durch die Geschichte darstellt. Aber der Wunsch, Zusammenhänge zu verstehen und zu ergründen, der hier eine große Rolle spielte, reicht weit zurück und ist auch heute noch ein wichtiger Bestandteil der menschlichen Entwicklung. Einige wollten damals schlicht wissen, was sich auf der anderen Seite der bekannten Meere befindet, um die weißen Flecken auf den Landkarten zu füllen, die in ihrer Vorstellung von Ungeheuern bewohnt waren. Andere hofften auf Schätze, Gewürze, Mineralien, Nahrungsmittel und neue Ideen. Die Bevölkerung Europas wuchs, daher waren Handel und Siedlungsraum weitere Faktoren, warum man sich auf Entdeckungsreisen begab: Einige waren auf der Suche nach einem neuen Zuhause, andere hatten sich die Eroberung exotischer Länder zum Ziel gesetzt.

Mit der Entdeckung neuer Länder, Völker und Rohstoffe begann das Zeitalter des transkontinentalen Handels, wodurch zahlreiche zuvor unbekannte Dinge nach Europa kamen – von exotischem Obst bis hin zum Schießpulver. Und durch die Erfindung der Druckerpresse wurde es schließlich einfacher, auch neue Ideen und Nachrichten auf der ganzen Welt zu verbreiten. Der Renaissance wiederum verdanken wir atemberaubende Kunstwerke und wunderschöne Gebäude, erbaut mit eingeführten Materialien und finanziert durch den neu erworbenen Reichtum. Die Schiffe mächtiger privater Unternehmen durchkreuzten die Meere und handelten mit Luxusgütern, Rohstoffen – und Menschen. Zurückzuführen war dies vor allem auf den wissenschaftlichen Fortschritt im Schiffsbau und neue Waffen. Mit den privaten Unternehmen wuchs auch die Anzahl der Piraten, die oft von den Staaten finanziert wurden: Im Wettlauf um die Kolonialisierung des neu entdeckten Kontinenten war den Europäern jedes Mittel recht.

Die Völker im Nahen und Fernen Osten spannen ihre eigenen geschichtlichen Verflechtungen – statt der Sixtinischen Kapelle gibt es hier eben die Verbotene Stadt. Das Reich der Azteken erlebte seine Blütezeit, lange bevor die Spanier kamen, bis diese gänzlich unterschiedlichen Welten aufeinanderprallten – und neue Verflechtungen entstanden.

Die Kolonialmächte, die die Kontinente zwischen sich aufteilten, brachten ihre jeweiligen Religionen mit, die sie den eroberten Völkern auferlegten. Vor allem die katholische Kirche wurde immer mächtiger und setzte sich gegen andere durch – von den Mauren in Afrika bis hin zu Abtrünnigen wie der Kirche von England unter Heinrich VIII.

Sie misstraute denen, die sie unter Zwang zum Konvertieren gebracht hatte, wie etwa den jüdischen *Conversos*, und läutete schließlich die Spanische Inquisition ein, um die verlorenen Seelen in der Alten und Neuen Welt auszurotten. Es gab aber auch Widerstand gegen die Kirche: Eine Neuinterpretation des Christentums begann, sich gegen die etablierte Kirche aufzulehnen, und Puritaner und andere religiöse Separatisten schlossen sich den europäischen Entdeckern, Händlern und Eroberern auf der Suche nach einem neuen Leben in den amerikanischen Kolonien an – und schließlich sogar den europäischen Botschaftern, die an die Höfe der Mogulen und der Osmanen geschickt wurden.

Im Osten war man weniger erfolgreich. Grundlegende Missverständnisse zwischen den so unterschiedlichen Kulturen ermöglichten einen nur sehr eingeschränkten Handel mit China, und Japan blieb unter der Herrschaft der Shogune ganz für sich. Andere Kontinente waren jedoch einfache Beute für die Europäer: So brachte man zum Beispiel ins von James Cook „entdeckte" Australien verurteilte britische Verbrecher und versklavte viele Einheimische Afrikas auf den europäischen Plantagen – nur so war der Reichtum zu erlangen, um in der Heimat prunkvolle Paläste und Schlösser zu bauen, Landschaftsgärten anzulegen und die industrialisierten Städte Europas zu versorgen.

Schließlich bahnten sich aber auch in den Kolonien Veränderungen an. Die Menschen dort begannen zu verstehen, dass sie nicht so behandelt wurden wie die Bürger der Kolonialmächte, sondern dass sie ausgebeutet wurden. Inspiriert von den Ideen der Aufklärung und ermutigt durch den Bürgerkrieg in England und, später, die Französische Revolution begann eine Kolonie nach der anderen, ihre Unabhängigkeit zu fordern – das war der Beginn dessen, was wir heute als Vereinigte Staaten von Amerika kennen.

Die Freiheit, die sich einige erkämpften, erweckte auch bei vielen anderen die Sehnsucht danach, frei zu sein. Allerdings hatte die Sklaverei die ganze Welt noch lange fest im Griff – für ihre Abschaffung sollten noch viele Generationen und in Amerika ein Bürgerkrieg notwendig sein. Ohne die Industrielle Revolution wäre der Kampf wahrscheinlich noch blutiger geworden: Die Plantagenbesitzer waren so zumindest teilweise im Stande, die fehlende Arbeitskraft der Sklaven durch Maschinen zu ersetzen, und in den neuen Fabriken in der Heimat produzierten die Arbeiter außerdem nun sowieso weit mehr als in den ländlich geprägten Kolonien. Mit dem Zug konnten Güter nun zudem einfacher transportiert werden, und Dampfschiffe brachten exotische Waren aus der ganzen Welt mit – für die, die es sich

leisten konnten. Die, die es sich nicht leisten konnten, begannen, sich für neue Ideen wie die von Karl Marx zu interessieren, die zugleich für eine neue Weltordnung standen: den Kommunismus. Und eine Hälfte der Bevölkerung, nämlich die Frauen, kämpfte um Grundlegende wie: das Wahlrecht.

Es folgte die Zeit der Erfindungen, etwa des Automobils, der Glühbirne und des motorisierten Flugzeugs, die einen großen Einfluss auf das immer enger verflochtene geschichtliche Gewebe des 20. Jahrhunderts hatten. Das Fliegen erlaubte es den Menschen, die Welt zu entdecken, Güter konnten weltweit gehandelt werden, und Nachrichten ließen sich schnell verbreiten. Aber nicht nur das, auch die Kriegsführung veränderte sich: von Zeppelinen über Atombomben bis hin zu 9/11. Zwei Weltkriege, in denen die Nationen oft tausende Kilometer in der Ferne kämpften, ließen Zwistigkeiten aufgrund jahrhundertealter schwärender Wunden wiederaufleben, und die heimkehrenden Soldaten brachten die Spanische Grippe mit, die zu einer Pandemie führte, wie man sie seit dem Schwarzen Tod nicht mehr erlebt hatte. Aber es gab auch neue Hoffnung: in Form von Medikamenten und Erfindungen – und aufgrund wichtiger Errungenschaften, von den Rekorden bei den ersten Olympischen Spielen der Neuzeit bis hin zur Eroberung der höchsten Berge und der Tiefen des Ozeans.

Die Verflechtungen wurden nun immer dichter. So konnte die Ermordung einer Person zum Untergang vieler weiterer führen, wie das etwa bei Erzherzog Ferdinand der Fall war. Die Ermordung von Martin Luther King und Malcolm X brachte den Anstoß für die Bürgerrechtsbewegung, und das Attentat auf John F. Kennedy führte indirekt zur Mondlandung.

Dieses Buch ist keine Auflistung aller geschichtlichen Ereignisse, sondern vielmehr ein Blick auf einige Momente in der Geschichte. Und selbst dabei reicht der Platz nicht einmal ansatzweise, um die oft sehr komplexen Themen umfassend zu behandeln. Dieses Buch ist vielmehr der Versuch, einige der Millionen Verflechtungen aufzuzeigen, die unsere Geschichte ausmachen. Auf jeder Seite finden sich wichtige Punkte, die sich für vertiefende Recherchen eignen – sodass man irgendwann das große Ganze erkennt. Versteht man die Verbindungen, werden auch die Ursachen und Folgen, die die Geschichte letztendlich ausmachen, deutlich. Zu verstehen, was zur Verbreitung der Spanischen Grippe, zum Tian'anmen-Massaker oder zur Watergate-Affäre geführt hat, ist außerdem ein kleiner Schritt dahin, zu erkennen, was man tun muss, um neue Ausprägungen alter Übel zu verhindern.

DAS ZEITALTER DER ENTDECKUNGEN

Als die alten Handelsrouten vom Fernen Osten nach Europa durch den Aufstieg des Osmanischen Reichs 1453 versperrt wurden, mussten die Händler neue Wege finden, um ihre Waren nach Europa zu bringen.

ZEITTAFEL

Mitte der 1420er bis 1460 Heinrich der Seefahrer finanziert Expeditionen in den Süden und entlang der Westküste Afrikas und begründet damit die Kolonialmacht Portugal.

1487 Pêro da Covilhã reist über Land und Meer nach Ägypten und schließlich bis zum Roten Meer.

1488 Bartolomeu Dias umsegelt das afrikanische Kap der Stürme, das heutige Kap der guten Hoffnung – und erkennt, dass die Küste von dort aus wieder nach Norden führt.

1492 Christoph Kolumbus glaubt, die Welt umsegelt und Indien erreicht zu haben, entdeckt aber die Westindischen Inseln – und damit Amerika.

1497 Der Italiener Giovanni Caboto erreicht Neufundland.

1499 Der italienische Entdecker Amerigo Vespucci erkundet die Nordküste Südamerikas.

1500 Pedro Álvarez Cabral entdeckt Brasilien.

1511 Die Portugiesen kontrollieren von der Straße von Malakka aus das Südchinesische Meer.

1512 Die Gewürzinseln und Java werden entdeckt.

1553 Die Suche nach der Nordostpassage beginnt.

1557 In Macao wird ein Handelshafen eingerichtet.

1576 Auf der Suche nach der Nordwestpassage entdeckt Martin Frobisher die Frobisher-Bucht in Kanada.

1670 Das Handelsunternehmen Hudson's Bay Company wird gegründet.

GEHANDELTE GÜTER

VON WESTEN NACH OSTEN

Kamele
Sklaven
Pferde
Weinstöcke
Felle
Honig
exotische Früchte
Glas
Teppiche
Waffen

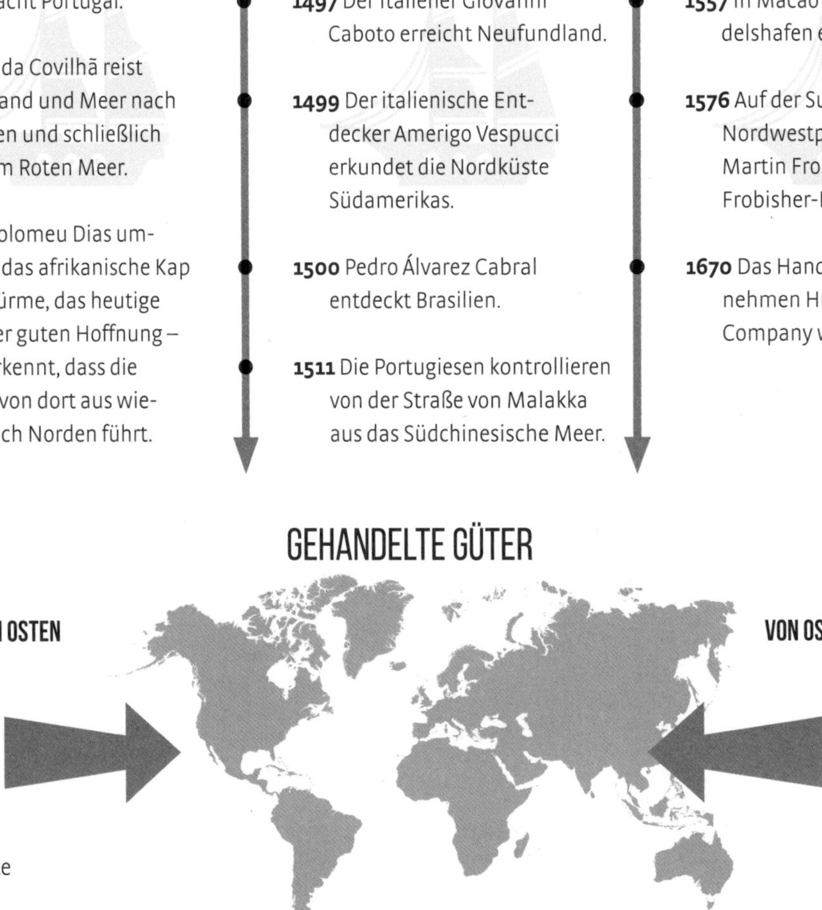

VON OSTEN NACH WESTEN

Seide
Reis
Juwelen
Papier
Tee
Porzellan
Gewürze
Parfüm
Schießpulver
Elfenbein

TERRA INCOGNITA

Auch wenn bereits viel entdeckt wurde:
Es gab noch immer weiße Flecken auf der Weltkarte.

DER SCHWARZE TOD

1348 landeten zwei Schiffe in Melcombe, Dorset – an Bord hatten sie eine tödliche Krankheit aus Europa. Innerhalb von zwei Jahren starb ein Drittel der Bevölkerung Englands, Schottlands, Wales und Irlands.

AUSBREITUNG DER PEST

SPÄTE 1330ER
Es kommt zu seltsamen Todesfällen in **Kirgisistan in Zentralasien.** Nach und nach gibt es immer mehr Tote **entlang der Seidenstraße.**

1346
Erste Gerüchte über die Krankheit **erreichen Europa.**

1347
Die Pest erreicht **Sizilien** und schließlich **das italienische Festland.** In Florenz sterben etwa **100.000 Menschen.**

1348
In **Paris** sterben **50.000 Menschen** an der Pest.

1348
Von England breitet sich die Pest **weiter nach Skandinavien** aus.

PESTARTEN

Die Pest trat in **drei Formen** auf. Alle Erkrankten bekamen zunächst **Fieber und Kopfschmerzen** und fühlten sich **geschwächt** – dann unterschied man:

BEULENPEST
schwarze, übelriechende Beulen unter den Armen und in der Leistengegend

LUNGENPEST
Bluthusten

Atembeschwerden

Schmerzen in der Brust

PESTSEPSIS
Magen- und Bauchschmerzen

Durchfall

Da es kein Gegenmittel gab, starben die Erkrankten so schnell, dass es in vielen Dörfern bald niemanden mehr gab, um die Toten zu begraben. Die Leichen wurden oft einfach in **öffentliche Seuchengräber** geworfen.

VERMEINTLICHE GEGENMITTEL
Feigen
in Essig eingelegte Eier
Rhabarber
Sumbulwurzel
Sträußchen aus süß duftenden Kräutern und Blumen

AUFSTÄNDISCHE BAUERN
Nach der Pest **gab es zu wenige Arbeiter,** wodurch sich die verbliebenen stark fühlten. Als 1381 eine **Kopfsteuer verabschiedet werden sollte, kam es zum Aufstand.**

SÜNDENBOCK
Lange wurden **schwarze Ratten** für die Pest verantwortlich gemacht, heute weiß man, dass **menschliche Parasiten** die Krankheitsüberträger waren.

TÖDLICHE WIEDERHOLUNG
In London kam es **immer wieder zu Pestausbrüchen,** der schlimmste erfolgte **1665.** Auch heute noch gibt es Ausbrüche, meist in Afrika. Unbehandelt ist die Pest tödlich.

IN EUROPA STARBEN GESCHÄTZTE 20 MILLIONEN MENSCHEN AN DER PEST.

DIE SCHLACHT VON AZINCOURT

Im August 1415 nahm das englisch-walisische Heer die französische Hafenstadt Harfleur ein. Auf dem Weg nach Calais erhielt König Heinrich V. die Nachricht, dass sich ihm ein riesiges französische Heer entgegenstellte.

ZEITPUNKT 25. OKTOBER 1415

ORT AZINCOURT, NORDWESTEN FRANKREICHS

PARTEIEN ENGLAND UND WALES VS. FRANKREICH

KOMMANDANTEN KÖNIG HEINRICH V. VON ENGLAND VS. CHARLES D'ALBRET, GRAF VON DREUX

GESCHÄTZTE TRUPPENSTÄRKE ENGLAND: 5.000–6.000, FRANKREICH: 20.000–30.000

GELÄNDE BEENGT UND SCHLAMMIG

AUSGANG SIEG DES ENGLISCHEN HEERES, EIN DRITTEL DER FRANZÖSISCHEN ADELIGEN WIRD GETÖTET ODER GEFANGEN GENOMMEN.

VOR DER SCHLACHT

Das englisch-walisische Heer war **hungrig und müde,** viele Soldaten litten an **der Ruhr. Niemand glaubte an den Sieg.** In der Nacht vor der Schlacht schritt Heinrich V. durch das Lager und ermutigte die Soldaten – ein Ereignis, das Shakespeare in seiner berühmten **St. Crispins-Tag-Rede verarbeitete.**

MODERNE WAFFEN

Die englisch-walisischen Bogenschützen waren Experten, **vor allem am Langbogen.** Auch die Franzosen hatten Langbogenschützen, aber sie waren zu weit hinten, um etwas auszurichten.

In seinem 1599 uraufgeführten Drama *Heinrich V.* **verewigte** William Shakespeare **den Sieg der Engländer.**

IN DER HITZE DES GEFECHTS

Die französische Kavalerie – viele davon waren Adelige – legt an. Die Engländer halten die Stellung und **antworten mit Pfeilsalven.**

Verwundete Pferde brechen in Panik aus, abgeworfenen Reitern ist es aufgrund der schweren Plattenpanzer unmöglich, **aufzustehen.**

Die französische Infanterie zertrampelt eigene Pferde und Soldaten, nur um dann selbst **im Schlamm steckenzubleiben.**

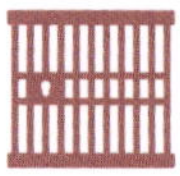

Die Engländer nehmen **Gefangene, um Lösegeld zu fordern.** Ein weiterer französischer Angriff **zwingt Heinrich dazu, ihre Ermordung anzuordnen,** um den Angriff abzuwehren – für die Franzosen unehrenhaftes Verhalten.

WAFFEN

FRANZÖSISCHES HEER

- zweihändige Schwerter
- Keulen
- Dolche
- Lanzen
- Knüppel
- Langbögen

ENGLISCH-WALISISCHES HEER

- vor allem Langbögen, mit panzerbrechenden Pfeilen
- Handwaffen

DIE RENAISSANCE

Die Renaissance („Wiedergeburt") war durch enorme Fortschritte in der klassischen Philosophie, den Wissenschaften, der Wertebildung und ganz besonders der Kunst gekennzeichnet.

ZEITRAUM FRÜHES 14. BIS FRÜHES 16. JAHRHUNDERT

HUMANISMUS

Mit dem Humanismus ging ein **gesteigertes Interesse an weltlichen Angelegenheiten,** die dem menschlichen Geist entsprangen, einher, die **Kirche verlor an Bedeutung.**

PHILOSOPHIE

Antike griechische und römische Ideale in Verbindung mit **mittelalterlichen Konzepten von Rittertum** und neuen Formen der Machtpolitik, fanden Eingang in den ultimativen Ratgeber für die Renaissance-Herrscher: *Der Fürst* von **Machiavelli.**

ERFINDUNGEN

Durch die Erfindung der Druckerpresse war es möglich, **Ideen und Konzepte in der ganzen bekannten Welt zu verbreiten:** sowohl solche antiken Ursprungs – **viele klassische Texte waren nun erstmals allgemein verfügbar** – als auch moderne Ansätze.

SCHÖNE KÜNSTE

Die Renaissance war durch **eine Blütezeit der Kunst,** vor allem in Italien und dort besonders in **Florenz,** gekennzeichnet. Anatomische Zeichnungen wurden auf neue Weise dargestellt, und durch die **perspektivistische Malerei wurde Landschaften Leben eingehaucht.**

BILDHAUEREI

Zwei Skulpturen des jungen biblischen **David,** nämlich jene von **Donatello** und **Michelangelo,** sowie Bandinellis *Herkules und Cacus* und Michelangelos *Moses, Pietà* und *Sklaven* gelten als einige der besten bildhauerischen Werke aller Zeiten.

WISSENSCHAFTEN

So vieles in der Welt schien nur darauf zu warten, entdeckt und erforscht zu werden: von der **Astronomie** bis hin zur **Chemie**, von der **Physik** bis hin zum **menschlichen Körper.**

ARCHITEKTUR

In der Renaissance trafen **klassische römische und griechische Architekturtheorien** auf moderne, dekorative Konzepte. Bis heute **weiß man nicht, wie es Brunelleschi gelang, die eindrucksvolle Kuppel der Kathedrale Santa Maria del Fiore in Florenz zu bauen.**

KRIEGSFÜHRUNG

Das in China perfektionierte **Schießpulver** erreichte das frühmoderne Europa, und **Mitte des 15. Jahrhunderts sorgten Handfeuerwaffen** für eine vollkommen neue Art der Kriegsführung.

DIE HOCHRENAISSANCE

Die Zeit von den 1490er Jahren bis 1527 war jene dreier große Meister: **Leonardo da Vinci, Raphael** und **Michelangelo.** Aber auch viele andere heute bekannte Künstler wie **Botticelli, Tizian, Donatello** und **Giotto** waren zu dieser Zeit tätig.

DIE NIEDERLÄNDISCHE RENAISSANCE

Die Niederländische Renaissance setzte **etwas später, ab dem späten 14. Jahrhundert,** in den **Niederlanden, Belgien, Frankreich und England** ein und brachte Künstler wie **Bruegel, Dürer, Holbein** und **Van Eyck** hervor.

DAS AZTEKENREICH

Die Azteken, eines der vielen Völker des mittelalterlichen Mittelamerikas, dessen Eroberung durch die Spanier weltbekannt ist, strahlen auch heute noch für viele einen besonderen Reiz aus.

ZEITTAFEL

200 Die Azteken erreichen von Norden aus das Tal von Mexiko.

1325 Tenochtitlán, eine schnell wachsende Stadt mit Dammwegen und Kanälen, wird gegründet.

1428 Durch den aztekischen Dreierbund, eine Allianz von drei Städten gegen eine vierte, wird das Aztekenreich begründet.

1440–1469 Die Herrschaft von Moctezuma I. markiert die Blütezeit des Aztekenreichs.

1487 Im Templo Mayor werden tausende Menschen geopfert.

1502 Moctezuma II. wird Herrscher über das Aztekenreich.

1517 Ein Komet wird als Zeichen des Untergangs gedeutet.

1519 Der spanische Eroberer Hernán Cortés lässt Moctezuma zuerst gefangen nehmen und dann töten.

1521 Cortés besiegt die Azteken.

1522 Tenochtitlán wird als Mexiko-Stadt wiederaufgebaut.

HIERARCHISCH STRUKTURIERTE GESELLSCHAFT

In der hierarchisch strukturierten Gesellschaft der Azteken gehörten Familien zu größeren Einheiten, sogenannten *Calpulli*. Zusammen bildeten diese **Stadtstaaten,** die größte war Tenochtitlán. Andere Stadtstaaten mussten dem **Herrscher Tribut zahlen.**

Religion spielte bei den Azteken eine große Rolle. Das Volk der Sonne glaubte, dass die Sonne nur durch **Rituale und Opfer** aufgehe.

VEREHRTE UND GEFÜRCHTETE GÖTTER

Huitzilopochtli – der Gott des Krieges
Tlaloc – der Gott des Regens und des Wassers
Quetzalcoatl – der Gott des Lebens und des Windes
Tezcatlipoca – der Gott der Nacht
Chicomecoatl – die Göttin der Erde und der Nahrung

DIE AZTEKISCHE MACHTPYRAMIDE

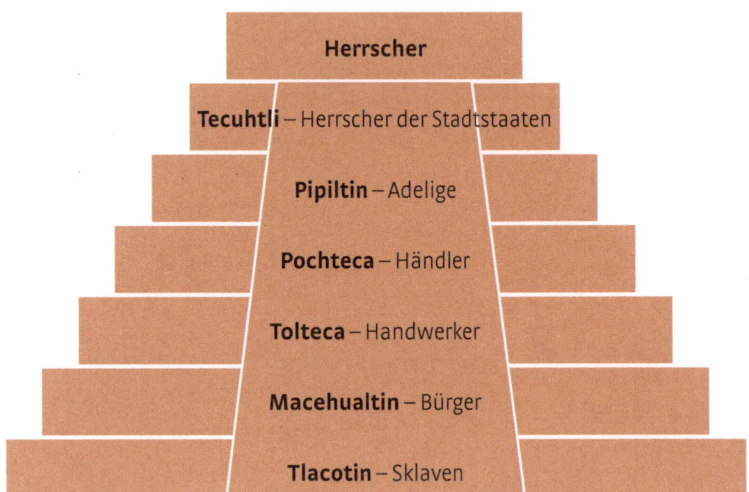

LEONARDO DA VINCI

Leonardo da Vinci, der Renaissance-Künstler schlechthin, war ein Universalgenie: Von Naturwissenschaften und Mathematik über Malerei, Bildhauerei und Technik bis hin zu Architektur gab es nichts, was ihn nicht faszinierte.

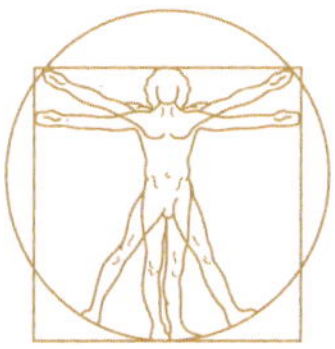

Da Vinci sah überall Wunder, die erforscht, aufgezeichnet und weiterentwickelt werden wollten. Er interessierte sich genauso für die **Vorgänge im menschlichen Körper** wie für den Körper an sich und seine Darstellung, aber auch **das Fliegen** oder **die Kriegsführung** begeisterten ihn.

DA VINCIS ERFINDUNGEN

Nur wenige von Leonardos Erfindungen wurden tatsächlich gebaut oder hätten funktioniert, wenn sie gebaut worden wären. Er fertigte Entwürfe für **Flugmaschinen, Panzer, automatische Waffen, Fallschirme, Taucherausrüstung, selbstfahrende Wagen, Hubschrauber** und sogar für **einen Roboter.**

MONA LISA

Gemalt	1503–1519
Ausgestellt	Louvre, Paris
Ausführung	Öl auf Pappelholz
Abgebildet	unbekanntes Modell

DAS LETZTE ABENDMAHL

Gemalt	1495–1498
Ausgestellt	Santa Maria delle Grazie, Mailand
Ausführung	Tempera
Abgebildet	Jesus Christus und die Apostel

VERLORENE MEISTERWERKE

Da Vinci arbeitete lange an einer **knapp fünf Meter hohen, bronzenen Pferdestatue.** Das Material wurde schließlich verwendet, **um Kanonen zu bauen,** und Da Vincis Tonmodell ging verloren. Auch andere seiner Werke wurden nie vollendet.

ZEITTAFEL

15. April 1452 Leonardo wird in Vinci in Italien geboren.

ca. 1467 Er wird unter dem Künstler Andrea del Verrocchio in Florenz ausgebildet.

1472 Er wird in die Malergilde aufgenommen und beginnt, Entwürfe für technische Maschinen anzufertigen.

1482 Da Vinci geht nach Mailand, um für die Sforza zu arbeiten, zurück lässt er das unvollendete Werk *Anbetung der Könige aus dem Morgenland.*

1502 Er beginnt, als Militärarchitekt und Ingenieur für Cesare Borgia zu arbeiten.

1513 Da Vinci geht nach Rom, um für den Papst zu arbeiten, erhält aber nur kleine Aufträge.

1516 Er zieht nach Frankreich und wird erster Maler, Architekt und Ingenieur am Hof.

2. Mai 1519 Da Vinci stirbt in Amboise in Frankreich.

DIE DRUCKERPRESSE

Sowohl den Buchdruck als auch mechanische Pressen gab es bereits vor dem 15. Jahrhundert, aber es war der deutsche Goldschmied Johannes Gutenberg, der beides zusammenbrachte.

ZEITTAFEL

- **868** *Die Diamant-Sutra,* das älteste Buchdruckerzeugnis der Menschheitsgeschichte, wird mithilfe von sieben Holztafeln gedruckt.
- **11. Jahrhundert** Bi Sheng, ein chinesischer Handwerker, entwickelt bewegliche Lettern aus gebranntem Ton.
- **ca. 1400** Johannes Gutenberg wird geboren.
- **1439** Durch einen Rechtsstreit wird bekannt, dass Gutenberg eine Druckerpresse entwickelt.
- **1454–1455** Die Gutenberg-Bibel ist das erste gedruckte Buch in Europa.
- **1473** *Recuyell of the Historyes of Troye* ist das erste Buch, das auf Englisch gedruckt wird.
- **1476** William Caxton, der erste englische Buchdrucker, druckt in London mehr als 100 Bücher, darunter Chaucers *Canterbury Tales* und Malorys *Le Morte Darthur.*

Vor dem 15. Jahrhundert wurden Bücher in Europa **aufwendig von Hand abgeschrieben,** weshalb sie unglaublich teuer waren.

Die Holzschneidekunst **Xylografie** war in **China und Korea bereits seit Jahrhunderten bekannt.** So wurden Fehler beim Abschreiben verhindert und die Produktion von Büchern beschleunigt, die Lettern **nutzten sich aber schnell ab.**

LEINSAMENÖL UND RUSS waren wichtige Zutaten von Gutenbergs Tintenrezept.

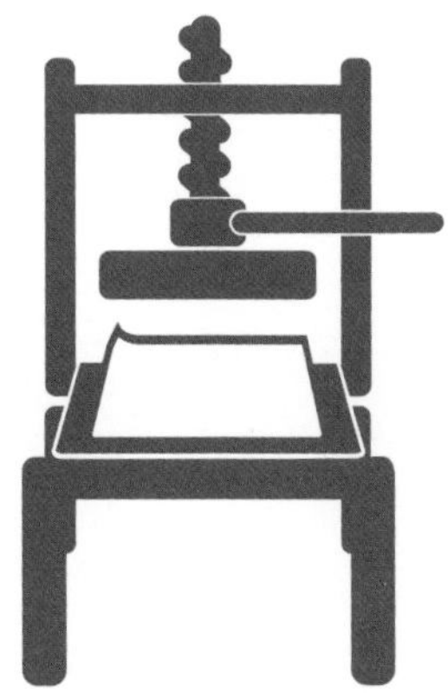

Gutenberg entwickelte die hölzernen Druckstöcke weiter zu **beweglichen Lettern** – einzelne Groß- und Kleinbuchstaben sowie Satzzeichen. Außerdem machte er sich die Entwürfe von Schrauben für Wein-, Olivenöl- und Papierpressen zunutze und baute einen **beweglichen Metallrahmen, der großem Druck standhielt.**

DIE GUTENBERG-BIBEL

Kopien der Gutenberg-Bibel gibt es heute noch.

Zeilen waren in jeder Spalte, daher kommt auch die alternative Bezeichnung **B42.**

Durch die Druckerpresse konnten **Bücher relativ billig und schnell produziert werden,** was zu einer Blütezeit der westlichen Literatur führte.

DIE SIXTINISCHE KAPELLE

Die Decke der Sixtinischen Kapelle gilt als eines der größten künstlerischen Gesamtwerke und Die Erschaffung Adams *ist, abgesehen von da Vincis* Letztem Abendmahl, *eines der am häufigsten reproduzierten Bilder.*

UMBAU UNTER PAPST SIXTUS IV., 1477–1480

ORT APOSTOLISCHER PALAST, VATIKANSTADT

DECKENGEMÄLDE IN AUFTRAG GEGEBEN VON PAPST JULIUS II.

GEMALT 1508–1512

KÜNSTLER MICHELANGELO BUONARROTI

ABMESSUNGEN LÄNGE: 40,9 METER, BREITE: 13,4 METER, HÖHE: 20,7 METER – GENAUSO GROSS WIE DER IN DER BIBEL BESCHRIEBENE TEMPEL VON JERUSALEM

Als er mit der Deckenmalerei beauftragt wurde, arbeitete **Michelangelo am Grabmonument für den Papst.** Er sah sich selbst als Bildhauer und wollte den Auftrag nicht, konnte aber nicht ablehnen. Er malte auch das Altargemälde *Das Jüngste Gericht,* allerdings war **sein Augenlicht** durch die viele Arbeit im Halbdunkel bereits nachhaltig geschädigt.

Das ursprüngliche **Deckengemälde** zeigte einen von **Matteo d'Amelia** gemalten Sternenhimmel.

DIE FRESKEN

Die Wandmalereien wurden mithilfe der **Freskotechnik** gemalt, wobei Farbpigmente auf feuchten Kalkputz aufgetragen werden.

DIE WÄNDE WURDEN VON VERSCHIEDENEN KÜNSTLERN BEMALT:

- Biagio d'Antonio
- Sandro Botticelli
- Pietro Perugino
- Domenico Ghirlandaio
- Bartolomeo della Gatta
- Luca Signorelli

DIE SIXTINISCHE KAPELLE IN ZAHLEN

9
zentrale Bildfelder zeigen **Szenen aus dem Buch Genesis.** Der **Papst** wollte ursprünglich die **Apostel abbilden,** aber Michelangelo stimmte ihn um.

1.100 M²
Wände und Decken wurden bemalt.

Mehr als **300**
Figuren wurden abgebildet.

25.000
Menschen besuchen die Kapelle jeden Tag, fünf Millionen jährlich.

1.564
nackte Figuren wurden mit Feigenblättern „bekleidet".

MARTIN LUTHER

Die katholische Kirche des Mittelalters war reicher und mächtiger als jeder König. Aber sie war auch korrupt. Ein deutscher Mönch hatte irgendwann genug davon.

ZEITTAFEL

- **1483** Martin Luther kommt in Eisleben in Sachsen zur Welt.
- **1501** Er soll Jura studieren.
- **1505** Luther verlässt die Universität, um Mönch zu werden.
- **1507** Die Ablasspreise für päpstliche Begnadigungen steigt dramatisch.
- **1510** Luther macht eine Pilgerreise nach Rom und ist schockiert angesichts der Korruption in der katholischen Kirche.
- **1512** Luther wird Professor an der Universität in Wittenberg
- **31. Oktober 1517** Luther schlägt seine 95 Thesen an – und wird der Ketzerei beschuldigt.
- **1519–1520** Er hört nicht auf, die Kirche zu kritisieren.
- **1520** Durch eine päpstliche Bulle wird ihm die Exkommunikation angedroht, er veröffentlicht als Antwort darauf die Schrift *Wider die Bulle des Endchrists.*
- **1521** Luther übersetzt das Neue Testament ins Deutsche, sodass es jedem zugänglich ist.

ERKAUFTES SEELENHEIL

Päpstliche **Ablässe verkürzten die Zeit, die die Seele des Käufers im Fegefeuer,** dem Ort der Läuterung zwischen Himmel und Hölle, **verbringen musste.**

WARUM GLAUBTE LUTHER, DASS DIE KIRCHE IM UNRECHT WAR?

Luther zitierte eine Passage aus der Bibel: „Der Gerechte wird seines Glaubens leben." Er war der Ansicht, dass das beweist, dass jemand, **der wirklich glaubt, die Kirche und mit ihr die Beichte, Ablässe, das Fasten oder vorgegebene Gebete nicht braucht.**

DIE 95 THESEN

Luther kritisierte den Ablasshandel und leugnete den päpstlichen Einfluss auf die Zeit im Fegefeuer.

Luther soll seine Thesen am Hauptportal der Schlosskirche in Wittenberg angeschlagen haben. Abschriften verbreiteten sich innerhalb von zwei Wochen in ganz Deutschland – aufgrund der modernen Druckerpresse. Zwei Monate später kannte man sie in ganz Europa.

Karl V., der Kaiser des Heiligen Römischen Reiches, wollte Luther verhaften lassen. Während dieser sich als „Junker Jörg" versteckt hielt, **übersetzte er das Neue Testament ins Deutsche.** Das war der Beginn der Reformation.

DIE BIBEL AUF ENGLISCH

Solange sie nur in Latein verfügbar war, war die Bibel für die meisten Mensch ein Mysterium – und die katholische Kirche wollte es gerne dabei belassen. William Tyndale war hingegen der Meinung, jeder sollte sie verstehen können.

ZEITTAFEL

ca. 1494 William Tyndale wird geboren.

ca. 1521 Er erhält die Priesterweihe und geht nach London, um die Bibel ins Englische zu übersetzen – das stellt einen Verstoß gegen die Lehre der Kirche dar, er fühlt sich bedroht.

1524 Tyndale geht nach Deutschland, um Martin Luther, der die Bibel ins Deutsche übersetzte, um Hilfe zu bitten.

1525 Tyndales Übersetzung des Neuen Testaments ist fertig und wird in Köln gedruckt – und von dort aus nach England geschmuggelt.

1529 Tyndale wird der Ketzerei beschuldigt und versteckt sich von nun an.

1534 Er nimmt fälschlicherweise an, dass der Bruch König Heinrichs VIII. mit dem Papst für ihn Sicherheit bedeutet, und geht nach Antwerpen.

1536 Tyndale wird verraten, gefangen genommen und schließlich hingerichtet.

1539 Heinrich VIII. ändert seine Meinung und erlaubt das Verlesen der *Great Bible*, auf Englisch, während der Messe.

1557 Die Geneva-Bibel wird veröffentlicht und erfreut sich unter den Puritanern großer Beliebtheit.

1611 Die King-James-Bibel wird zur Standardbibel.

WAS HATTE DIE KIRCHE GEGEN EINE BIBEL AUF ENGLISCH?

Solange nur Gelehrte und Geistliche die Bibel lesen konnten, **hatte die Kirche die absolute Kontrolle über die folgsame religiöse Bevölkerung.** Sie hatte Angst, ihre Macht zu verlieren, sollte jeder die Bibel lesen können.

TYNDALES HINRICHTUNG

Tyndale wurde als Ketzer zum **Tod auf dem Scheiterhaufen** verurteilt. Er wurde **erwürgt und dann verbrannt.**

DIE GREAT BIBLE

Die von Heinrich VIII. autorisierte Version beruhte zum Großteil auf Tyndales Arbeit, **wesentliche Passagen, die als unpassend angesehen wurden, wurden aber geändert.**

DIE KING-JAMES-BIBEL

Die King-James-Bibel, auch Authorized Version genannt, gilt bis heute als eines der **schönsten literarischen Werke** in englischer Sprache. Die Arbeiten begannen 1604, die Übersetzung wurde von **47 Gelehrten der Kirche von England** angefertigt.

NIKOLAUS KOPERNIKUS

Trotz allem bis dahin allgemein anerkannten Wissens behauptete Nikolaus Kopernikus, dass die Erde nicht der Mittelpunkt des Universums ist.

ZEITTAFEL

- **19. Februar 1473** Kopernikus wird in Thorn in Polen geboren.
- **1491** Er beginnt ein Studium an der Universität Krakau.
- **1496** Kopernikus geht nach Italien, um Jura zu studieren.
- **1503** Er kehrt schließlich nach Polen zurück und erlangt Bekanntheit als Astronom.
- **1508–1513** Im *Commentariolus* („kleiner Kommentar") hält er seine Theorien zu den Planetenbewegungen fest.
- **1514** Der Papst bittet ihn um Hilfe bei der Reformierung des Kalenders.
- **1530** Sein Hauptwerk *De revolutionibus orbium coelestium libri VI* ist vollendet.
- **1543** *De revolutionibus* wird veröffentlicht, Kopernikus stirbt kurz darauf.
- **1616** *De revolutionibus* wird von der katholischen Kirche verboten.

Kopernikus' **Interesse für Geographie und Astronomie** geht zurück auf seine Bekanntschaft mit einem **Mathematikprofessor** in Bologna.

Kopernikus' Theorie, das **heliozentrische Weltbild,** besagt, dass sich die **Planeten um das Zentrum des Universums, die Sonne, bewegen.** Er errechnete, dass die Erde ein Jahr braucht, um sie zu umkreisen, und sich dabei einmal am Tag um sich selbst dreht.

Der *Commentariolus* wurde nicht zu Lebzeiten Kopernikus' veröffentlicht, aber er hielt **aufsehenerregende Vorträge,** die **Papst Clemens VII.** auf seine Theorien aufmerksam machten.

De revolutionibus orbium coelestium libri VI heißt übersetzt so viel wie **„Über die Umläufe der himmlischen Kreise in sechs Büchern".**

Zu Lebzeiten war **Kopernikus' Verhältnis zu den katholischen Behörden gut,** und die Kirche reagierte zwiegespalten auf seine Veröffenlichungen. Die Protestanten, darunter **Martin Luther,** wiesen seine Theorien **sofort und unmissverständlich zurück.**

JOSUA 10:10–15

Die Argumentation der Kirche gegen Kopernikus' Theorien stützte sich auf eine Bibelstelle, in der Josua **Sonne und Mond befiehlt stillzustehen.**

Kopernikus' Bücher wurden nach Galileos Prozess vor der Römischen Inquisition **verboten.** Sie blieben **bis 1845** auf der Liste der verbotenen Bücher.

DER TOD VON KÖNIG RICHARD III.

Bekannt als der Bösewicht bei Shakespeare, war Richard III. der letzte englische König, der auf dem Schlachtfeld umkam. Sein Skelett wurde auf einem Parkplatz gefunden, daher auch „the King in the car park".

ZEITTAFEL

- **1452** Der als jüngster Sohn des Hauses York geborene Richard wird schnell in eine blutige Auseinandersetzung mit dem Haus Lancaster verwickelt: die Rosenkriege.
- **1461** Richards Bruder wird König Eduard IV., er selbst wird zum Duke of Gloucester ernannt.
- **April 1483** Eduard stirbt unerwartet, Richard wird zum Vormund seines zwölfjährigen Sohnes Eduard V. ernannt.
- **Sommer 1483** Richard erklärt sich selbst zum König, der eigentliche Thronfolger und sein jüngerer Bruder verschwinden.
- **August 1485** Heinrich Tudor aus dem Hause Lancaster landet mit seinen Truppen in Milford Haven.
- **August 1485** Richard führt seine Truppen selbst nach Bosworth, Leicestershire, um Heinrich Tuder entgegenzutreten. Bei einem Sturmangriff wird er aus dem Sattel geworfen, kämpft aber weiter.

  Er wird im Gefecht erschlagen.

  Heinrich Tudor wird zu Heinrich VII. gekrönt.

DIE PRINZEN IM TOWER

Man ist sich uneinig, ob die beiden Prinzen **von Richard im Tower von London ermordet wurden.**

KÖNIG RICHARD III.

Nach damaligen Standards war **Richard ein guter König, es gab aber auch andere Meinungen.**

Archäologen entdeckten **2012** bei Ausgrabungen auf einem **Parkplatz in Leicester** ein Skelett. Mithilfe von Radiokarbondatierung und DNA-Tests wurde bewiesen, dass es sich um Richards Gebeine handelte – **sie wurden 2015 würdevoll in der Kathedrale von Leicester bestattet.**

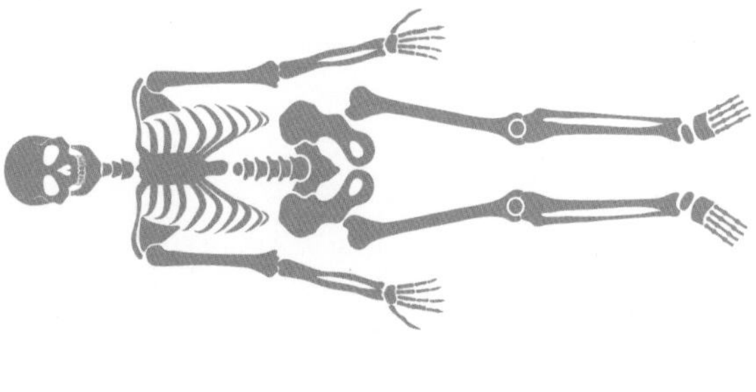

DER BÖSE KÖNIG

William Shakespeare hatte allen Grund, **Richard als Bösewicht darzustellen** – die zu Shakespeares Zeit regierende Königin Elisabeth war eine Nachfahrin von Heinrich Tudor, der ihn besiegt hatte.

DIE SPANISCHE INQUISITION

Die mittelalterliche katholische Kirche war zutiefst misstrauisch gegenüber den zum Christentum konvertierten Juden. Die Methoden zur Überprüfung der christlichen Aufrichtigkeit waren extrem.

ZEITRAUM 1478–1834

ORT ZUERST IN SPANIEN, DANN IN GANZ EUROPA, NORDAFRIKA, SÜDAMERIKA UND INDIEN

TOTE ANZAHL UNBEKANNT, DA ALLES, WAS MIT DER SPANISCHEN INQUISITION ZU TUN HATTE, GEHEIMGEHALTEN WURDE; GESCHÄTZT STARBEN 30.000 BIS 300.000 MENSCHEN.

CONVERSOS

Nach **antisemitischen Pogromen** in **Sevilla 1391 konvertierten viele Juden widerwillig zum Christentum,** man warf ihnen vor, ihren **alten Glauben im Geheimen zu praktizieren.**

EXIGIT SINCERAS DEVOTIONIS AFFECTUS

Der Name der 1478 verabschiedete Bulle von Papst Sixtus bedeutet übersetzt so viel wie **„Erfordert aufrichtige Hingabe".** Betroffen waren Conversos, aber auch Vorwürfe der **Hexerei, der Blasphemie, der Bigamie, des Islamismus und des Protestantismus wurden untersucht**.

TOMÁS DE TORQUEMADA

(1420–1498)

Von den Dominikanerbrüdern, die als „Hunde des Herrn" bekannt waren, war **Großinquisitor Torquemada der schlimmste.** Er schuf einen Verwaltungsapparat für die **Untersuchungen und Strafen der Inquisition.**

DIE PROZESSE

Nach Monaten im Gefängnis sollten die Conversos ihre Schuld in geheimen Prozessen gestehen. **Man sagte ihnen nicht, wessen sie angeklagt waren.**

AUTODAFÉS waren ritualisierte **„Glaubensakte",** bei denen die Urteile öffentlich bekanntgegeben wurden.

28 Verbrechen waren es, derer man unter Torquemada angeklagt werden konnte. **Jeder konnte jeden anonym anzeigen.**

CA. 2.000 Menschen wurden unter Torquemada am Pfahl verbrannt.

DER TOD

Da sie kein Blut vergießen wollte, übergab die Kirche **„Schuldige"** an säkulare Institutionen, die für die **Hinrichtung zuständig waren.**

FOLTER

Die Folter war offiziell das „letzte Mittel", **zudem durfte kein Blut fließen.** Zu den Foltermethoden gehörten:

- Daumenschrauben
- Toca (Waterboarding)
- heiße Zangen
- die Streckbank
- die *Garrucha* (Pfahlhängen)

Die Beschlagnahme von Besitz und Vermögen war Standard.

Je nach Strafe mussten Verurteilte unterschiedliche Kleidungsstücke tragen:

SANBENITO
gelbes Gewand mit rotem Kreuz und spitzer Kapuze, Strick mit Knoten = öffentliche Auspeitschung, **Anzahl der Knoten im Strick** = Anzahl der Hiebe

SAMARRA
mit Teufeln und dem Verurteilten, umgeben von Flammen, bemalt = Verbrennen am Pfahl

FUEGO REVOLTO
mit auf dem Kopf stehenden Flammen = dem Tod durch Feuer entkommen

DAS CAMP DU DRAP D'OR

Im Juni 1520 trafen sich Heinrich VIII. von England und Franz I. von Frankreich bei Calais. Die, wie in der Renaissance üblich, äußerst opulente Zusammenkunft wurde eines der glamourösesten Feste aller Zeiten.

ZEITRAUM 7.–24. JUNI 1520

ORT CALAIS, FRANKREICH

GASTGEBER HEINRICH VIII. UND FRANZ I.

GÄSTE 6.000 FRANZOSEN, 6.000 ENGLÄNDER

MOTTO GOLD

DRESSCODE PRUNKVOLL

FOLGEN FRIEDEN ZWISCHEN ANSONSTEN ERBITTERTEN FEINDEN – FÜR ETWA DREI JAHRE

HINTERGRUND

Karl V. von Habsburg baute ein Reich auf, die Osmanen im Osten übten Druck auf Europa aus. **England war im Vergleich zu Frankreich eine kleines, weniger mächtiges Land,** aber doch ein wichtiger Verbündeter. Der mächtige Geistliche **Kardinal Wolsey organisierte ein diplomatisches Treffen.**

DIE KÖNIGE

Franz und Karl hatten einiges gemeinsam. Sie waren beiden **in den Zwanzigern, groß, gutaussehend und athletisch,** hatten Kriege gewonnen, liebten die Jagd und die Kunst und waren echte Frauenhelden. **Sie waren neugierig aufeinander.**

ÜBERFLUSS

Geschirr und Juwelen, Wandbehänge und türkische Teppiche aus Häusern, Palästen und sogar **Westminster Abbey** wurden herangeschafft. Einige Gäste verpfändeten Grundbesitz, um sich in goldbestickte Kleidung zu hüllen. **Der Name des Festes geht auf die zur Schau gestellten Reichtümer zurück.**

UNTERBRINGUNG

Die Franzosen errichteten 400 goldene Zelte, geschmückt mit astronomischen Symbolen. **Die Engländer errichteten einen riesigen provisorischen Palast** aus Ziegeln und bemalter Leinwand. Er bestand aus vier je 90 Meter langen Räumen mit **klassischen Säulen, Erkerfenstern** und **Brunnen.**

450 M²
Klarglas wurden in Heinrichs Palast verbaut.

UNTERHALTUNG

- Lanzenstechen
- Waffenschau
- Bogenschießen
- Ringkampf
- Musik
- Festessen

Jede Veranstaltung war sorgfältig geplant, um die Ausgewogenheit sicherzustellen. Die Könige wollten beweisen, dass sie Frieden schlossen, weil sie es wollten, und nicht, weil sie schwach waren. Am Sonntag speiste jeder König mit des anderen Königin.

DAS ZUSAMMENTREFFEN

Die Könige ritten wie im Krieg aufeinander zu. Im letzten Moment **ließen sie ihre Pferde abdrehen und umarmten sich.**

150.000 Liter Claret wurde den Engländern für ihren Weinbrunnen gebracht.

Das englische Menü: Beim Fischgang servierte man **9.100** Schollen, **7.836** Wittlinge, **5.554** Seezungen, **2.800** Flusskrebse, **700** Seeale, **3** Schweinswale und **1** Delfin.

DAS MOGULREICH

Die Herrschaft der Mogulen über weite Teile des heutigen Nordindiens und Pakistans war gekennzeichnet von beispiellosen Fortschritten in Kultur und Architektur und – zumindest ansatzweise – durch religiöse Toleranz.

ZEITTAFEL

1526 Babur erobert das Sultanat von Dehli und kontrolliert so weite Teile Nordindiens.

1529 Uttar Pradesh und Bihar werden eingenommen.

1540 Baburs Sohn Humayun verliert kurzfristig die Kontrolle über das Reich, sein Sohn Akbar setzt ihn wieder ein.

1605 Als Akbar stirbt, erstreckt sich das Reich von Afghanistan bis zum Golf von Bengalen, von Gujarat bis nach Dekkan.

1632 Die Arbeiten am Taj Mahal beginnen.

1707 Als der Herrscher Aurangzeb stirbt, hat das Reich seine größte Ausdehnung – aber Streit liegt in der Luft.

1748 Nach dem Tod Muhammad Shahs erobern die hinduistischen Marathen Nordindien.

1803 Die Briten erlangen die Kontrolle über Delhi.

1857 Bahadur Shah II., der letzte Mogul, wird nach dem Indischen Aufstand ins Exil geschickt.

DIE GROSSEN EROBERER

BABUR
1483–1530

Als Nachfahre von Timur und Dschingis Khan schien Babur zum Anführer geboren. **Unter seiner Herrschaft werden Hindus toleriert,** und es gibt weniger Sklaven.

HUMAYUN
1508–1556

Humayun war zwar **kein erfolgreicher Eroberer,** dafür aber ein Förderer der Künste und sogar **selbst Künstler.**

AKBAR
1542–1605

Baburs Enkel, ein gläubiger **Muslim,** hatte großes Interesse an den anderen **Weltreligionen**. An seinem Hof förderte er **Literatur, Kunst und Musik.**

JAHANGIR
1569–1627

Obwohl er viel Zeit auf **Feldzüge verwendete,** führte Jahangir die Förderung der Künste am Hof fort.

SHAH JAHAN
1592–1666

Shah Jahan hatte eine **Leidenschaft für das Bauen** – nicht zuletzt als Bauherr des **Taj Mahal.**

AURANGZEB
1618–1707

Aurangzeb war der **geborene Militär:** Er setzte seinen Vater ab und **annektierte Vijayapura und Golconda,** war aber **religiös intolerant** und hatte keinen Sinn für Kunst.

FERDINAND MAGELLAN

Der portugiesische Seefahrer Ferdinand Magellan war der erste europäische Kapitän, der den Pazifik überquerte. Er wäre auch der Erste gewesen, der die Erde umsegelte – wären die Dinge etwas anders gelaufen.

ZEITTAFEL

1480 Ferdinand Magellan kommt im Norden Portugals zur Welt.

1511 Er beteiligte sich am Vorstoß auf Malakka (auf der Malaiischen Halbinsel).

1513 Er verletzt sich im Gefecht am Bein und humpelt seitdem.

1517 Er zerwirft sich mit dem König und reist nach Spanien, um für König Karl I. (den späteren Kaiser des Heiligen Römischen Reiches) zu arbeiten.

1519 Magellan sticht in Richtung Atlantik in See.

1520 Er entdeckt eine Meerenge, die er durchsegelt. Sie wird später nach ihm benannt.

1521 Er erreicht Guam und schließlich die Philippinen.

1521 Magellan stirbt im Kampf rivalisierender Häuptlinge.

1522 Der Baske Juan Sebastián del Cano wird an seiner Stelle Kapitän und kehrt nach Spanien zurück.

DER VERTRAG VON TORDESILLAS (1494)

Die Spanier waren der Ansicht, dass man im **WESTEN** auf die **indonesischen Gewürzinseln** trifft, wenn man nur weit genug segelt.

Magellan glaubte, **einen Weg nach OSTEN** über **Südamerika zu finden.**

595 Kilometer westlich von Kap Verde

Del Cano wurde gestattet, auf seinem Wappen die Inschrift *Primus circumdedisti me* – „Als Erster hast du mich umfahren" – zu tragen.

5

Schiffe stachen in Sanlúcar de Barrameda in Spanien in See.

3

Schiffe schafften es durch die später Magellanstraße benannte Meerenge.

Die spanischen Seemänner waren **nicht begeistert, dass ein „Feind" das Kommando haben sollte, Hunger und Krankheiten** verschlimmerten die Lage zusätzlich. Etwaige **Meutereiversuche** wurden von Magellan erbarmungslos niedergeschlagen.

1

Schiff schaffte es zurück nach Spanien.

DIE EHEFRAUEN VON HEINRICH VIII.

Heinrich VIII. tat alles, um für einen männlichen Thronfolger zu sorgen. Er verabschiedete die Suprematsakte, wurde selbst zum Oberhaupt der Kirche von England und löste das Klostersystem auf, und ernannte einen neuen Erzbischof von Canterbury, um sich scheiden lassen zu können.

KATHARINA VON ARAGON

1485–1536

Katharina heiratete Heinrichs älteren Bruder Arthur 1501, dieser starb kurz darauf, daher heiratete Heinrich Katharina. Sie brachte **sechs Kinder** zur Welt, darunter drei Jungen, aber nur **ein Kind, Maria, überlebte.** 1527 leitete Heinrich Schritte ein, um die **Ehe annullieren zu lassen.** Diese wurden irgendwann so extrem, **dass er sich mit dem Papst in Rom überwarf.**

ANNE BOLEYN

CA. 1507–1536

Im **Januar 1533 heiratete Heinrich Anne,** die mehr als nur eine königliche Mätresse sein wollte.

Anne hatte nur ein Kind, das überlebte – **eine Tochter, die spätere Königin Elisabeth I.** Heinrich wurde Annes überdrüssig, so wurde sie am 19 Mai 1536 **wegen Ehebruchs hingerichtet.**

JANE SEYMOUR

1509–1537

Seine dritte Frau heiratete Heinrich **elf Tage nach der Hinrichtung der zweiten.** Sie brachte den heißersehnten **Sohn, Eduard,** am 12. Oktober 1537 zur Welt, starb aber **weniger als zwei Wochen später** aufgrund von Komplikationen im Wochenbett.

ANNE VON KLEVE

1515–1557

Heinrich verlobte sich mit Anne von Kleve aus Deutschland, ohne sie zuvor gesehen zu haben. Als er sie 1540 traf, war er maßlos enttäuscht. **Er heiratete sie aus politischen Gründen – und ließ sich dann wieder scheiden.**

CATHERINE HOWARD

1524–1542

Heinrich heiratete die erst 16-jährige Catherine 1540, seine Begeisterung verflog aber schnell, als er von ihren vorehelichen Affären erfuhr. **Durch Gerüchte am Hof begann er zu glauben, dass sie Ehebruch beging – sie wurde 1542 hingerichtet.**

CATHERINE PARR

CA. 1512–1548

Heinrich war fettleibig, alt und krank, als er 1543 Catherine Parr heiratete. **Sie war eigentlich in jemand anderen verliebt,** konnte den König aber nicht zurückweisen. Geduldig **kümmerte sie sich um ihn, bis er 1547 schließlich starb.**

DIE HERRSCHAFT VON KÖNIGIN ELISABETH I.

Heinrich VIII. wäre entsetzt gewesen, hätte er erlebt, dass sein geliebter Sohn Eduard früh und ohne Nachkommen starb. Noch enttäuschter wäre er gewesen, hätte er gewusst, dass seine zweite, „uneheliche“ Tochter nach ihm Königin wurde. Elisabeth, die letzte Königin aus der Tudor-Dynastie, gilt heute als eine der größten Königinnen Englands.

ELISABETH KAM AM 7. SEPTEMBER ALS TOCHTER VON ANNE BOLEYN ZUR WELT, LEIDER HATTE SIE DAS FALSCHE GESCHLECHT, WESHALB IHRE MUTTER, DIE KÖNIGIN, STERBEN MUSSTE.

TODESREIGEN

19. Mai 1536
Anne Boleyn wird hingerichtet.

28. Januar 1547
Heinrich VIII. stirbt.

6. Juli 1553
Eduard VI. stirbt.

17. November 1558
Maria I. stirbt.

ENGLANDS GOLDENES ZEITALTER

Elisabeths **Herrschaft war relativ friedlich**, so blieben genug Zeit und Geld **für Entdeckungsfahrten, internationalen Handel, die koloniale Expansion** und eine **Renaissance in der Kunst.**

DIE JUNGFRÄULICHE

Elisabeth wusste, dass sie **die gefragteste Junggesellin Europas** war, und spielte ihre Verehrer geschickt gegeneinander aus – sowohl in England als auch im Ausland. **Sie unterhielt diplomatische Beziehungen, blieb aber stets die „jungfräuliche Königin“.**

RELIGIÖSE TOLERANZ – BIS ZU EINEM GEWISSEN PUNKT

Die war zwar **selbst Protestantin,** hatte aber mit harter Durchsetzung nichts im Sinne. **Solange die katholischen Untertanen die Regeln befolgten,** war es ihr egal, was sie im Privaten taten. Dennoch beobachtete ihr **Meister der Spione Sir Francis Walsingham Intrigen** gegen sie mit Adleraugen.

GLORIANA

Elisabeth starb 1603 nach **45-jähriger Herrschaft.** Die Öffentlichkeit trauerte ehrlich um sie – das war zuvor bei kaum einem Monarchen der Fall.

DIE DUNKLE GESCHICHTE DES ZUCKERS

Im Mittelalter hatten die meisten Menschen gesunde Zähne: Wohlhabende konnten sich zwar etwas Honig leisten, aber Zucker war ein absolutes Luxusprodukt. Doch dann fand Europa einen Weg, um an mehr Zucker zu kommen …

ZEITTAFEL

FRÜHE NEUZEIT

ca. 8000 v. Chr. In Neuguinea wird Zucker zum ersten Mal verwendet, nach und nach gelangt er nach Südostasien, China und Indien.

1096–1099 Kreuzfahrer bringen das „süße Salz" als Gewürz aus dem Heiligen Land mit.

1480 Die Portugiesen verschiffen Zuckerrohr in die Neue Welt, um es dort anzubauen.

15. Jahrhundert Europäische Händler beginnen, Sklaven von Westafrika als Arbeitskräfte auf die Baumwoll-, Tabak- und Zuckerplantagen in Amerika zu bringen.

16. und 17. Jahrhundert Zucker wird wegen der Sklavenarbeit billig: Er wird zum beliebtesten Geschmacksgeber.

1747 Der deutsche Chemiker Andreas Marggraf entdeckt den Zuckergehalt in heimischen Pflanzenwurzeln, den Zuckerrüben.

EIN LÖFFELCHEN VOLL ZUCKER

Zucker wurde ursprünglich **als Medikament** importiert.

ALS SCHWARZE ZÄHNE IN MODE WAREN

Königin Elisabeth I. aß so gerne Süßes, **dass ihre Zähne ganz schwarz waren.** Die Höflinge taten es ihr gleich: Schlechte Zähne zeigten, dass sie sich den Luxus Zucker leisten konnten. **Zucker war so wertvoll,** dass man ihn **wegsperren musste.**

FRÜHER ZUCKER

Bis zur Entdeckung der **Zuckerrübe** konnte Zucker nur durch **den arbeitsintensiven Anbau von Zuckerrohr gewonnen werden.**

ZUCKERPALÄSTE

Der Bau vieler der prächtigsten **Bauten Europas** war nur durch den **Reichtum durch Zuckerplantagen möglich.**

ZUCKER IN ZAHLEN

CA. 70 Schiffe waren im 15. Jhdt. mit dem Zuckerhandel in Madeira befasst.

CA. 3.000 Zuckerplantagen gab es 1550 in der Karibik und Südamerika.

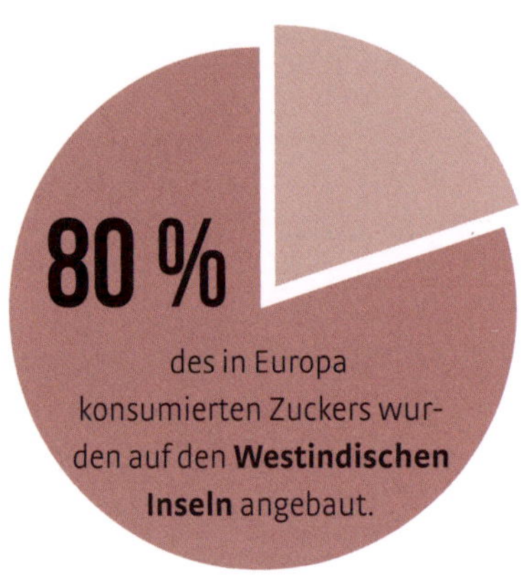

MARIA STUART, KÖNIGIN VON SCHOTTLAND

Der romantische, traurige und schlussendlich zum Scheitern verurteilte Versuch Maria Stuarts, den Thron für sich zu beanspruchen, ist eine der großen Geschichten des frühmodernen Europas.

ZEITTAFEL

1542 Als einziges Kind von Jakob V., dem König von Schottland, im Linlithgow Palace geboren, wird Maria mit sechs Tagen Königin.

1547 Maria wird mit Prinz Eduard von England verlobt, die Schotten sind gegen den Protestanten. Heinrich VIII. versucht, Maria im Krieg Rough Wooing („rüde Werbung") zu entführen.

1558 Sie heiratet den französischen Dauphin ...

1559 ... und wird Königin von Frankreich.

1560 Ihr Mann, Franz II., stirbt, Maria kehrt nach Schottland zurück.

1565 Sie heiratet ihren Cousin, Lord Darnley.

1566 Zusammen mit einigen Freunden ermordet Darnley Marias Sekretär David Rizzio.

1567 Darnley stirbt unter mysteriösen Umständen – vermutlich ermordet vom Earl of Bothwell, den Maria nach kurzer Zeit ziemlich überhastet heiratet. Daraufhin stellen sich die schottischen Adeligen gegen sie; sie flüchtet und sucht Schutz bei ihrer Cousine Elisabeth I. – die sie unter Hausarrest stellt.

1586 Ihr wird wegen Verrats der Prozess gemacht, sie wird zum Tode verurteilt.

8. Februar 1587 Maria Stuart wird im Schloss Fotheringhay auf dem Schafott hingerichtet.

WARUM LIESS ELISABETH MARIA GEFANGEN NEHMEN?

Elisabeth machte sich Sorgen, dass Marias Unterstützer für sie **Anspruch auf den englischen Thron erheben könnten.**

LORD WALSINGHAM

Elisabeths **Meister der Spione** war den ständigen Intrigen von Marias Unterstützern immer auf der Spur. Seine Spione **fingen Briefe ab, verschlossen sie dann wieder** und sammelten so Beweise.

DAS BABINGTON-KOMPLOTT

Anthony Babingtons Komplott gegen Elisabeth im Jahr 1586 ließ sie erkennen, dass **Maria eine Bedrohung darstellte, solange sie lebte.**

(K)EIN TREFFEN

Maria war der Meinung, dass sich alles aufklären würde, könnte sie mit Elisabeth sprechen, aber **die zwei Königinnen trafen sich kein einziges Mal.**

WARUM LIESS ELISABETH MARIA NICHT FRÜHER HINRICHTEN?

Elisabeth spürte eine **Verbindung zu Maria,** fürchtete aber auch, dass die **Hinrichtung einer Königin Schule machen könnte.**

VERSPÄTETER TRIUMPH

Marias Sohn, **Jakob VI. von Schottland,** wurde nach Elisabeths Tod als **Jakob I. König von England.**

56

Mal wurde auf David Rizzio **eingestochen.**

DIE SPANISCHE ARMADA

Der einzige wirkliche Bedrohung für die lange, friedliche Herrschaft von Königin Elisabeth I. konnte mit viel Heldenmut und etwas Glück mit dem Wetter abgewendet werden.

ZEITRAUM MAI BIS SEPTEMBER 1588

ORT ÄRMELKANAL

PARTEIEN PHILIP II. VS. ELISABETH I.

TOTE 20.000 TOTE SPANIER (UND VIELE GEFANGENE), WENIGE HUNDERT TOTE ENGLÄNDER

AUSGANG NIEDERLAGE FÜR DIE SPANIER

ZEITTAFEL

8. Februar 1587 Elisabeth lässt die katholische Maria Stuart, Königin von Schottland, hinrichten, Philip II. schwört, Elisabeth zu stürzen.

27. April bis 1. Mai Sir Francis Drake greift die Spanier in Cadiz an und zerstört 100 Schiffe – sein Kommentar: „Ich habe dem König den Bart versengt."

1588 Eine hastig zusammengestellte Armada mit 130 Schiffen geht in Calais vor Anker.

Die Engländer greifen an und werden abgewehrt.

Die Engländer greifen mit Brandern an.

In der Seeschlacht von Gravelines wird ein Anlanden der Spanier in England verhindert.

Die Armada ist gezwungen, nach Norden abzudrehen und verliert viele Schiffe zwischen Schottland und der Westküste Irlands wegen „protestantischer Winde".

1596–1597 Zwei weitere Armadas werden von Stürmen zerstört.

Das katholische Spanien war das mächtigste Königreich Europas, aber auch Elisabeth I. wollte ihren Anteil an den Schätzen der Neuen Welt. **Sie erlaubte Freibeutern, die aus der Karibik zurückkehrenden Schiffe der Spanier anzugreifen,** und verbündete sich mit den Niederländern im Kampf gegen die spanische Übermacht.

BOCCIA

Der Legende nach soll **Drake Boccia gespielt haben, als er über die Ankunft der Armada informiert wurde.** Er beendete das Spiel in Ruhe, bevor er sich um die Spanier kümmerte.

LEUCHTFEUER

Durch **Leuchtfeuer** wurde Drake, der in Plymouth wartete, über die Ankunft der Armada informiert.

DIE TILBURY-REDE

Am 8. August 1588 sprach Elisabeth in Tilbury in Essex zu ihren Soldaten – **wodurch sich ihre Beliebtheit noch verstärkte.**

DAS ARMADAPORTRÄT

Zur Feier des Sieges **ließ Elisabeth ein neues offizielles Porträt anfertigen.** Es befindet sich heute im Queen's House in Greenwich.

FOLGEN

Der **Untergang der Spanischen Armada** ist in die Geschichte Englands als Sieg eingegangen, aber **Elisabeths Macht begann danach zu bröckeln,** während die Spanier in Europa und der Neuen Welt erfolgreich waren.

DIE WERKE WILLIAM SHAKESPEARES

William Shakespeare wird als größter Dramatiker aller Zeiten gefeiert. Seine Werke, die er während des goldenen Zeitalters des Theaters verfasste, überdauern bis heute und haben kaum an Aktualität verloren.

GEBOREN 26. APRIL 1564

ORT STRATFORD UPON AVON, DANN LONDON, ENGLAND

GESTORBEN 23. APRIL 1616

2 EPISCHE VERSDICHTUNGEN

Lucretia und *Venus und Adonis*

37 DRAMEN

Diese lassen sich grob in **drei Hauptkategorien einteilen,** wobei sich die Wissenschafter uneinig sind, in welche Kategorie einige „schwierige" Werke gehören.

154 SONETTE

Shakespeares Sonette wurden gesammelt 1609 veröffentlicht. Die Identitäten **seiner Musen,** der mysteriösen „dunklen Dame" und des „schönen Jünglings", **sind bis heute nicht geklärt.**

11 HISTORIENDRAMEN

darunter *Heinrich IV. Teil I & 2*, *Richard II.* und *Heinrich V.*; **die meisten Stücke werden aus der Sicht der regierenden Tudor-Dynastie erzählt,** weshalb deren Rivalen wie Richard III. zu Bösewichten wurden.

14 KOMÖDIEN

darunter *Viel Lärm um nichts*, *Die Komödie der Irrungen*, *Was ihr wollt* und *Ein Sommernachtstraum*.

12 TRAGÖDIEN

darunter *Othello*, *Macbeth*, *König Lear* und *Hamlet*.

DIE LETZTEN DRAMEN

Einige von Shakespeares letzten Dramen sind so vielfältig, dass es schwierig ist, sie einzuordnen. So behandelt *Ein Wintermärchen* etwa den Tod, enthält aber auch Komödiencharaktere und das Thema Versöhnung.

ZEITGENOSSEN

Das Elisabethanische und das Jakobinische Theater brachten viele bekannte Dramatiker hervor, darunter **Christopher Marlowe, Ben Johnson, Thomas Kyd, John Webster** und **Thomas Dekker.** Sie schrieben oft im Stil der schaurigen Jakobinischen Tragödie.

DIE PULVERVERSCHWÖRUNG

Wachen fanden Guy Fawkes versteckt im Dunklen mit einer Zunderbüchse, einer Taschenuhr – und 36 Fässern Schießpulver.

ZEITPUNKT 5. NOVEMBER 1605

ORT PALACE OF WESTMINSTER, LONDON, ENGLAND

ZEITTAFEL

- **1604** Robert Catesby rekrutiert Mitverschwörer.
- **1605** Sie mieten einen Raum im Keller des Parlaments und füllen ihn mit Schießpulver.
- **26. Oktober** Durch einen anonymen Hinweis erfährt Robert Cecil, des Königs Meister der Spione, von dem Komplott.
- **4. November** Der Sprengstoffexperte Guy Fawkes wartet darauf, die Lunte anzuzünden.
- **5. November** Er wird verhaftet.
- **8. November** Die Mitverschwörer werden in Holbeche House umzingelt, Catesby und Thomas Percy sterben bei einem Schusswechsel, die anderen werden in den Tower gebracht.
- **Januar 1606** Alle Verschwörer werden zum Tod durch Erhängen, Ausweiden und Vierteilen verurteilt. Guy Fawkes hat „Glück" – er springt am Strick in den Tod, bevor er ausgeweidet werden kann.

HINTERGRUND

Jakob I. von England war bei der **Verfolgung von Katholiken** noch schlimmer als seine Vorgängerin Königin Elisabeth. Robert Catesbys verwegener Plan sah vor, **König, Justiz und Regierung auf einen Schlag auszulöschen:** durch die **Sprengung des Palace of Westminster,** wo der König das Parlament eröffnen sollte.

FOLTER

Fawkes wurde gefoltert, wahrscheinlich auf der Streckbank. Die Unterschrift auf seinem „Geständnis" lässt einen gebrochenen Mann vermuten.

Noch heute wird der **5. November** in England mit **Fackelzügen** und **Feuerwerken** gefeiert.

DAS GOLDENE ZEITALTER DER PIRATERIE

Die Reichtümer, die im 17. Jahrhundert zwischen den Kontinenten verschifft wurden, lockten eine ganze Generation von verwegenen Seeräubern an, die bereit waren, alles zu tun, um sie zu stehlen.

ZEITTAFEL

1630er Jahre Piraten suchen die Karibik heim, vor allem den Hafen von Tortuga.

1693 Thomas Tew begründet die berüchtigte Segelroute Piratenrunde (Pirate Round).

1695 William Kidd wird beauftragt, Jagd auf Piraten zu machen.

1701 Kidd wird selbst wegen Piraterie gehängt.

1706 In Nassau wird die Piratenrepublik gegründet.

1717 Blackbeard kapert ein französisches Schiff und nennt es fortan *Queen Anne's Revenge*.

1718 Die Piratenrepublik wird von den Briten zurückerobert.

1720 Der Pirat „Calico Jack" Rackham wird gehängt.

1721 John Taylor und Olivier Levasseur erbeuten den größten Schatz in der Geschichte der Piratenrunde.

1720er Jahre Die britische Royal Navy und bezahlte Piratenfänger beenden das Goldene Zeitalter der Piraterie.

DIE FREIBEUTER

Im Elisabethanischen Zeitalter waren **„Sea Dogs"** wie **Sir Walter Raleigh** und **Sir Francis Drake** mit einem **Kaperbrief** ausgestattet, einer **staatlichen Vollmacht, die es ihnen erlaubte, feindliche Schiffe anzugreifen.**

PIRATEN ALS HELDEN

In der Heimat lasen die Bürger schockierende, aber auch aufregende Berichte über verwegene Seeräuber wie **Edward „Blackbeard" Teach, „Calico Jack", Black Bart** und **Captain Kidd, die zu Helden stilisiert wurden.**

PIRATINNEN

Anne Bonny und **Mary Read** waren zwei der berühmtesten Piratinnen der Geschichte. **Grace O'Malley traf sogar Königin Elisabeth I.**, und **Zheng Yisao** machte das Südchinesische Meer unsicher.

DIE PIRATENREPUBLIK VON NASSAU

1706 gründeten einige Piraten **ihren eigenen Hafen in einer verlassenen Hafenstadt** auf der Insel New Providence Island auf den Bahamas.

KÖNIGIN NZINGA VON NDONGO UND MATAMBA

Die geschickte Verhandlerin Nzinga, Königin von Ndongo und Matamba, wehrte die portugiesischen Eindringlinge lange Zeit erfolgreich ab und kämpfte unermüdlich gegen den Sklavenhandel.

ZEITRAUM CA. 1581–1661

ORT KÖNIGREICH NDONGO, HEUTIGES ANGOLA

GEGNER PORTUGIESISCHE KOLONISTEN

ZEITTAFEL

1618 Mbandi enttrohnt seinen unbeliebten Vater, dieser flieht, und das Königreich versinkt in Anarchie – Mbandi ist grausam, aber schwach.

1622 Nzinga reist prächtig gekleidet zu Verhandlungen mit den Portugiesen. Ihr wird kein Stuhl angeboten, so befiehlt sie einer Sklavin, sich hinzuknien – und setzt sich auf sie. Sie lässt sich auf den christlichen Namen Ana de Souza taufen, um dem Gouverneur zu schmeicheln, und handelt Frieden aus.

1623 Nzinga wird Gouverneurin von Luanda.

1623 Die Portugiesen halten sich nicht an ihre Vereinbarung, Mbandi versäumt es zu handeln. Er stirbt, und Nzinga wird Königin.

Nzinga erklärt Angola zu einem freien Land, nimmt geflohene Sklaven auf und **verhandelt die erste afrikanisch-europäische Alianz – mit** den Rivalen der Portugiesen, **den Niederländern.**

1626 Die Portugiesen setzen Nzinga ab, sie nimmt das Königreich von Matamba ein, **wird Königin und organisiert ihre Truppen neu. Drei Jahrzehnte lang führt sie diese selbst in den Krieg.** Sie stirbt schließlich im Alter von 81 Jahren als Königin von Matamba.

Nzingas Vater Kiluanji war ein unterdrückerischer Ngola (König), der **Vereinbarungen mit den Portugiesen schloss,** wodurch **Sklavenhandel zum Teil legal** wurde. **Nzinga war strikt gegen Sklaverei.**

Nzinga und ihr Bruder Mbandi wurden in **Bogenschießen, Jagen, diplomatischer Verhandlungsführung und Handel unterrichtet.** Von einem gefangengenommenen Missionar **lernte Nzinga außerdem Portugiesisch.**

Nzinga fand die letzte Ruhe gekleidet in traditionelle Leopardenfelle, mit dem Bogen über der Schulter und Pfeilen in der Hand.

DIE TULPENMANIE

Im Rahmen der wohl blumigsten Wirtschaftsspekulation aller Zeiten wurden Tulpenzwiebeln zum Preis des Jahresgehalts eines Handwerksmeisters gehandelt.

ORT NIEDERLANDE

ZEITTAFEL

Ende des 15. Jhdt. Schiffe bringen die ersten Tulpenzwiebeln mit.

1593 Der Arzt und Botaniker Carolus Clusius züchtet in seinem Garten in Leiden luxuriöse neue Kultursorten.

frühes 16. Jhdt. Botaniker züchten immer neuen Varietäten.

1636 Der Boom erreicht seinen Höhepunkt.

Februar 1637 Die Preise explodieren, neue Anbieter drängen auf den Markt – schließlich platzt die Blase.

DER EXOTISCHE FERNE OSTEN

Tulpen stammten aus den Bergen von Pamir und Tien Shan in Zentralasien. Die Osmanen waren besessen von ihnen, und im späten 16. Jahrhundert tauchten sie auch in Westeuropa auf.

KLASSIKER

Die exotischen, extravaganten, von exquisitem Geschmack zeugenden Tulpen waren überall. Speziell angefertigte **Pyramidenvasen legten den Fokus auf einzelne Blüten,** feine Herren ließen sich mit Tulpen in der Hand porträtieren, und in England ließ Inigo Jones eine Tulpentreppe für das neue Schloss von Jakob I. anfertigen.

KAUFRAUSCH

Zuerst tauschten Botaniker Tulpenzwiebeln in Tavernen und Versammlungshäusern. Schnell wechselte dafür auch Geld den Besitzer. **Es wurden Unternehmen gegründet, die die Zwiebeln an Händler weiterverkauften** – die sehnsüchtig auf jede neue Lieferung warteten.

PREISSPIRALE

Irgendwann begannen die Preise in die Höhe zu schießen. **Die besten Zwiebeln wurden für 300 Gulden gehandelt (etwa 2.800 Euro).** Es heißt, 1633 wechselten sogar Grundstücke für Tulpenzwiebeln den Besitzer. Heute sind sich Experten uneinig, ob auch „normale" Bürger wie Schreiner, Holzschneider und Maurer mitspekulierten.

SCHADENFREUDE

In satirischen Schriften jener Zeit wurden die Ereignisse übertrieben dargestellt, man **machte sich landauf, landab über den „Wahnsinn" der Beteiligten lustig.**

5.000 GULDEN, 1633

eine *Semper Augustus*-Zwiebel

ein gutes Haus in Amsterdam

Tulpen kamen nach dem Einbruch nicht aus der Mode, sie waren aber zu vernünftigeren Preisen erhältlich.

DIE MAYFLOWER

1620 stach ein Schiff von England aus in See. Unter den Passagieren waren religiöse Separatisten, die vor der Verfolgung in Europa flüchteten und in Amerika ein neues Leben anfangen wollten.

SCHIFFSTYP FLEUTE

KAPITÄN CHRISTOPHER JONES

MASTEN 3

ABMESSUNGEN LÄNGE: 28 M, BREITE: 9 M

ARTILLERIE 4 MITTELGROSSE UND 8 KLEINE KANONEN

SONSTIGE LADUNG WEIN UND TROCKENWAREN

GESCHWINDIGKEIT 130 KM AM TAG

REISEZEIT 66 TAGE

WARUM BRACHEN DIE PILGER AUF?

Die **Protestanten weigerten sich, der Kirche von England die Treue zu schwören,** und hatten genug von der Verfolgung durch die Regierung.

Die **selbsternannten „Heiligen" fanden zuerst in Holland religiöse Freiheit,** waren aber schockiert von der liberalen Lebensweise und beschlossen daher, **eine eigene Siedlung in Amerika zu gründen.**

DIE REISE

Im **Juli 1620** stachen zwei Schiffe in See, die *Mayflower* und die *Speedwell,* die allerdings bald leckte.

Am **6. September** geriet die **mit großer Verspätung segelnde** *Mayflower* in die Sturmsaison. **Viele Passagiere wurden krank,** ein „Fremder", ein Nichtseparatist, ging über Bord.

DER MAYFLOWER-VERTRAG

41 „Heilige" und „Fremde" unterschrieben den Mayflower-Vertrag und gründeten damit **die erste Kolonie.**

AN BORD

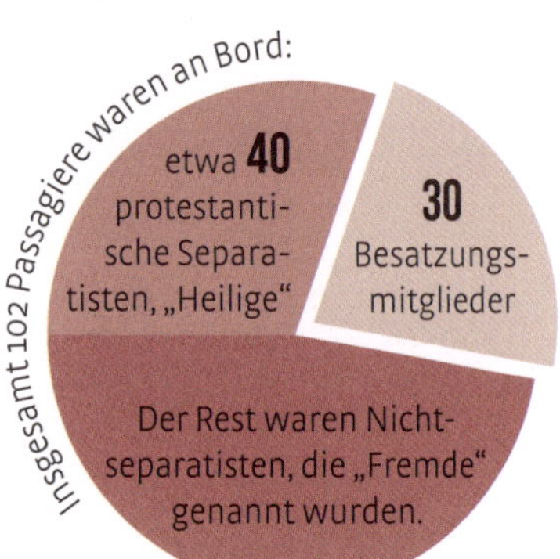

53
Passagiere überlebten den ersten Winter.

1 MONAT
brauchte die *Mayflower* 1621 für die Rückfahrt nach England.

CA. 35 MILLIONEN
Amerikaner sind Nachfahren der Pilgerväter der *Mayflower.*

DIE HINRICHTUNG VON KÖNIG KARL I.

Neun Jahre blutige Auseinandersetzungen, tausende Tote, jetzt ist der König in Gefangenschaft – was tun mit ihm? Einige empfehlen stilles Vergiften, aber die Ehre der jungen Republik steht auf dem Spiel ...

ZEITPUNKT 30. JANUAR 1649

ORT BANQUETING HOUSE, LONDON

FOLGEN DER COMMONWEALTH BESTEHT BIS 1660 – ALS DIE MONARCHIE WIEDERHERGESTELLT WIRD.

DER PROZESS

Der Gerichtssaal ist gut gefüllt, **Karl I. behält seinen Hut auf – als Zeichen der Respektlosigkeit.** Er lacht über die Anklage Verrat und weigert sich auszusagen. Er glaubt, dass aufgrund des Gottesgnadentums nur Gott den rechtmäßigen König absetzen kann.

Karl wird schuldig gesprochen. Ihm bleibt der übliche Verrätertod – Hängen, Ausweiden und Vierteilen – erspart, **er soll geköpft werden.**

WAS BEDEUTETE SEIN TOD?

Der Tod Karls I. hatte Auswirkungen auf der ganzen Welt: **Wenn ein Monarch von seinem eigenen Volk hingerichtet werden konnte, dann war das überall sonst auch möglich.**

DIE HINRICHTUNG

Morgens Karl steht früh auf, kleidet sich sorgfältig angesichts des kalten Wetters und betet mit Bischof Juxon.

10.00 Uhr Karl geht zu Fuß, umgeben von Wachen, durch den St. James's Park zum Banqueting House.

14.00 Uhr Er wird zur Hinrichtung gerufen, schreitet unter Rubens berühmtem Deckengemälde hindurch und durch ein Fenster zum Schafott.

Der König spricht ein letztes Gebet, zieht seinen Mantel aus und kniet nieder.

Sein Kopf wird mit einem Schlag abgetrennt.

Die Menge raunt, sein Kopf wird in absoluter Stille hochgehalten.

WER TÖTETE DEN KÖNIG?

Niemand kennt die Identität des Henkers. Er war bei der Hinrichtung vermummt.

SCHWARZE MARKIERUNG

Auf der Uhr in Horse Guards markiert ein schwarzer Punkt den **Todeszeitpunkt des Königs um 14.00 Uhr.**

59 KÖNIGSMÖRDER unterschrieben Karls Hinrichtungsurteil, sie wurden **später erbarmungslos verfolgt.**

2 HEMDEN trug Karl, **der nicht wegen der Kälte zittern wollte, da die Menge so hätte denken können, er habe Angst.**

4 STUNDEN wartete er im Banqueting House, **bis das Schafott fertig aufgebaut war.**

ELENA LUCREZIA CORNARO PISCOPIA

Die erste Frau, die einen Doktortitel erhielt, lieferte den lebenden Beweis dafür, dass Universitäten keine reine Männerdomäne sein mussten.

ZEITTAFEL

5. Juni 1646 Piscopia wird in Venedig als Angehörige des reichen Hauses Cornaro geboren.

Mit 7 lernt sie Griechisch und Latein.

Mit 11 legt sie heimlich ein Keuschheitsgelübde ab.

Mit 19 gilt sie als gebildetste Frau in ganz Italien.

1665 Piscopia wird Oblate (Laienschwester, die wohltätig tätig ist), da ihr Vater ihr nicht erlaubt, Nonne zu werden.

1670 Piscopia wird Vorsitzende der Accademia dei Pacifici.

1672 Sie studiert Theologie an der Universität von Padova, das Doktorstudium der Theologie wird ihr aber verweigert, da sie eine Frau ist. Stattdessen darf sie ein Philosophie-Doktorstudium beginnen.

1677 Sie hat ihren ersten öffentlichen Disput vor der gesamten Universität, dem Senat, Bürgern Venedigs und ausländischen Besuchern.

1678 Sie legt ihre Defensio (mündliche Prüfung) ab und erhält den Doktortitel in Philosophie.

1684 Nach lebenslanger Krankheit, religiöser Buße und viel wohltätiger Arbeit stirbt Piscopia. In Venedig, Siena, Rom und Padova werden Gedenkgottesdienste abgehalten.

7 **Sprachen,** abgesehen von der Muttersprache, **musste man für den Titel Oraculum Septilingue sprechen.**

PISCOPIA GLÄNZTE IN

Griechisch
Spanisch
Hebräisch
Französisch
Chaldäisch
Arabisch
Latein
Italienisch

PISCOPIA BELEGTE

Mathematik
Philosophie
Musik
Grammatik
Dialektik
Astronomie
Theologie

INSTRUMENTE, DIE PISCOPIA SPIELTE

Cembalo
Geige
Harfe
Clavichord
Gesang

ÖFFENTLICHES INTERESSE

Aufgrund des großen öffentlichen Interesses fand **Piscopias Defensio** in der **Kathedrale von Padova** statt.

AUSZEICHNUNGEN

Bei der Verleihung der Doktorwürde erhielt Piscopia

einen Lorbeerkranz, ein Philosophiebuch, ein Hermelincape, einen goldenen Ring.

FOLGEN

Piscopia hatte **genügend Fächer absolviert, um auch noch einen Doktortitel in Theologie zu erhalten, dieser wurde ihr aber verweigert.** An der Universität von Padua wurde in den nächsten **mehr als 300 Jahren keiner weiteren Frau ein Doktortitel verliehen.**

DER HOF DES SONNENKÖNIGS

Der Hof des französischen Königs Ludwig XIV. war so prächtig, dass man ihn den „Sonnenkönig" nannte.

LUDWIG XIV.

GEBOREN 5. SEPTEMBER 1638

THRONBESTEIGUNG 1643

HEIRAT MIT MARIA THERESIA VON ÖSTERREICH, 1660

VERSAILLES ERBAUT ZWISCHEN 1661 UND 1689

EINZUG IN VERSAILLES 1682

GESTORBEN 1. SEPTEMBER 1715

Nachdem sein Regent, Kardinal Mazarin, 1661 gestorben war, regierte Ludwig XIV. als absoluter Monarch und **nahm die Sonne in sein Wappen auf.** Während seiner Herrschaft befand sich Frankreich **fast durchgehend im Krieg,** sein Hof war dennoch mehr als prächtig.

VERSAILLES

Versailles war ein Prachtbau aus **Glas, Gold und Spiegeln** – perfekt für **diplomatische Zwecke.** Jeder Bereich war sorgfältig gestaltet, um die „richtigen" Leute empfangen zu können.

DIE GÄRTEN

Der Gärtnermeister **Andre Le Notre** schuf mit den Gärten von Versailles sein Meisterstück. Etwa **800 Hektar mit Seen, Kanälen, Wegen, Beeten und Statuen** werden nur übertroffen von atemberaubenden Springbrunnen.

700 Zimmer

MEHR ALS 4.000 Bedienstete

DER HOFSTAAT

Man erwartete von allen Adeligen, dem König Gesellschaft zu leisten. Die mehr als 5.000 Mitglieder des Hofstaates **hatten sich am Hof an strikte Hierarchien und Etikette zu halten.**

DAS LEBEN AM HOF

Jagdgesellschaften, Bälle, Romanzen, Musik, Feste, Geschäfte, Intrigen und Skandale standen auf der Tagesordnung.

VERFOLGUNG VON PROTESTANTEN

Das Edikt von Nantes gewährte den **Protestanten religiöse Toleranz.** Als **Ludwig das Edikt widerrief, flohen 200.000 protestantische Hugenotten nach England und Holland.**

KÖNIGLICHES LIEBESLEBEN

Obwohl er zweimal verheiratet war, hatte der König elf Mätressen und insgesamt geschätzt 18 Kinder.

DER TAJ MAHAL

Das wahrscheinlich schönste Bauwerk aller Zeiten, der Taj Mahal, ist die Liebeserklärung eines Großmoguls an seine verstorbene Ehefrau.

GEDENKEN DER TAJ MAHAL IST EIN MAUSOLEUM FÜR MUMTAZ MAHAL, DIE LIEBLINGSFRAU DES GROSSMOGULS SHAH JAHAN.

ORT AGRA, INDIEN

ERBAUT 1632–1653

MATERIAL WEISSER MARMOR

HÖHE 73 M

ARCHITEKT USTAD AHMAD LAHORI

ARBEITER 20.000

ELEFANTEN FÜR DEN TRANSPORT VON MATERIALIEN 1.000

KOSTEN CA. 32 MILLIONEN RUPIEN (HEUTE ETWA 725 MILLIONEN EURO)

Mumtaz Mahal, auch „Juwel des Palasts genannt, **starb bei der Geburt ihres 14. Kindes.** Am Boden zerstört **trauerte Shah Jahan.** Dichter beschreiben, dass sein Gesicht alterte, sein Rücken sich krümmte und sein Haar weiß wurde. Er plante **ein Mausoleum** nach dem Vorbild jener seiner Vorfahren – nur das seines diese übertreffen sollte.

LIEBESERKLÄRUNG

Die perfekte Symmetrie des Taj Mahal, die feinen Schnitzarbeiten, die wertvollen Edelsteine und das elegante Design entsprechen der klassischen islamischen Tradition. Der Taj Mahal feiert die Liebe, bezieht sich aber auch auf den Koran und damit die religiöse Ebene des Lebens.

GEFANGENSCHAFT

Später wurde **Shah Jahan von seinem Sohn** Aurangzeb, der sich selbst zum Herrscher erklärte, gefangen genommen. Der alte Witwer **verbrachte seine letzten Tage** mit Blick auf sein Meisterwerk **von einem Fenster der Burg Agra aus.**

DER SCHWARZE TAJ

Der Legende nach soll Shah Jahan **geplant haben, ein spiegelgleiches Mausoleum aus schwarzem Marmor für sich selbst zu bauen –** dafür gibt es aber keine Beweise.

10.000 QUADRATKILOMETER
groß ist die Schutzzone gegen Verschmutzung, die das Gebäude umgibt.

7–8 MILLIONEN
Menschen besuchen den Taj Mahal jährlich.

DIE STUART-RESTAURATION

Der Rücktritt von Richard „Tumbledown Dick" Cromwell machte den Weg frei für die Rückkehr der Monarchie in England. Es folgte eine Zeit der Wende im Hinblick auf Werte, Moral und Philosophie.

WICHTIGE EREIGNISSE

1660 Karl II. landet in Dover.

1665 Große Pest von London

1666 Großer Brand von London

1685 Mit dem Tod Karl II. endet die Restauration.

Karl II. hatte das „göttliche Recht" verloren, **und das Parlament hatte großen Einfluss auf das, was er tat.**

KRIEG

Trotz Karls Friedensbemühungen kam es **1665 bis 1667 zu Kriegen mit den Niederländern.** Die englische Flotte wurde beim berühmten Überfall in Medway 1667 fast vollkommen zerstört. Die Engländer mussten aus dem Nichts neue Schiffe bauen – und erschufen tatsächlich eine noch mächtigere Flotte.

WISSENSCHAFT

Die Restauration war geprägt **von einer neuen Generation kluger Köpfe. Sir Isaac Newton, Robert Hooke** und **Sir Christopher Wren** waren ganz im Sinne der Renaissance in Disziplinen wie Astronomie, Maschinenbau und Architektur tätig.

ESKAPADEN AM HOF

Nach **zehn Jahren nüchterner puritanischer Regierung** läutete der überschwängliche, von Klatsch geprägte Hof Karls II. eine neue Zeit ein. Der **Merry Monarch** genannte König war großzügig (wenn auch ständig in finanziellen Schwierigkeiten) und freidenkerisch – viele **waren angesichts seines liederlichen Lebenswandels schockiert.**

THEATER

Unter Cromwell war Theater verboten. Jetzt wurde es gefeiert – und mit ihm die ersten Schauspielerinnen. Eine von ihnen, **Nell Gwyn,** schaffte es sogar **zur Mätresse des Königs.**

SAMUEL PEPYS

Pepys war ein normaler Bürger, der in gehobenen Kreisen verkehrte. **Seine Tagebücher sind ein schonungsloser Blick auf das Zeitalter der Restauration.**

68.596 MENSCHEN

starben **1665** durch die Pest.

6 BESTÄTIGTE TODESFÄLLE

gab es beim **Großen Brand von London.** Tatsächlich waren es wahrscheinlich viele mehr.

30

Karl traf an **seinem 30. Geburtstag als König in London ein.**

DER GROSSE BRAND VON LONDON

Am 2. September 1666 wurde das Feuer im Brotofen von Thomas Farriner in der Pudding Lane nicht richtig gelöscht. Daraufhin brannte London fünf Tage lang.

ZEITTAFEL

2. SEPTEMBER

1.00 Uhr Das Feuer bricht aus.

7.00 Uhr Etwa 300 Häuser sind niedergebrannt.

11.00 Uhr Der Tagebuchautor Samuel Pepys trifft in Whitehall ein, um König Karl II. über den Brand zu informieren. Dieser befielt, Häuser einzureißen, um das Feuer aufzuhalten.

3. SEPTEMBER

9.00 Uhr Der Herzog von York organisiert eine Feuerwehr.

14.00Uhr Das Feuer zerstört die Royal Exchange.

4. SEPTEMBER

5.00 Uhr Der König spricht den Feuerwehrmännern Mut zu.

12.00 Uhr Die Gefängnisse Ludgate und Newgate werden zerstört.

20.00 Uhr St. Paul's Cathedral gerät in Brand.

22.00 Uhr Es werden genug Häuser niedergerissen, um Whitehall zu retten.

23.00 Uhr Der starke Wind lässt nach, dreht nun aber in Richtung Tower, wo Schießpulver gelagert wird.

5. SEPTEMBER

Irgendwann vor dem Morgengrauen wird das Feuer schließlich gelöscht.

Samuel Pepys beschreibt die Szenerie als den „traurigsten Anblick der Verwüstung, den ich jemals sah".

DER GROSSE BRAND VON LONDON IN ZAHLEN

6
Tode wurden bestätigt, da verstorbene Arme nicht gezählt wurden, gab es aber sicher viele mehr.

£
10.000.000
Schaden entstanden durch das Feuer (heute etwa 1,5 Milliarden Euro).

13.200
Häuser wurden zerstört.

87
Pfarrkirchen lagen in Trümmern.

80.000
Menschen wurden obdachlos.

DER SÜNDENBOCK

Ein französischer Uhrmacher wurde wegen Brandstiftung hingerichtet. Er war unschuldig.

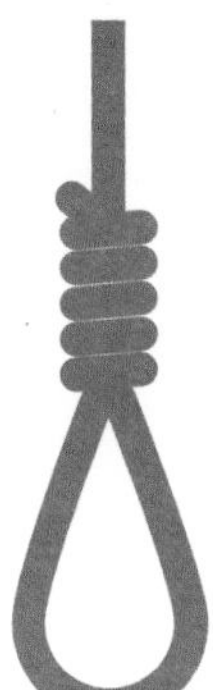

DIE GLORREICHE REVOLUTION

Die Kluft zwischen Katholiken und Protestanten, die sich durch Heinrich VIII. vergrößert hatte, konnte nie ganz geschlossen werden. 1688 trat der Zwiespalt wieder deutlich zutage, als die Engländer erkannten, dass sie lieber von einem niederländischen Protestanten als von einem katholischen Engländer regiert werden wollten.

DER UNBELIEBTE KÖNIG

1673 Karl II. verabschiedet die **Testakte, wonach alle** Amtsträger unter Eid erklären müssen, dass sie **nicht römisch-katholisch sind.**

1685 Karl II. stirbt ohne Thronfolger, sein **Bruder Jakob,** der katholische Herzog von York, **wird König.**

1686 Er schätzt die Stimmung im Land falsch ein, **widerruft die Testakte und besetzt wichtige Ämter mit Katholiken.**

1687 Durch die **Ablasserklärung hebt Jakob alle die Religion betreffenden Strafgesetze auf.**

DIE UNSTERBLICHEN SIEBEN

Eine Gruppe einflussreicher Persönlichkeiten legte dem **niederländischen Prinzen Wilhelm von Oranien,** der mit Maria II. verheiratet war, nahe, **in England einzumarschieren,** um den Vater durch die Tochter zu ersetzen.

15.000

Soldaten begleiteten Wilhelm, als er **am 5. November 1688 in Torbay in Devon landete.** Er wurde freudig willkommen geheißen, und im Durcheinander von Kämpfen zwischen Protesten und Katholiken **wechselten viele von Jakobs Soldaten die Seiten.**

EIN LÄSTIGES KIND

1688 bekam Jakob einen Sohn. Jene, die hofften, dass England nach **Jakobs Tod** wieder an seine protestantische **Tochter Maria fallen würde,** waren am Boden zerstört.

DAS GREAT SEAL

Das Parlament konnte nur zusammentreten, wenn alle Einladungen mit dem **Großen Siegel** versehen wurden. Auf seiner **Flucht warf Jakob es in die Themse.** Er verbrachte den Rest seines Lebens im Exil.

2

Kronen wurden für die Krönungszeremonie gebraucht. **Wilhelm wollte nicht nur Marias Gemahl sein, daher wurden die beiden** am **13. Februar 1689** als **Paar zu König und Königin ernannt** – was ein Einzelfall war und blieb.

DIE HEXENPROZESSE VON SALEM

Im 17. Jahrhundert war man in Neuengland überzeugt, dass Hexen ihr Unwesen in Dörfern und Städten trieben. In Salem wurde einigen „Hexen" unterstellt, brave Bürger heimzusuchen – daraufhin brach Panik aus.

ZEITRAUM 1692

ORT SALEM, MASSACHUSETTS

ZEITTAFEL

Januar Betty Parris (neun) und Abigail Williams (elf) haben seltsame „Anfälle" und behaupten, „gekniffen" zu werden, andere junge Mädchen verhalten sich ähnlich.

Februar Der örtliche Arzt erklärt sie für verhext. Es gibt erste Anschuldigungen, drei Frauen werden verhaftet.

März–Mai Beim Verhör gesteht Tituba, die Sklavin der Parris-Familie. Die drei Frauen kommen ins Gefängnis, noch mehr werden verhaftet.

Juni Man beginnt, die Frauen zu hängen, obwohl die Kolonialminister das Gericht warnen, sich nicht auf „Spektralbeweise" zu verlassen.

Juli Weitere Prozesse, weitere Schuldsprüche, weitere Hinrichtungen.

September–Oktober Geständige widerrufen ihre Aussagen.

November Den übrigen Angeklagten wird vor einem Superior Court of Judicature der Prozess gemacht, der sich nicht auf Spektralbeweise stützt.

1693 Die übrigen Angeklagten werden freigesprochen.

WURZELN IN EUROPA

Die Jagd auf Hexen begann im Europa des **14. Jahrhunderts,** wo etwa **40.000–60.000 „Hexen" hingerichtet wurden.**

GLAUBE

Die meisten Bewohner Neuenglands waren Puritaner – **schlichte, gottesfürchtige Bürger mit einer Heidenangst vor Hexerei.**

SCHNEEBALLPRINZIP

Die Beschuldigten wurden gezwungen, andere zu beschuldigen. Niemand war sicher, aber weit am häufigsten traf es unbeliebte Nachbarn, alleinstehende Frauen, „komische" Leute und solche, die nicht regelmäßig zur Kirche gingen.

SPEKTRALBEWEIS

Zeugen gaben an, ihnen sei der Geist der betreffenden Person erschienen.

WAS IST WIRKLICH PASSIERT?

Das weiß niemand so genau. Mögliche Erklärungen:

- Asthma
- Borreliose
- Epilepsie
- Enzephalitis
- Mutterkornvergiftung
- Kindesmisshandlung
- wahnhafte Psychosen

DIE HEXENPROZESSE IN ZAHLEN

MEHR ALS 200	140–150	19	1
der Hexerei Angeklagte	Verhaftungen	erhängte „Hexen"	zu Tode gefolterte Frau

HEXENJAGD

Arthur Millers Stück handelt vordergründig von den Hexenprozessen von Salem, ist aber eine Allegorie auf den **McCarthyismus.**

JOHANN SEBASTIAN BACH

Johann Sebastian Bach, einer der wohl größten Komponisten aller Zeiten, gilt aufgrund seiner meisterhaften Beherrschung der Musiktheorie seit drei Jahrhunderten als größter Musiker unter Musikern.

ZEITTAFEL

- **31. März 1685** Bach kommt in Eisenach, Thüringen, in Deutschland zur Welt.
- **1703** Er wird Musiker am Weimarer Hof.
- **1717** Bach wird Kapellmeister unter Fürst Leopold von Anhalt-Köthen.
- **1721** Er komponiert die *Brandenburgischen Konzerte* und das *Wohltemperierte Klavier.*
- **1740** Bach verliert sein Augenlicht, arbeitet aber weiter.
- **28. Juli 21750** Bach stirbt in Leipzig.

DER ORGELSPIELER

Zu Lebzeiten war Bach **hauptsächlich als Organist bekannt.** Viele seiner berühmtesten Werke sind für die Orgel geschrieben, darunter die *Toccata* und die *Fuge in d-Moll.*

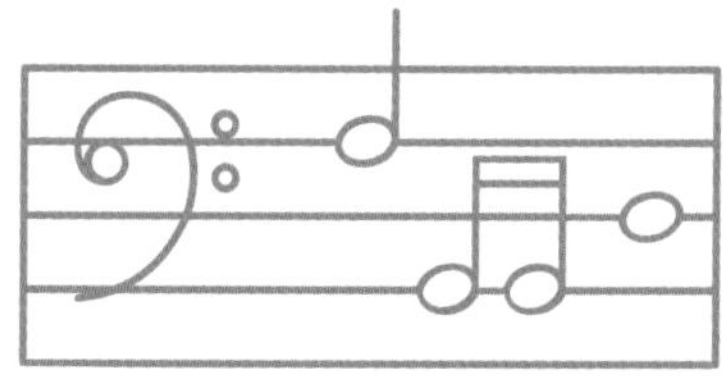

DAS WOHLTEMPERIERTE KLAVIER

Bach komponierte eine Reihe von Übungsstücken für Schüler, die so meisterhaft sind, dass die **48 Präludien und Fugen** in allen Dur- und Molltonarten **noch heute als Einzelwerk aufgeführt werden.**

Als **Fürst Leopold** Bach die Stelle als Kapellmeister anbot, **ließ ihn sein vorheriger Arbeitgeber verhaften,** um ihn zum Bleiben zu bringen.

OPERATION

1750 unterzog sich Bach einer **risikoreichen Operation,** um sein Augenlicht wiederzuerlangen. Danach war er **komplett blind.**

KAFFEEKULTUR

Eines der **berühmtesten Werke** Bachs, *die Kaffeekantate,* war eine Ode an den **neuesten Schrei unter den Aufputschmitteln: Kaffee.**

HEIMLICHES GENIE

Nur wenige von Bachs Werken wurden zu seinen Lebzeiten veröffentlicht, aber seitdem wurde er von großen Musikern **von Mozart bis Beethoven** verehrt.

1.128

überlieferte Werke von Bach gibt es heute.

DIE AUFKLÄRUNG

Während des späten 17. und frühen 18. Jahrhunderts begannen die Menschen, die Welt mit anderen Augen zu sehen. Durch die philosophischen Ansätze des Zeitalters der Vernunft traten Wissenschaft, Freiheit und menschliche Schaffenskraft an die Stelle der zuvor unangezweifelten „Wahrheiten" der katholischen Kirche, die traditionelle Monarchie wurde in Frage gestellt – günstige Voraussetzungen für eine Revolution.

THOMAS HOBBES

1588–1679

In *Leviathan* argumentiert Hobbes, dass eine zivilisierte Art zu leben nur durch einen **„sozialen Vertrag"** zwischen Herrscher und Bürgern möglich sei, **die einige ihrer individuellen Freiheiten an den absolutistischen Herrscher abgeben, der dafür andere schützt.**

RENÉ DESCARTES

1596–1650

Der französische **„Vater der modernen Philosophie"** hielt mathematische Genauigkeit, wissenschaftliche Beobachtungen und Experimente für den einzig wahren Weg zur Wissenserkenntnis. Von ihm stammt das Zitat **„Ich denke, also bin ich".**

JOHN LOCKE

1632–1704

Der englische Philosoph Locke war der Ansicht, dass **das Individuum das Ergebnis seiner Erfahrungen ist,** und glaubte an **wissenschaftliche Experimente zur Wahrheitsfindung.**

VOLTAIRE

1694–1778

François-Marie Arouet, besser bekannt als Voltaire, machte die grundlegenden **Konzepte von Freiheit und religiöser Toleranz** einem breiteren Publikum zugänglich.

JEAN-JACQUES ROUSSEAU

1712–1778

Die Werk des in Genf geborenen Rousseau, darunter *Abhandlung über den Ursprung und die Grundlagen der Ungleichheit* und *Vom Gesellschaftsvertrag* schürten das Feuer der **Französischen Revolution.**

THOMAS JEFFERSON

1743–1826

Jefferson war der Ansicht, **die Regierung sollte die Bürger schützen, ohne sie in ihrer Freiheit einzuschränken.** Er war zudem für die **Trennung von Kirche und Staat.**

HAUS HANNOVER

Das Georgianische Zeitalter war lange und die meiste Zeit florierend: Es war eine Zeit der wissenschaftlichen und künstlerischen Aufklärung, in der das Britische Empire ihren Anfang nahm.

GEORG I.

1714–1727

Georg I. aus **Hannover in Deutschland** dachte nie daran, Englisch zu lernen. Er war eigentlich an **52. Stelle in der Thronfolge** und beim Volk unbeliebt – aber er war **Protestant.**

GEORG II.

1727–1760

Georg II. überwarf sich mit seinem Vater und **war ebenfalls wenig beliebt beim Volk.** Seine Herrschaft **war aufgrund einiger Kriege turbulent,** nicht zuletzt dank Bonnie Prince Charlie, der darum kämpfte, den Thron für die Stuarts zurückzuerobern.

GEORG III.

1760–1820

Georg III. war der **erste Hannoveraner, der in England zur Welt kam.** Er war schüchtern und reserviert und gab sich ganz seiner Frau, seiner Familie und seinen Pflichten hin. Obwohl **er die Kolonien in Amerika verlor** und trotz **seines schlechten Geisteszustands** in seinem späteren Leben war er beim Volk beliebt.

GEORG IV.

1810–1820

Der künftige Georg IV. wurde **für die letzten zehn Lebensjahre seines Vaters zum Regenten ernannt.** Er war ein Dandy, aber auch ein großer Kunstkenner, und **das Zeitalter der Regency war eine Blütezeit für Kunst und Kultur.**

1820–1830

Seine öffentliche **Scheidung von seiner Frau Caroline von Braunschweig** war einer von vielen Gründen, weshalb sich das Volk gegen ihn wandte. Als jedoch **seine geliebte Tochter Charlotte starb,** trauerte die ganze Nation.

WILHELM IV.

1830–1837

Wilhelm IV. war nicht zum König geboren. Er verbrachte sein Leben auf See – er wurde später als **„Sailor King" (Seglerkönig)** bekannt – und bestieg den Thron relativ spät, mit 64. In die Zeit seiner Herrschaft vielen wichtige Umbrüche: **die Reform des Armenrechts, die Einschränkung von Kinderarbeit, die Abschaffung der Sklaverei in weiten Teilen des britischen Empire** und, vielleicht am wichtigsten, eine grundlegende **Reform des überholten britischen Wahlsystems** durch die Verabschiedung des Great Reform Act 1832.

VIKTORIA

1837–1901

Viktoria, eine der berühmtesten und am längsten regierenden Königinnen Englands – mit 63 Jahren und sieben Monaten auf dem Thron übertrumpfte sie alle Vorgänger – war die letzte Hannoveranerin. Sie heiratete **Prinz Albert von Sachsen-Coburg und Gotha** 1840, die beiden hatten neun Kinder. Sie verheiratete ihre Kinder mit Adeligen und Königshäusern auf dem ganzen Kontinent, um die Beziehungen mit den anderen europäischen Ländern zu festigen, daher wird sie auch **„Großmutter Europas"** genannt.

DIE SÜDSEEBLASE

Im Zuge einer der wohl wahnsinnigsten Finanzspekulationen in der Geschichte wurden unzählige Leben ruiniert und Vermögen verspielt.

Die South Sea Company wurde **1711 gegründet** und sollte vor allem **im Sklavenhandel tätig sein.** Man nahm an, dass der chaotische

Spanische Erbfolgekrieg mit einem Vertrag enden würde, durch den die **South Sea Company das Handelsmonopol im spanischen Südamerika erhalten würde.** Obwohl der

Utrechter Vertrag von 1713 Strafzölle **auf Sklavenhandel vorsah** und die South Sea Company nur ein Schiff pro Jahr losschicken durfte,

stiegen ihre Aktien rasch, vor allem aufgrund saftiger garantierter Zinsen von sechs Prozent.

Die erste **Handelsreise der South Sea Company war mäßig erfolgreich,** aber als

der britische König Georg I. 1718 Gouverneur der Firma wurde und die Investoren sahen, dass **die Zinsen zu hundert Prozent ausgezahlt wurden,** wollte jeder Aktien erwerben.

1720 stimmte das Parlament zu, dass die Gesellschaft die Staatsschulden übernehmen dürfe – und der Aktienmarkt spielte verrückt. Der Markt konnte mit dem Tempo nicht Schritt halten. Im **August begannen die Aktien, an Wert zu verlieren,** dann **stürzten sie ins Bodenlose.**

Im **Dezember platzte die Blase,** und damit waren auch die Staatsschulden zurück.

DIE AKTIEN DER SOUTH SEA COMPANY 1720

Januar **£128**
Februar **£175**
März **£330**
Mai **£550**
Juni **£1.050**

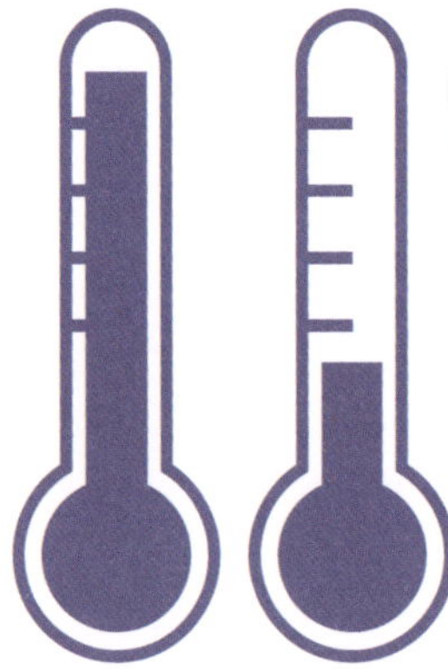

August **£800**
September **£175**
Dezember **£124**

FOLGEN

Das House of Commons ordnete eine Untersuchung an. Zumindest **drei Minister hatten sich bestechen lassen. Robert Walpole kam an die Macht** und versprach, die Schuldigen ausfindig zu machen. An einigen statuierte er ein Exempel, viele kamen jedoch ungeschoren davon.

Die **South Sea Company wurde von der spanischen Regierung gekauft** und bestand noch bis 1853.

EINIGE WENIGE HATTEN GLÜCK

Nicht alle Aktienbesitzer waren ruiniert. Die, die vor dem Platzen der Blase genug Aktien verkaufen konnten, wurden extrem reich.

Der Satiriker **Jonathan Swift,** Autor von *Gullivers Reisen,* verlor Geld beim Platzen der Blase und **scholt sich selbst in Versform.**

DIE SCHLACHT VON CULLODEN

Bonnie Prince Charlies Versuch, den schottischen Thron zu erobern, war kurz, blutig und schlussendlich nicht erfolgreich, dennoch sind die Jakobitenaufstände ein Schlüsselmoment in der Geschichte Schottlands.

ZEITPUNKT 16. APRIL 1746

ORT DRUMOSSIE MOOR, CULLODEN, SCHOTTLAND

PARTEIEN CHARLES EDWARD STUART (BONNIE PRINCE CHARLIE) VS. PRINZ WILHELM AUGUST, DUKE OF CUMBERLAND, ALS VERTRETER DER BRITISCHEN KRONE

GESCHÄTZTE TODESZAHLEN JAKOBITEN: 1.500–2.000, BRITISCHE TRUPPEN: 50

AUSGANG NIEDERLAGE DER STUARTS

DER JUNGE THRONANWÄRTER

Der charismatische **Prinz Charles Edward Stuart, der „Young Pretender“ (junge Thronanwärter),** Enkel von Jakob II. von England und Sohn von Jakob, dem „Old Pretender“, **wuchs ihn Rom auf** – überzeugt, dass **er der rechtmäßige König von Schottland und England sei.**

1745 landete der 24-jährige Charles in Schottland. Er ignorierte den Rat, einen Guerrilla-Krieg zu führen und **überredete stattdessen mächtige Clans, ihn bei seinem Aufstand, genannt „Forty-Five“, zu unterstützen.**

Er war überzeugt, **seine Truppen würden Verstärkung bekommen,** besonders aus Frankreich.

Der **Duke of Cumberland** wurde aus Europa zurückbeordert, um **den Aufstand niederzuschlagen.**

DIE SCHLACHT

Charles' Jakobiten hatten mit **Starkregen und Hagel zu kämpfen** und wurden durch den **schlammigen Boden** zusätzlich behindert.

Die Schotten, die mit Breitschwertern kämpften, waren in der Unterzahl, taktisch unterlegen und auch im Hinblick auf die **Bajonette und Musketen** der britischen Rotröcke deutlich im Nachteil.

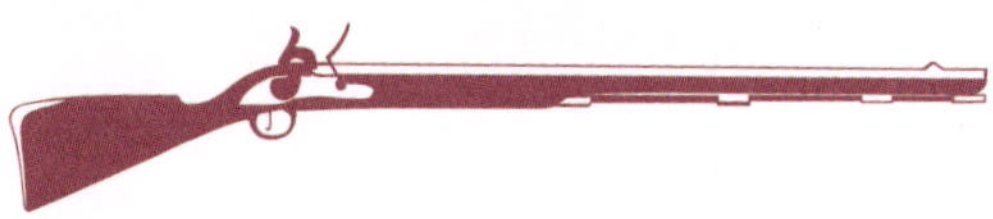

Die letzte **offene Feldschlacht** auf britischem Terrain **war ein Chaos.**

Charles floh, verkleidet als Magd der jungen **Flora MacDonald.** Sein Traum vom Thron war für immer zerschlagen. Obwohl es eine hohe Belohnung gab, **wurde er nicht ausgeliefert.**

DIE UNABHÄNGIGKEITSERKLÄRUNG

Die Unabhängigkeitserklärung, eines der wichtigsten Schriftstücke in der Geschichte der USA, brachte die Freiheit für die Kolonien, besagte aber auch, dass alle Menschen gleich sind und unveräußerliche Rechte haben.

ZEITPUNKT 4. JULI 1776

ORT REPRÄSENTANTENHAUS VON PENNSYLVANIA, INDEPENDENCE HALL, PHILADELPHIA

VERFASSER ROGER SHERMAN, BENJAMIN FRANKLIN, THOMAS JEFFERSON, JOHN ADAMS, ROBERT LIVINGSTON

Die Unabhängigkeitserklärung wurde von **Vertretern aller 13 Kolonien unterschrieben:**

Connecticut
Delaware
Georgia
Maryland
Massachusetts Bay (einschließlich Maine)
New Hampshire
New Jersey
New York
North Carolina
Pennsylvania
Rhode Island and Providence Plantation
South Carolina
Virginia

WAS STEHT DRINNEN?

Das Schriftstück besagt, dass sich alle 13 amerikanischen Kolonien **von der Treue zur britischen Krone loslösen,** dass alle politischen Verbindungen aufgelöst werden und dass das Königreich Großbritannien damit keine Macht mehr über die Kolonien hat. Außerdem wurden **27 Vergehen der britischen Krone aufgelistet.**

GLEICHES RECHT FÜR ALLE?

Die amerikanischen Ureinwohner werden als „gnadenlose indische Wilde" beschrieben. Auch **afroamerikanische Sklaven gab es weiterhin.**

1.320 WÖRTER

200
gedruckte Kopien umfasste **die erste Auflage** der Unabhängigkeitserklärung Schätzungen zufolge.

26
Kopien der ersten Auflage sind bis heute erhalten.

1
Erklärung wurde von allen Vertretern unterzeichnet. Sie befindet sich in den National Archives, Washington.

MEHR ALS 1 MILLION
Menschen feiern die amerikanische Unabhängigkeit jedes Jahr mit großen Feuerwerken.

4

Die Unabhängigkeit wurde am 2. Juli 1776 ausgerufen, die Unabhängigkeitserklärung wurde aber erst am 4. Juli vom Kongress ratifiziert und dann von den **Vertretern der ehemaligen Kolonien unterzeichnet.** Die ersten Independence-Day-Feierlichkeiten folgten ein Jahr darauf, für jede Kolonie wurde ein Schuss abgegeben.

DIE GRAND TOUR

Die Erziehung eines englischen Gentleman des 18. Jahrhunderts beinhaltete unweigerlich eine Bildungsreise zu den zu den wichtigsten Kulturstätten Europas – genannt wurde diese Grand Tour.

Die Reise begann üblicherweise mit einer beschwerlichen Überquerung des Ärmelkanals per Schiff.

In Paris bewunderte man die Kunst im **Louvre und im Palais des Tuileries,** besuchte die **Kathedrale von Notre Dame** und gönnte sich vielleicht sogar eine **französische Perücke.**

Ein kleiner Umweg zum **Schloss von Versailles,** um die Eleganz des französischen Hofs zu bewundern, war unerlässlich.

Weiter im Süden bestaunte der Mann von Welt die unzähligen römischen Ruinen.

Die Überquerung der Alpen war nicht ungefährlich, aber die **Sehenswürdigkeiten Italiens** waren das allemal wert. Die **antike Architektur in Rom** und die neu entdeckten Stätten **Pompeji** und Herculaneum waren besonders beliebt, und wenn man es sich leisten konnte, gab es unzählige Werke antiker römischer Kunst zu erstehen.

Die **Gesellschaft Neapels** machte diese Stadt zu einem Pflichtziel, **nicht zuletzt aufgrund der Damen** jeden Standes, die man hier treffen konnte.

Auch auf der Weiterreise nach Norden nach **Venedig** gab es unzählige Gelegenheiten, Frauen zu treffen, zumal **die gesellschaftlichen Anlässe dort legendär waren.** Auch hier gab es zudem genug Kunst zu bewundern.

Abhängig von ihrem Reisebudget besuchten die Kavaliere außerdem auch **Deutschland, Griechenland, die Schweiz und die Niederlande.**

DAS VERMÄCHTNIS

Viele Herrenhäuser Großbritanniens haben ihre **neoklassizistische Architektur und die elegante Einrichtung den Reisenden der Grand Tour** zu verdanken, da die jungen Männer auf ihren Reisen dazu inspiriert wurden.

DIE BRITISCHE OSTINDIEN-KOMPANIE

Die Britische Ostindien-Kompanie (British East India Company) war weit mehr als ein einfaches Unternehmen. Sie hatte über 200 Jahre das Monopol für den Handel mit den britischen Kolonien inne, hatte weitgehenden, auch internationalen, politischen Einfluss, trieb die koloniale Erweiterung voran und war unglaublich mächtig.

ZEITTAFEL

- **1600** Elisabeth I. stellt der Gesellschaft Governor and Company of Merchants of London Trading to the East Indies eine Royal Charter aus.
- **1601** Fünf Schiffe der Gesellschaft stechen in Richtung Gewürzinseln in See.
- **1708** Die Gesellschaft vergrößert sich und wird zur United Company of Merchants of England Trading to the East Indies.
- **1758** Robert Clive wird Gouverneur von Bengalen.
- **1765** Weite Teile Indiens werden jetzt von der Gesellschaft beherrscht, die hohe Steuern einführt.
- **1773** Große Ladungen Tee der Ostindien-Kompanie werden bei der Boston Tea Party ins Meer geworfen.
- **1784** Durch den India Act übernimmt die Krone die Kontrolle über die geschäftlichen und politischen Interessen der Kompanie, ihr Einfluss wird geringer.
- **1857** Durch den Indischen Aufstand von 1857 wird das Unternehmen weiter geschwächt.
- **1858** Die britische Krone übernimmt die Verwaltung Indiens.
- **1873** Die Ostindien-Kompanie wird aufgelöst.

Die weltweit **erste Gesellschaft mit begrenzter Haftung** wurde von einer Gruppe **Londoner Kaufmänner** gegründet, die sich zusammenschlossen, um sich die **Kosten für den internationalen Handel zu teilen.**

SIE HANDELTEN MIT:

- Seide
- Indigo
- Baumwolle
- Salpeter
- Gewürzen
- Tee
- Porzellan
- Opium (illegal)

SKLAVENHANDEL

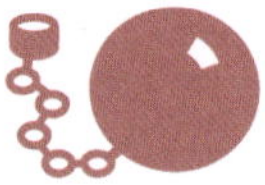

Ab den 1620er Jahren setzte die Ostindien-Kompanie **Sklaven ein** und begann, mit ihnen zu handeln, **der Sklavenhandel erreichte seinen Höhepunkt von 1730 bis 1770.**

MILITÄRISCHE INTERESSEN

1803 unterhielt die Kompanie **Kriegsschiffe und ein stehendes Heer von 260.000 Mann.** Sie konnte zudem britische Schiffe und Truppen der Krone anfordern.

DIE OPIUMKRIEGE

Die Ostindien-Kompanie wollte **mit China handeln,** um Tee zu kaufen und **das von der chinesischen Regierung verbotene Opium zu verkaufen,** und war **in den Opiumkriegen** (1839–1842, 1856–1860) militärisch aktiv beteiligt.

WAS WAR PASSIERT?

Das Parlament wollte nicht, dass die Kompanie zu stark wurde, und sprach ihr daher **immer mehr Rechte ab,** bis sie sich schließlich auflöste.

DIE INDUSTRIELLE REVOLUTION

Genauso wie Wissenschaften und Philosophie im 18. Jahrhundert wichtige Fortschritte erzielten, erlebten Technik, Maschinenbau und angewandte Wissenschaften eine Blütezeit.

ZEITTAFEL

- **1709** Abraham Darby nutzt zur Verhüttung von Eisenerz Koks, aufbereitete Steinkohle.
- **1712** Thomas Newcomen entwickelt die erste einsatzfähige Dampfmaschine.
- **1771** Richard Arkwright eröffnet die erste Fabrik in Cromford nahe Derby – eine Spinnerei, in der seine neu entwickelte Waterframe-Spinnmaschine zum Einsatz kommt.
- **1778** James Watt entwickelt die Dampfmaschine weiter.
- **1779** Durch den Bau der ersten Stahlbrücke wird deutlich, was mit dem Material möglich ist.
- **1783–1784** Henry Cort entwickelt ein Walz- und das Puddelverfahren, wodurch der Stahl noch reiner wird.
- **1784** Edmund Cartwright beginnt, an einer mechanischen Webmaschine zu arbeiten.
- **1801** Richard Trevithick baut die erste funktionsfähige Dampflokomotive.

Bei der **traditionellen Baumwollproduktion arbeiteten einzelne Arbeiter** oft von zuhause aus. **Fabriken beschäftigten hunderte** Menschen.

Einzeltätigkeiten wurden zunehmend mechanisiert, Arbeiter fertigten nun nur noch bestimmte Teilstücke in der Produktion, anstatt ein Produkt von Anfang bis Ende herzustellen.

Die Arbeitsbedingungen in den Fabriken und Minen waren sehr schlecht, Kinderarbeit weitverbreitet.

Mit Kohle betriebene Dampfantriebe sorgten für einen konstanten, zuverlässigen **Betrieb** neuer Maschinen, wodurch Massenproduktion möglich wurde. **Durch den Bau von Kanälen, Straßen und Schienen** verbesserten sich auch die **Kommunikation und der Versand.**

Durch die landwirtschaftliche Mechanisierung gab es immer weniger Arbeit für die Landbevölkerung. **Tausende Menschen gingen in die Städte,** um in den Fabriken zu arbeiten.

800
Angestellte hatte **Richard Arkwrights Fabrik 1789.**

CA. 2.000
Dampfmaschinen waren 1800 in Großbritannien in Betrieb.

12 STUNDEN
lang war ein **normaler Arbeitstag** für einen Fabrikarbeiter.

MEHR ALS 3.000
Kilometer **Kanäle gab es 1815.**

DURCHSCHNITTLICHE REISEZEIT VON LONDON NACH MANCHESTER

DER ENGLISCHE LANDSCHAFTSGARTEN

Wohlhabende Adelige, die von der Grand Tour zurückkehrten, gaben prachtvolle Herrenhäuser im palladianischen Stil in Auftrag, die sie an ihre Reisen erinnern sollten. Lancelot „Capability" Brown war stets bemüht, die Möglichkeiten („capabilities") auszuschöpfen, um perfekte Gärten zu gestalten.

Wohlhabende Landbesitzer wünschten sich Gartenanlagen, die sowohl **klassisch als auch „britisch"** sein sollten. Die alten Gärten waren ihnen zu geometrisch und akurat.

VORREITER

William Kent (1685–1748) und **Charles Bridgeman (1690–1738)** schufen in den 1720ern und 1730ern die Basis – durch die Verbindung von **Grotten, Tempeln und Brücken mit** der natürlichen **Landschaft.**

ZEITTAFEL

1716 Lancelot Brown kommt in Northumberland zur Welt.

1724 William Kent beginnt in Chiswick House, einen neuen Garten anzulegen.

1738 Die Arbeiten am Garten von Stowe House in Buckinghamshire beginnen.

1763 Brown beginnt mit den Arbeiten in Blenheim Palace.

1764 Brown wird königlicher Gärtner.

1783 Brown stirbt in London.

STOWE HOUSE

Der Garten von Stowe House ist einer der **bedeutendsten Gärten des Landes.** Er wurde von William Kent und Charles Bridgeman entworfen. Brown arbeitete hier als Gärtner.

Lancelot „Capability" Brown entwickelte einen Stil, um Gärten mühelos natürlich aussehen zu lassen. Dazu gehörten **herrliche Ausblicke, die Einbeziehung bestehender schöner Plätze** und **Blickfänger** wie

- Seen
- Tempel
- Obelisken
- kunstvolle Brücken
- Triumphsäulen
- Wasserläufe
- klassische Mausoleen
- „orientalische" Brücken und Teehäuser
- Rasenflächen
- Zierbäume

Er ließ **Dörfer fluten, Wälder**, bis auf einige wenige künstlerisch angeordnete „clumps", Baumgruppen, **abholzen** und **ungünstig gelegene Hügel versetzen,** um malerische Landschaften zu schaffen. **Weidetiere wurden durch Ha-Ha-Grabenkonstruktionen vom Landgut ferngehalten** – und auch **Arbeiter sollten so gut wie unsichtbar sein.**

REPTON

Einer der letzten großen Landschaftsgärtner, **Humphry Repton (1752–1818),** schrieb die sogenannten **„Roten Bücher",** in denen Vorher-Nachher-Ansichten zeigten, wie der eigene Garten aussehen könnte, wenn man Repton den Auftrag zur Umgestaltung gab.

260

Anwesen gestaltete „Capability" Brown, darunter:

Petworth, West Sussex
Chatsworth, Derbyshire
Blenheim Palace, Oxfordshire
Clumber Park, Nottinghamshire

MEHR ALS 400

Aufträge wurden an **Humphry Repton** vergeben.

£21.000

kostete der Garten in Blenheim (heute etwa 4,6 Millionen Euro).

Englische Landschaftsgärten waren unglaublich teuer. Besaß man einen, zeigte das, dass man ein eleganter, politisch engagierter und vor allem wohlhabender Gentleman war. Dieser Trend veränderte die englische Landschaft nachhaltig.

DIE HIGHLAND CLEARANCES

Die Zwangsumsiedlung unzähliger Familien aus weiten Teilen der Highlands und den westlichen Inseln Schottlands führte zum Untergang einer traditionellen Lebensweise – und zu ziemlich viel Unmut.

ZEITRAUM CA. 1750 – CA. 1880

WER WOHLHABENDE GRUNDBESITZER, DIE NEU ERWORBENES LAND FÜR DIE SCHAF- ODER RINDERZUCHT BRAUCHTEN, VERTRIEBEN DIE ANWOHNER UND BRANNTEN UNZÄHLIGE HÄUSER NIEDER.

AUSGANG MASSENHAFTE ABWANDERUNG IN DIE INDUSTRIALISIERTEN STÄDTE, VIELE TAUSENDE WANDERN NACH AMERIKA AUS. DIE HIGHLANDS WERDEN ZU EINEM DER AM WENIGSTEN BESIEDELTEN GEBIETE EUROPAS.

DAS CLANSYSTEM

Vor der Vertreibung lebten **die meisten Menschen in sogenannten „bailes“,** Verbunde mehrerer Kleinbetriebe eines Clans unter einem **lokalen Chief.**

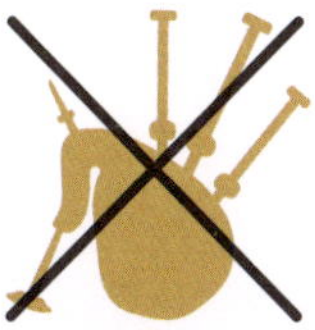

DIE CROFTER

Einige **der Vertriebenen wurden auf minderwertigen Grundstücken angesiedelt, die sie gegen Pacht bewirtschafteten.** Ökonomen wie Adam Smith glaubten, dass sie durch harte Arbeit neue Wege finden würden. Einige schafften es: durch Fischen und das Ernten von Algen. **Der Crofters' Holdings Act 1886** gewährte diesen sogenannten **Croftern** Sicherheit im Hinblick auf ihre Pachtverhältnisse, zudem wurde eine Regulierungsbehörde eingerichtet, die bei Streitigkeiten zwischen Landlords und Croftern zuständig war.

FOLGEN

Ende des 19. Jahrhunderts **gab es in den Highlands kaum noch Schafe** – aber viele der ehemaligen Highlander und Inselbewohner hatten sich bereits überall auf der Welt ein neues Zuhause eingerichtet.

DIE ANGST DER BRITEN

Die **Clans machten die britische Regierung nervös.** Nach der Schacht von Culloden wurden **das Schottenmuster und Dudelsäcke verboten.** Wohlhabende, oft nicht vor Ort wohnende Grundeigentümer wurden ebenfalls dazu angehalten, mit dem Land etwas anderes anzufangen, zum Beispiel Schafzucht. Dabei wurden viele Dorfgemeinschaften zerstört.

DIE ZAHLEN ...

... sind umstritten. Geschätzt wird, dass

CA .150.000

Menschen während der Clearances **vertrieben wurden.**

CA. 70.000

Highlander und Inselbewohner zwischen 1760 und 1800 **emigrierten,** so viele wie in den folgenden 60 Jahren.

15.000

Menschen zwischen 1811 und 1821 von Ländereien im Besitz **der Countess of Sutherland und des Marquess of Stafford** vertrieben wurden.

WOLFGANG AMADEUS MOZART

Die großartige, einzigartige Musik Wolfgang Amadeus Mozarts ist einer der wertvollsten Kulturschätze der Welt.

ZEITTAFEL

1756 Er wird in Salzburg geboren.

1768 Mozart komponiert seine erste Messe, *Missa brevis in G-Dur.*

1770 Mozart schreibt seine erste Oper, *Mitridate, re di Ponto*, im Alter von 14.

1782 Er heiratet Constanze Weber, sie haben sechs Kinder, aber nur zwei überleben die Kindheit.

1784 Mozart tritt der Wiener Freimaurerloge bei, das beeinflusst auch seine Werke, darunter vor allem *Die Zauberflöte.*

1787 Mozart gibt dem 16-jährigen Beethoven Klavierunterricht.

1791 Mozart stirbt an Nierenversagen und wird in einem allgemeinen Grab beerdigt.

DAS WUNDERKIND

Mozart konnte **mit drei Jahren Akkorde spielen, kurze Stücke beherrschte er mit vier, mit fünf begann er zu komponieren.** Kurz vor seinem sechsten Geburtstag wurden er und seine Schwester Nannerl nach München und dann nach **Wien geschickt,** wo sie am **kaiserlichen Hof auftraten.** Danach folgten Tourneen durch Europa.

MISERERE

Gregorio Allegris Meisterstück wurde sorgfältig gehütet und **war noch nie außerhalb des Vatikans aufgeführt worden. Mozart hörte das Werk** in der Sixtinischen Kapelle **und schrieb die gesamte Partitur aus dem Gedächtnis nieder.**

MUSIKFAN

Auch Genies brauchen Inspiration. Mozart verehrte **Bach, Händel und Haydn.**

DIE BELIEBTESTEN WERKE

- *Die Hochzeit des Figaro*
- *Don Giovanni*
- *Cosi fan tutte*
- *Große Messe in c-Moll*
- *Requiem in d-Moll*

MEHR ALS 600

KOMPOSITIONEN

DIE BOSTON TEA PARTY

Die britische Teesteuer, die festlegte, dass Tee nur aus Großbritannien nach Amerika importiert werden konnte, schuf ein Monopol für die Britische Ostindien-Kompanie. Es war das letzte vieler Gesetze, die den Kolonien von einer Regierung auferlegt wurden, an der das Volk nicht beteiligt war.

ZEITPUNKT 6. DEZEMBER 1773

ORT BOSTON, MASSACHUSETTS

GEGENSPIELER BRITISCHE REGIERUNG VS. AMERIKANISCHE KOLONISTEN

PAROLE „NO TAXATION WITHOUT REPRESENTATION!"

VERLETZTE JOHN CRANE WURDE VON EINER FALLENDEN TEEKISTE GETROFFEN UND VERLETZT.

AUSGANG DIE BRITEN VERABSCHIEDEN NEUE RESTRIKTIONEN, DIE COERCIVE ACTS. DIE KOLONISTEN NENNEN SIE DIE UNERTRÄGLICHEN GESETZE.

SAMUEL ADAMS

Adams hatte schon gegen viele Ungerechtigkeiten gekämpft, darunter **das Zuckergesetz, das Stempelgesetz und die Townshend Acts.** Er hielt ergreifende Reden, die das Publikum bewegten.

DIE SÖHNE DER FREIHEIT

Ein **Geheimbund** organisierte den Widerstand gegen die Briten, ihre Treffen fanden meist unter dem **Freiheitsbaum** statt.

DIE BOSTON TEA PARTY IN ZAHLEN

Im Herbst 1773 **verließen sieben britische Schiffe Großbritannien …**

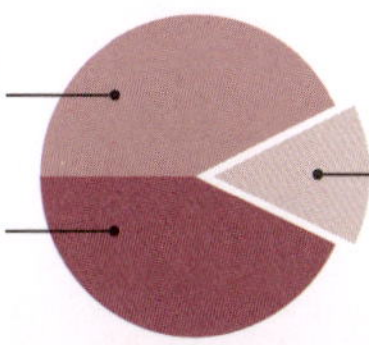

3
Jahre waren seit dem **Massaker von Boston** vergangen, bei dem britische Soldaten fünf Zivilisten töteten.

7.000
Zuschauer sahen dem nächtlichen Treiben vom Ufer aus zu.

114
Teekisten befanden sich an Bord jedes Schiffes.

180
Männer, verkleidet als Mohawk-Indianer, enterten die Schiffe.*

342
Teekisten **wurden ins Hafenbecken geworfen.**

0
Gestohlen wurde nichts: **Es war ein Protest, kein Überfall.** Die Männer säuberten die Schiffe hinterher sogar.

* Niemand kennt die genaue Anzahl der „Partygäste" – viele nahmen ihr Geheimnis mit ins Grab.

DER AMERIKANISCHE UNABHÄNGIGKEITSKRIEG

Im Zuge der Amerikanischen Revolution erklärten dreizehn Kolonien ihre Unabhängigkeit von Großbritannien – und wurden zu den Vereinigten Staaten von Amerika.

ZEITTAFEL

1756–1763 Der Siebenjährige Krieg kommt den Briten teuer. Sie beschließen, die Kriegskosten durch hohe Steuern in den Kolonien auszugleichen.

1764 Das Zuckergesetz ist das erste einer Reihe von unbeliebten Steuergesetzen, die den amerikanischen Kolonien auferlegt werden.

19. April 1775 In Lexington besiegen 700 britische Soldaten 77 amerikanische Patrioten. 400 Amerikaner stellen sich ihnen in Concord entgegen, nachdem sie von Paul Revere (1735–1818) gewarnt wurden.

17. Juni 1775 Die Amerikaner verlieren die Schlacht von Bunker Hill, bringen den Briten aber ernste Verluste bei – und gewinnen an Selbstvertrauen.

3. Juli 1775 George Washington übernimmt das Kommando der amerikanischen Truppen in Cambridge, Massachusetts, bringt die Briten zum Rückzug mit Booten, schafft es aber nicht, in Kanada einzumarschieren.

4. Juli 1776 Die Vertreter der 13 Kolonien erklären ihre Unabhängigkeit.

5. September 1781 Der französische Admiral de Grasse erreicht mit der französischen Flotte Chesapeake Bay, Washington schickt Truppen über den Landweg, um die Briten zu umzingeln.

28. September – 19. Oktober 1781 Nach der Schlacht bei Yorktown müssen die Briten aufgeben.

3. September 1783 Durch den Frieden von Paris erkennt Großbritannien die Unabhängigkeit der Kolonien formal an.

HINTERGRUND

Nach einer langen Zeit der **heilsamen Vernachlässigung („salutary neglect“),** in der sich die Briten in Amerika kaum einmischten, **versuchten sie, die Kontrolle wiederzuerlangen:** durch Steuern und Gesetze, die den Amerikanern aufgezwungen wurden.

Aus Unzufriedenheit wurde Unmut. Aus Unmut **wurde Widerstand.** Nach der Boston Tea Party gingen die Briten noch härter vor und verabschiedeten die **Unerträglichen Gesetze.**

AMERIKANISCHE TRUPPEN
(meist in kleine Kampftruppen unterteilt)

231.771
Kontinentalarmee-Soldaten

164.087
Bürgerwehrler

BRITISCHE ARMEE

42,000
Soldaten

30.000
Söldner
(bezahlte Soldaten)

DIE REISEN DES CAPTAIN JAMES COOK

Der Grund für Captain James Cooks erste Fahrt auf die Antipoden schien harmlos: die Beobachtung des Venustransits. Er hatte aber auch einen versiegelten Umschlag dabei – darin war ein zweiter Auftrag.

CAPTAIN JAMES COOK

(1728–1779)

Der **ehemalige Seemann** Cook kletterte die Karriereleiter der Royal Navy schnell hinauf und machte sich einen Namen als **Kapitän** und **Kartograph.**

DER VENUSTRANSIT

Der Astronom Royal Edmund Halley (1656–1742) war der Ansicht, dass der Abstand der Erde zur Sonne berechnet werden könnte, indem man beobachtet, wie die **Venus vor der Sonne vorbeizieht.**

TERRA AUSTRALIS INCOGNITA

Cook sollte außerdem – das war sein Geheimauftrag – nach einem vermuteten riesigen **„Südkontinent“ suchen.**

DIE ERSTE SÜDSEEREISE

(1768–1771)

Erklärte Mission Beobachtung des Venustransits

Geldgeber Royal Society und britische Admiralität

Schiff *Endeavour*, ein ehemaliges Handelschiff

Künstler Joseph Banks

Ergebnisse Beobachtung des Venustransits, Kartierung Neuseelands, Beanspruchung Australiens Ostküste für Großbritannien – er benennt sie Neusüdwales, seine Männer erschießen außerdem einige neuseeländische Ureinwohner.

DIE ZWEITE SÜDSEEREISE

(1772–1775)

Mission Suche nach dem großen „Südkontinent“

Geldgeber britische Admiralität

Schiffe *Resolution* und *Adventure*

Künstler William Hodges

Ergebnisse dreimalige Überquerung des südlichen Polarkreises, zwei Rundfahrten im Südpazifik sowie die Kartierung von Inseln und Inselgruppen, die man in Europa bis dahin nicht kannte.

DIE DRITTE SÜDSEEREISE

(1776–1779)

Erklärte Mission Begleitung eines Polynesiers in seine Heimat

Geheimes Ziel Suche nach einer Nordwestpassage vom Nordpazifik in den Nordatlantik

Geldgeber britische Admiralität

Schiffe: *Resolution* und *Discovery*

Künstler John Webber

Ergebnisse Im damals noch unbekannten Hawaii kommt es zu Zusammenstößen zwischen Inselbewohnern und der Besatzung. James Cook, vier Marineinfanteristen und 16 Hawaiianer kommen dabei um.

Cooks Reisen hatten großen Einfluss darauf, wie **man in Europa die Welt sah,** und sie waren der Anstoß für **viele weitere Entdeckungsfahrten.** Für diejenigen, die er auf seinen Reisen traf, waren seine Reisen sicherlich weniger positiv.

GEORGE WASHINGTON

Der erste Präsident der Vereinigten Staaten gilt bis heute als einer der größten amerikanischen Patrioten.

ZEITTAFEL

- **22. Februar 1732** Washington wird in Virginia geboren.
- **1752** Er tritt der virginischen Kolonialmiliz bei.
- **1756–1763** Während des Siebenjährigen Kriegs fällt er durch besondere Tapferkeit auf.
- **1759** Er heiratet Martha Custis, tritt dem Bürgerhaus bei und kritisiert die unfairen britischen Steuern.
- **1774–1775** Er ist Teil des Ersten und Zweiten Kontinentalkongresses und spricht sich für die Anliegen der Kolonisten aus.
- **1775** Er wird Oberbefehlshaber der Kolonialarmee.
- **1777** Sieg in der Schlacht von Saratoga
- **1783** Unterzeichnung des Friedens von Paris
- **1787** Er wird vom Verfassungskonvent zum Präsidenten gewählt.
- **1789** Washington wird offiziell der erste Präsident der Vereinigten Staaten von Amerika.
- **1792** Er wird als Präsident wiedergewählt.
- **1797** Washington setzt sich zur Ruhe.
- **14. Dezember 1799** Er stirbt auf seinem Gut in Virginia.

POLITISCHE ENTWICKLUNGEN

Washington war nicht glücklich, dass sich die amerikanische Regierung fast **unmittelbar nach der Unabhängigkeitserklärung aufspaltete:** in die **Föderalistische** und die **Demokratisch-Republikanische Partei.**

SKLAVEREI

Washington war **entschieden gegen die Sklaverei.** Er war federführend beim **Sklavenhandelsgesetz von 1794,** wodurch der Sklavenhandel mit amerikanischen Schiffen eingeschränkt wurde. Als er starb, arbeiteten aber noch immer **300 Sklaven auf seinem Anwesen.** Er verfügte, dass sie nach seinem Tod freigelassen werden sollten. **Seine Frau entließ seine und ihre eigenen Sklaven 1800.**

MOUNT VERNON

Washington **bewirtschaftete 3.200 Hektar,** achtete beim Anbau auf die Fruchtfolge, kümmerte sich um die Böden, hielt Nutztiere **und war offen für wissenschaftliche Innovationen.**

DAS WEISSE HAUS

Durch den **Residence Act** wurde ein **Gebiet am Ufer des Potomac River** (später Washington, D. C.) zur **Hauptstadt der Vereinigten Staaten.** Washington beaufsichtigte den Bau des Weißen Hauses, **lebte aber selbst nie darin.**

DIE FIRST FLEET

Was macht man, wenn die Gefängnisse überfüllt sind, aber ständig neue Verbrecher festgenommen werden? Sie auf einen neu entdeckten Kontinent auf der anderen Seite der Erde schicken, natürlich.

ANZAHL DER SCHIFFE 11

ABFAHRT PORTSMOUTH, 13. MAI 1787

ANKUNFT SYDNEY COVE, 26. JANUAR 1788

ERSTER GOUVERNEUR CAPTAIN ARTHUR PHILLIP

NATIONALITÄTEN VIELE VERURTEILTE BRITEN, ABER AUCH AFRIKANER, AMERIKANER UND FRANZOSEN

PERSONEN AN BORD: 1.420

Aufgrund von Todesfällen auf der Fahrt erreichten nur 1.373 Passagiere ihr Ziel.

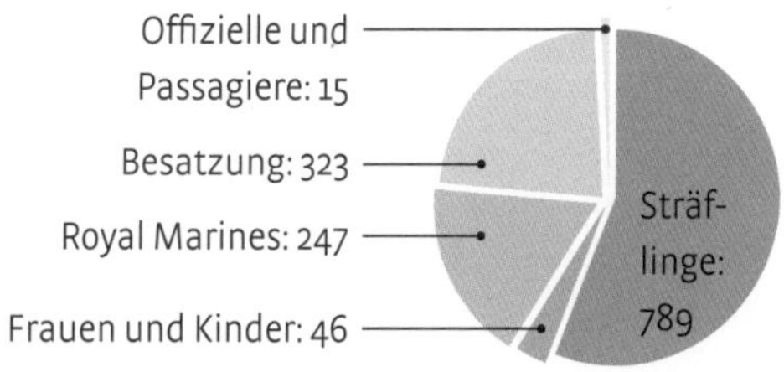

STRÄFLINGE: 789

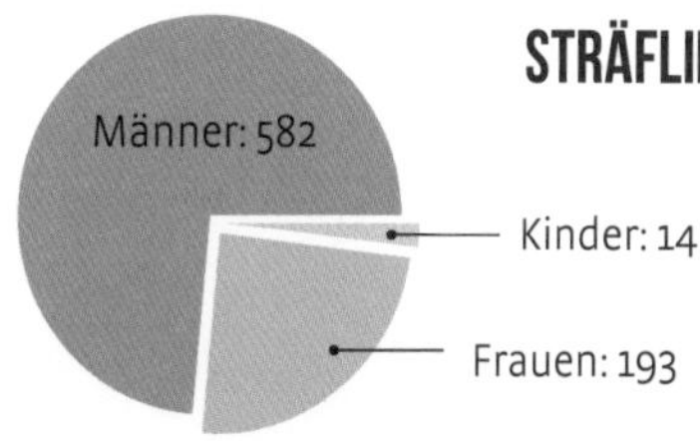

WAR DIE FIRST FLEET DIE ERSTE, DIE STRÄFLINGE WEGBRACHTE?

Verurteilte Verbrecher wurden zuvor nach Amerika geschickt. Nach der Unabhängigkeit der USA war das nicht mehr möglich – und man schickte sie nach **Australien.**

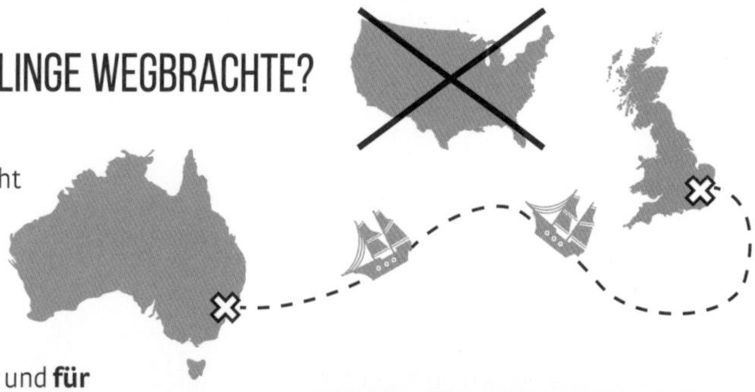

TERRA INCOGNITA

Australien war erst **1770** von Captain James Cook entdeckt und **für Großbritannien beansprucht worden.** Das Land war noch relativ unbekannt – auch über die halbe Million erzürnte Ureinwohner wusste man noch nicht viel.

VERBRECHEN DER STRÄFLINGE

UNTER ANDEREM:

- Einbruch
- Straßenraub
- Diebstahl von Tieren
- Militärvergehen
- Diebstahl von Kleidung
- Prostitution
- Gelegenheitsdiebstahl
- Betrug
- politischer Protest

Da viele Werkzeuge vergessen worden waren, orderte **Captain Phillip** sofort nach der Ankunft weitere Lieferungen – und **schickte die Sträflinge an die Arbeit.** Zum Glück gab es unter ihnen **Ziegelbrenner, Zimmerleute, Krankenschwestern, Schäfer, Köche, Kutscher, Buchhalter und Verwalter.**

Der erste Sträfling, der um eigenes **Land** ansuchte, war **James Ruse,** ein Dieb, der sich mit Landwirtschaft auskannte.

DIE FIRST FLEETERS

1792 hatten sich die ersten Sträflinge ihre Freiheit verdient. Einige kehrten nach Großbritannien zurück, andere beschlossen, ihr Glück in der Neuen Welt zu versuchen. **Ihre stolzen Nachfahren nannten sich First Fleeters.**

DIE FRANZÖSISCHE REVOLUTION

1789 suchte man im armuts- und hungergeplagten Frankreich nach einem Sündenbock. Die verschwenderisch lebenden Geistlichen und die Königsfamilie standen da ganz oben auf der Liste. Als zudem eine unfaire Steuer verabschiedet werden sollte, nahm die Revolution ihren Lauf.

ZEITTAFEL

- **Mai 1789** König Ludwig XVI. beruft eine Versammlung der Generalstände ein, um über eine neue Grundsteuer abzustimmen. Der Dritte Stand erklärt sich mit dem Ballhausschwur zur Nationalversammlung.
- **14. Juli** Die Bastille wird gestürmt, die Adeligen fliehen.
- **Juni 1791** Die Königsfamilie wird beim Versuch zu fliehen gefangen genommen.
- **1792** Die Monarchie wird abgeschafft.
- **1793–1794** Terrorherrschaft
- **28. Juli 1794** Robespierre wird hingerichtet.
- **18 Mai 1804** Napoleon Bonaparte krönt sich selbst zum Kaiser von Frankreich.

NAPOLEON BONAPARTES Soldaten entdeckten 1799 den Stein von Rosette.

DIE TERRORHERRSCHAFT

Während der Terrorherrschaft wurden harte Maßnahmen gegen vermeintliche **„Feinde der Revolution"** ergriffen. Die „Madame Guillotine", ursprünglich bekannt als eine menschliche Art der Hinrichtung, hatte viel zu tun.

GESCHÄTZTE ANZAHL AN VERHAFTUNGEN: **300.000**

OFFIZIELLE HINRICHTUNGEN: **17.000** (Tatsächlich waren es viele mehr.)

GESCHÄTZTE ZAHL DERER, DIE IM GEFÄNGNIS ODER OHNE PROZESS STARBEN: **10.000**

DIE KÖPFE ROLLTEN

LUDWIG XVI. Der König von Frankreich wurde durch die Guillotine hingerichtet.

GEORGES DANTON Der Revolutionär war schockiert angesichts der Terrorherrschaft – **und starb durch die Guillotine.**

MAXIMILIEN ROBESPIERRE Der vielleicht **erbittertste Anführer der Revolution wurde selbst öffentlich hingerichtet.**

JEAN-PAUL MARAT Der Anführer der radikalen **Montagnards** wird in der Badewanne ermordet.

DIE STÄNDEORDNUNG

BENJAMIN FRANKLIN

Der Staatsmann, Zeitungsverleger, Diplomat, Schriftsteller, Wissenschaftler und Erfinder Benjamin Franklin war ein Mann der Renaissance – und einer der Gründerväter der Vereinigten Staaten von Amerika.

ZEITTAFEL

17. Januar 1706 Franklin wird in Boston geboren, sein Vater ist zu arm, um ihn lange in die Schule zu schicken, daher geht er bei seinem Bruder, einem Drucker, in die Lehre.

1724 Franklin reist nach London.

1726 Er lässt sich in Philadelphia nieder, wo er die *Pennsylvania Gazette* herausgibt.

1748 Franklin ist reich genug, um sich seinen Erfindungen und der Wissenschaft zu widmen.

1751 Franklins wissenschaftliche Schriften werden als *Experimente und Beobachtungen der Elektrizität* veröffentlicht.

1736–1751 Präsident von Pennsylvania

1750–1764 Mitglied der Nationalversammlung Pennsylvanias

1757–1774 In London ist er als Vertreter der Kolonien von Pennsylvania, Georgia, New Jersey und Massachusetts tätig.

1753–1774 Als Deputy Postmaster der Kolonien gestaltet er das Postwesen um – und beginnt, sich für die amerikanische Unabhängigkeit einzusetzen.

1776 Er ist Mitverfasser der Unabhängigkeitserklärung.

1776 Als einer von drei Vertreten vertritt er Amerika in Frankreich und handelt eine Allianz mit Frankreich aus.

1783 Als amerikanischer Vertreter in Frankreich unterzeichnet er den Frieden von Paris.

1785 Zurück in Amerika hilft er bei der Erstellung der Verfassung.

1789 Franklin wird Präsident der Gesellschaft zur Abschaffung der Sklaverei.

17. April 1790 Franklin stirbt in Philadelphia.

GRÜNDER

FRANKLIN HALF BEIM AUFBAU

- der American Philosophical Society,
- der Library Company,
- einer Akademie (später: Universität von Pennsylvania),
- der freiwilligen Feuerwehr,
- einer Versicherung und
- eines Krankenhauses.

DIE VIELEN ERFINDUNGEN BENJAMIN FRANKLINS

- Franklinkaminofen
- Blitzableiter
- Batterie
- Zweistärkenbrille
- Kilometerzähler
- Glasharmonika
- Sommerzeit
- Schaukelstuhl
- amerikanischer Penny
- „langer Arm", um Bücher aus dem Regal zu holen

Außerdem **kartierte er den Golfstrom** und entdeckte den Unterschied zwischen **elektrischen Isolatoren und Leitern.**

FRANKLINS DRACHEN-EXPERIMENT

Er lenkte einen Drachen in ein Gewitter und **bewies so die elektrische Natur von Blitzen.**

DIE HINRICHTUNG MARIE ANTOINETTES

Als sie das Schafott bestieg, trat die ehemalige Königin von Frankreich ihrem Henker aus Versehen auf die Füße. Ihre Entschuldigung an ihn waren ihre letzten Worte.

ZEITTAFEL

2. November 1755 Maria Antonia von Habsburg-Lothringen kommt als 15. Kind von Franz I., dem Kaiser des Heiligen Römischen Reiches, zur Welt.

19. April 1770 Sie heiratet Ludwig August, den französischen Thronfolger, im Alter von 14.

10. Mai 1774 Ludwig XV. stirbt, Ludwig XVI. wird König, damit wird Marie Antoinette mit 18 Königin von Frankreich.

1778 Das langersehnte erste von vier Kindern kommt zur Welt.

1785–1786 Marie Antoinette wird in einen Betrugsskandal, die Halsbandaffäre, verwickelt.

1789 Beginn der Französischen Revolution

20. Juni 1791 Die königliche Familie versucht zu fliehen, sie wird in Varennes aufgegriffen.

10. August 1792 Die Aufständischen stürmen den Palais des Tuileries, die königliche Familie wird verhaftet.

21. Januar 1793 Ludwig XVI. wird hingerichtet.

16. Oktober 1793 Marie Antoinette wird hingerichtet.

Marie Antoinette war zunächst beim Volk beliebt, aber ihr **extravagantes Leben am Hof** wurde von den **hungerleidenden Bürgern** bald nicht mehr gebilligt. Sie wurde zum Symbol **der verrotteten Gesellschaft.**

DIE HALSBANDAFFÄRE

Betrüger verwickelten **die Königin in einen schweren Juwelenbetrug.** Sie war **unschuldig,** aber die wütenden Bürger glaubten das nicht.

DIE REVOLUTION

Während des Sturms auf die Bastille **betrauerte das Königspaar den Tod ihrer jüngsten Tochter.** Kurz danach verloren sie auch **ihren Sohn, den Thronfolger.**

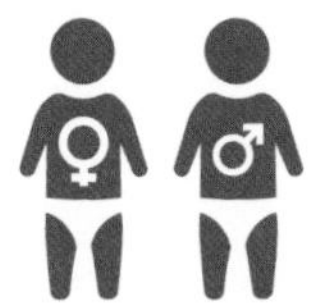

DIE HINRICHTUNG

Marie Antoinette, einst die **eleganteste Frau Frankreichs,** wurde in einem Karren zum Schafott gebracht. Als der Henker ihren abgetrennten Kopf in die Höhe hielt, rief die Menge: **„Vive la République!"**

NAPOLEON BONAPARTE

Napoleon Bonaparte war einer der erfolgreichsten militärischen Anführer aller Zeiten, seine Kriegstaktiken werden auch heute noch studiert.

ZEITTAFEL

- **15. August 1769** Napoleon kommt in Korsika zur Welt.
- **1785** Er schließt die Militärakademie in Paris als 42. von 58 Absolventen ab.
- **1789** Napoleon kämpft für die Französische Revolution.
- **1796** Durch seine militärischen Taktiken gelingen ihm Siege in Italien.
- **1796** Napoleon heiratet Joséphine de Beauharnais.
- **1798** Napoleons Truppen erobern Ägypten in der Schlacht bei den Pyramiden.
- **1798** Nelson besiegt Napoeleon in der Seeschlacht bei Abukir.
- **1799** Er erobert Paris durch einen unblutigen Coup und wird Erster Konsul der Republik.
- **1802** Der Friede von Amiens sorgt für halbherzigen Frieden mit Großbritannien.
- **1804** Mit dem Code Napoléon schafft er ein bedeutendes Gesetzeswerk der Neuzeit.
- **1804** Napoleon krönt sich selbst zum Kaiser von Frankreich.
- **1805** Er wird bei der Schlacht von Trafalgar besiegt.
- **1805** Napoleon erlangt seinen größten Sieg in der Schlacht bei Austerlitz.
- **1812** Eine blutige Niederlage in Russland ist das erste Anzeichen seines Endes.
- **1814** Er ist gezwungen abzudanken und geht ins Exil auf die Insel Elba.
- **1815** Er nimmt Paris erneut ein, es folgt die 100-tägige Herrschaft.
- **1815** Napoleon wird in der Schlacht bei Waterloo besiegt.
- **5. Mai 1821** Napoleon stirbt im Exil auf St. Helena.

EHEFRAUEN

Napoleons bekannterweise **turbulente 14-jährige Ehe mit Joséphine** endet 1809, da sie ihm **keinen Sohn schenkt.** 1810 heiratet er die wenig begeisterte **Marie-Louise von Österreich.**

DIE DREI-KAISER-SCHLACHT

Napoleon schickte 68.000 Soldaten nach **Austerlitz in Österreich, um verwundbar auszusehen.** Der russische Zar und der Kaiser von Österreich griffen an. Napoleon macht ihre Verteidigung zunichte, 26.000 Soldaten werden getötet, verwundet bzw. gefangen genommen – das ist der **Anfang des Endes des Heiligen Römischen Reiches.**

Anzahl der Soldaten, die Napoleon auf der Insel St. Helena bewachten:

125 bei Tag

72 bei Nacht

NAPOLEONS SCHLACHTEN

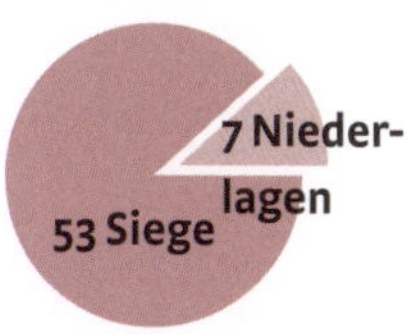

29
Franzosen sterben in der **Schlacht bei den Pyramiden** – der Feind verliert tausende.

2.281
Artikel hat der **Code Napoléon.**

84 TAGE
regierte Napoleon während der sogenannten **„Herrschaft der Hundert Tage".**

DIE SCHLACHT VON TRAFALGAR

Die Schlacht von Trafalgar, eine der wichtigsten Schlachten der Geschichte, führte zur mehr als ein Jahrhundert dauernden britischen Vorherrschaft zur See – auf Kosten des wohl größten Kommandanten aller Zeiten.

ZEITPUNKT 21. OKTOBER 1805

ORT KAP TRAFALGAR, SÜDWESTEN SPANIENS

PARTEIEN GROSSBRITANNIEN VS. FRANKREICH

KOMMANDANTEN ADMIRAL LORD NELSON VS. VIZEADMIRAL PIERRE DE VILLENEUVE

TOTE UND VERWUNDETE 1.700 TOTE ODER VERWUNDETE BRITEN; 6.000 TOTE FRANZOSEN, FAST 20.000 FRANZÖSISCHE GEFANGENE

AUSGANG SIEG GROSSBRITANNIENS

VORGESCHICHTE

Nach dem Ende des **Friedens von Amiens 1803** warteten beide Seiten auf den ersten Schritt der anderen. **1804 verbündete sich Spanien mit Frankreich.** Nelson schlug eine französisch-spanische Flotte in Richtung Westindische Inseln zurück, aber **1805 war Vizeadmiral Villeneuve bereit zum Angriff.**

CHARISMATISCHER ANFÜHRER

Nelson war bei seinen Männern sehr beliebt und **erteilte direkt an der Front auf Deck Befehle,** sogar dann, als sein Sekretär direkt neben ihm erschossen wurde.

1,7-CM-DURCHMESSER-BLEIKUGEL
Nelsons Todesschuss

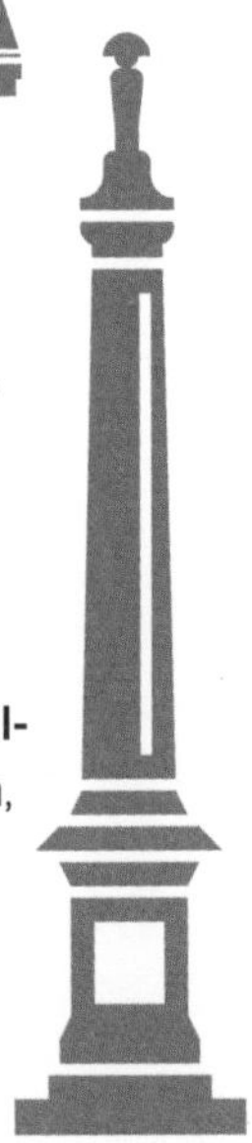

DER TOD ADMIRAL NELSONS

Um **13.15 wird Nelson von einem Schuss vom französischen Schiff** *Redoubtable* getroffen. Eine Lungenarterie wird verletzt, die Kugel durchbohrt seine Wirbelsäule. Er wird unter Deck gebracht, während oben die Schlacht weiterwütet und die Briten die Franzosen mit vielen Taktikwechseln überraschen. Um 13.30 Uhr ergibt sich der Kapitän der *Redoubtable*, um **14.15 Uhr gibt auch Villeneuve auf.** Nelson stirbt kurz vor **16.30 Uhr.**

ÖFFENTLICHE TRAUER

Die Öffentlichkeit war **ob der Nachricht von Nelsons Tod erschüttert.** Tausende wollten den Sarg des Helden sehen, nach einem Staatsbegräbnis wurde Nelson **in der Krypta der St. Paul's Cathedral beigesetzt.** Bis heute finden zu seinen Ehren **jährlich ein Gottesdienst und das Trafalgar Night Dinner** statt.

15.000 Trauernde erwiesen Nelson die letzte Ehre, viele mussten weggeschickt werden.

104 Kanonen befanden sich an Bord der HMS *Victory*, dem Flaggschiff der britischen Flotte.

2.890 Kugeln wurden von der HMS *Victory* abgefeuert.

33 Schiffe hatte die französische Flotte.

27 Schiffe segelten unter britischer Flagge.

22 Schiffe verloren die Franzosen.

0 Schiffe verloren die Briten.

DER STEIN VON ROSETTE

Auf den ersten Blick schien das Fragment einer steinernen Stele mit den seltsamen eingemeißelten Symbolen wenig interessant, es wurde aber zum Inbegriff der Ergründung von Geheimnissen.

ZEITTAFEL

196 V. CHR.	15. JULI 1799	1801	1802	1917
Anfertigung	Entdeckung	Der Stein wird Großbritannien überlassen.	Er wird der Öffentlichkeit im British Museum zugänglich gemacht.	Während des Ersten Weltkriegs wird er in einem Postzugtunnel versteckt.

ENTDECKUNG

Der Stein wurde in **Rosetta (Rashid) in Ägypten** von Soldaten Napoleons entdeckt. Der französische Offizier **Pierre-François Bouchard** erkannte seine Wichtigkeit.

WAS STEHT AUF DEM STEIN?

Eingemeißelt in den Stein von Rosette ist ein **Priesterdekret aus einem Tempel in Memphis,** Ägypten, zu Ehren König Ptolemäus V., der von 204 bis 181 v. Chr. herrschte.

WARUM IST DER STEIN SO WICHTIG?

Auf dem Stein von Rosette steht **der gleiche Text in drei Sprachen.** So konnte man auf Basis der Kenntnis einer Sprache die anderen übersetzen. Den Experten gelang es so schließlich, die Hieroglyphen zu entschlüsseln.

SPRACHEN

- **Demotische Schrift** (frühe Schriftform des Ägyptischen)
- **Altgriechisch**
- **Hieroglyphen**, die vor allem von antiken ägyptischen Priestern verwendet wurden

CA. 1818

Der englische **Physiker Thomas Young** erkennt, dass einige der Hieroglyphen auf dem Stein **den Namen des Königs Ptolemäus V. ergeben.**

1822

Der französische Gelehrte **Jean-François Champollion** erstellt ein erstes Alphabet.

1824

Mithilfe des **Koptischen,** das dem Demotischen ähnelt, gelingt es Champollion schließlich, die **Hieroglyphen zu entschlüsseln.**

DIE HELDEN DER LATEINAMERIKANISCHEN UNABHÄNGIGKEIT

Von der fehlgeschlagenen Revolte in Venezuela 1806 bis zur Niederlage der letzten spanischen Garnison 1826: Der Niedergang der 300-jährigen Kolonialherrschaft Spaniens und Portugals über Südamerika kam plötzlich und war äußerst gewalttätig.

SIMÓN BOLÍVAR

(1783–1830)

Das charismatische Militärgenie Bolívar, **genannt „El Libertador“,** führte die **Revolution gegen die Spanier in Venezuela** an und befreite in der **Schlacht von Boyacá** Neugranda von den Spaniern. In dieser Schlacht **verlor er nur 13 Mann, 50 wurden verwundet, er tötete 200 Royalisten und nahm 1.600 gefangen.** Bolívar herrschte schließlich über das heutige Venezuela, Kolumbien, Ecuador, Peru, Panama und Bolivien – aber der Frieden hielt nicht lange an.

BERNARDO O'HIGGINS

(CA. 1776–1842)

Chiles Nationalheld, der Gutsbesitzer Bernardo O'Higgins, befehligte die Truppen, die schließlich **Chile von den Spaniern befreien sollten,** und wurde schließlich Director Supremo von Chile.

FRANCISCO DE MIRANDA

(1750–1816)

Die **Befreiung seiner Heimat Venezuela** – er versuchte es 1806 – schlug zwar fehl, **aber Francisco de Miranda gilt als Wegbereiter für die, die nach ihm kamen.**

MIGUEL HIDALGO

(1753–1811)

Als Miguel Hidalgo y Costilla – **der Priester, der zum Revolutionär wurde** – hingerichtet wurde, wurde er zum **Symbol des mexikanischen Unabhängigkeitskampfs.**

JOSÉ DE SAN MARTÍN

(1778–1850)

Der geborene Argentinier San Martín **war Offizier in der spanischen Armee,** bis er desertierte und **für die Unabhängigkeit Argentiniens, Chiles und Perus kämpfte.**

MANUELA SÁENZ

(1797–1856)

Die ursprünglich aus Ecuador kommende Geliebte **Simón Bolívars** wurde zur „Libertadora del Libertador“ (Befreierin des Befreiers), als sie **Bolívar 1828 vor einem Anschlag bewahrte.**

DIE REGENCY

Als sich der geistige Zustand von König Georg III. immer weiter verschlechterte, bis er schließlich unfähig war zu regieren, übernahm sein Sohn – der zukünftige George IV. – als Regent die Regierungsgeschäfte.

ZEITRAUM 1810–1820

VERÖFFENTLICHUNGEN JANE AUSTENS *STOLZ UND VORURTEIL*, 1813

SCHLACHTEN WELLINGTON BESIEGT NAPOLEON 1815 IN DER SCHLACHT BEI WATERLOO UND BEENDET DAMIT DIE NAPOLEONISCHEN KRIEGE.

TOTE UND VERLETZTE BEIM PETERLOO-MASSAKER 1819 WERDEN 15 DEMONSTRANTEN GETÖTET, 400–700 VERLETZT.

DER PRINZREGENT

Georg war beim Volk aufgrund seines ausschweifenden Lebensstils **unbeliebt, während seiner Regentschaft kam es dafür aber zu einer Blütezeit in Kunst und Literatur.**

BRIGHTON

Der Architekt John Nash war für die Neuerrichtung des Wohnsitzes des Prinzregenten im kleinen Fischerort Brighton verantwortlich. Vorbilder waren die **indischen Paläste,** die Innenausstattung ist vom **chinesischen Stil** inspiriert. Der Prinz war begeistert vom **Royal Pavillion,** und mit ihm reisten viele vornehme Londoner nach Brighton, mit dem zuvor beliebten Seebad Bath begnügten sich nun Invalide und ältere Admiräle.

JANE AUSTEN

Jane Austens detaillierte Beschreibungen des Lebens und der Etikette während der **Regency** waren zu gleichen Teilen wahr und erfunden.

DIE MODE

Die hochtaillierten **Empirekleider** der Damen harmonierten perfekt mit dem schlichten, einfachen Stil der Männer, der auf den Dandy **Beau Brummell** zurückgeht. Brummell **lehnte Perücke und Gehrock ab und machte Kniehosen, Frack** und perfekt gebundene Halstücher modern.

DIE ARCHITEKTUR

John Nash arbeitete unermüdlich für den Prinzregenten: an neuen Bauwerken rund um den **Regent's Park, die Regent Street** und den **Regent's Canal in London.**

VERÖFFENTLICHTE WERKE JANE AUSTENS

- *Verstand und Gefühl* (1811)
- *Stolz und Vorurteil* (1813)
- *Mansfield Park* (1814)
- *Emma* (1815)
- *Überredung* (1817)
- *Die Abtei von Northanger* (1817)

DER LETZTE FROSTJAHRMARKT

Zwischen 1309 und 1814 fror die Themse genau 23 Mal zu. Fünfmal war das Eis dick genug, dass der sogenannte Frostjahrmarkt stattfinden konnte.

ZEITPUNKT 1. FEBRUAR 1814

ORT THEMSE, LONDON, ENGLAND

AKTIVITÄTEN FEIERN UND GENUSS

DAUER VIER TAGE

DAS KALTE EUROPA

Die Kleine Eiszeit ist zeitlich nicht genau definiert – die meisten Experten sind sich einig, dass es **zwischen dem 16. und 19. Jahrhundert** in ganz Nordeuropa zu niedrigeren Durchschnittstemperaturen kam.

WARUM FROR DIE THEMSE DAMALS ZU?

Unter normalen Umständen sorgten die engen **Bögen der London Bridge** für einen Walzeneffekt, der das Eis zerstörte, bei **extremer Kälte verkeilten sich Eisblöcke zwischen den Säulen und erzeugten so eine Art Damm.**

DIE SCHATTENSEITE

Taschendiebe, Betrüger, Prostituierte und **Buchmacher** hatten bei den durch Schnee geblendeten und von Frostfieber geplagten Reichen leichtes Spiel. **Viele, vor allem arme, Londoner erfroren, verhungerten** oder **brachen im Eis ein.**

ESSEN UND UNTERHALTUNG

Sobald die Wassermänner das Eis für dick genug erklärten, **errichteten die Straßenhändler ihre Stände,** und die **Londoner kamen in Scharen,** um sich einige Tage **gutem Essen, Ausschweifungen** und **Verrücktheit hinzugeben.**

SELFIES UM 1800

Mithilfe von **zehn Druckpressen** wurden für je sechs Pence Souvenirkarten mit dem **Namen, dem Datum und dem Anlass verkauft.**

DAS MENÜ

Ingwerkuchen
Heiße Äpfel
Bonbons und Süßes
Gin
„Lapland mutton" (eine Scheibe Schaffleisch für einen Schilling)
„Wellington For Ever Good Ale"

SOUVENIRS

- Krimskrams
- Schmuck
- Becher und Krüge
- Bücher und Spielzeug

WARUM FRIERT DIE THEMSE HEUTE NICHT MEHR ZU?

Die **1831** eröffnete **neue London Bridge** von John Rennie hatte **weniger weite Bögen, wodurch die Themse besser fließen konnte. Durch die Uferbefestigungen von Joseph Bazalgette (1862)** wurde der Fluss **schmäler und tiefer.**

UNTERHALTUNG

- Gaukler
- Stelzengeher
- Schwertschlucker
- Musiker
- Schauspieler
- Akrobaten
- Tierkämpfe
- Kegeln
- Fuchsjagd
- Tanz
- Bowling
- Eislauf
- Glücksspiel
- ein Elefant

DIE SCHLACHT BEI WATERLOO

Die von Napoleon und Wellington persönlich angeführten Truppen trafen nach 25 Jahren blutiger Auseinandersetzungen aufeinander – die beiden sollten sich allerdings nie persönlich treffen.

ZEITPUNKT 18. JUNI 1815

ORT WATERLOO, BELGIEN

PARTEIEN ALLIIERTE TRUPPEN GROSSBRITANNIENS UND PREUSSEN GEGEN. FRANZÖSISCHE ARMEE

AUSGANG SIEG DER BRITEN, DIE ALLIIERTEN ERREICHEN PARIS AM 7. JULI 1815.

HINTERGRUND

Trotz der Niederlage bei Trafalgar **setzte Napoleon seine Feldzüge in Europa fort,** bis er abdankte. Bei seiner Rückkehr nach Paris **1815 erklärten Großbritannien, Preußen, Russland und Österreich Frankreich den Krieg.**

BESIEGT, ABER NOCH DA

Am **16. Juni hatte Napoleon die preußische Armee bei Ligny besiegt.** Er wusste nicht, dass mit den Preußen, obwohl sie sich zurückgezogen hatten, noch immer zu rechnen war. **Wellington hatte Quatre Bras gerade so halten können, sich dann aber nach Waterloo zurückgezogen.** Dort hielt er die Stellung, bis die Preußen kamen.

EIN FATALER FEHLER

Da Napoleon besorgt war, dass der schlammige Untergrund sein Vorankommen hindern könnte, **wartete er mit dem Angriff,** sodass Marschall Blüchers preußische Truppen den Alliierten zu Hilfe kommen konnten.

ZWEI GIGANTEN TREFFEN AUFEINANDER

Sie waren gleich alt und konnten auf viele Siege zurückblicken – **Napoleon und Wellington waren sich nicht unähnlich.** Wenn auch widerwillig respektierten sie einander.

TRUPPENSTÄRKEN UND VERLUSTE

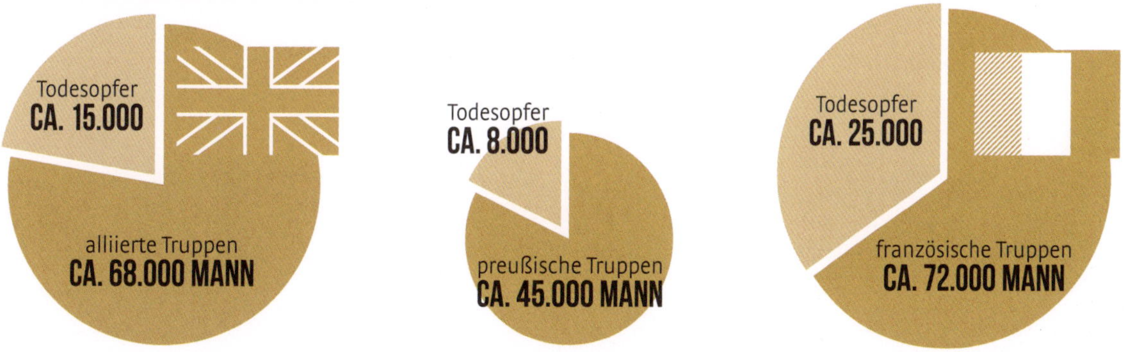

DIE GEBURT FRANKENSTEINS

Am Genfersee fordert Lord Byron seine Freunde heraus, eine Geistergeschichte zu schreiben. Mary Shelley erinnerte sich an ein Schloss, das sie auf Reisen gesehen hatte – und erschuf ein Monster.

ZEITTAFEL

- **30. August 1797** Mary Shelley kommt zur Welt.
- **1816** Shelley schreibt nach einem „Wachtraum" eine Kurzgeschichte.
- **1818** *Frankenstein oder Der moderne Prometheus* erscheint anonym bei Lackington.
- **1823** erste Bühnenadaption
- **1831** erste begehrte Ausgabe
- **1851** Mary Shelley stirbt.
- **1910** erste filmische Adaption, Regie: J. Searle Dawley
- **1931** Boris Karloff spielt das Monster in *Frankenstein.*

Shelley war die Tochter der Frauenrechtlerin **Mary Wollstonecraft,** der Autorin von *Verteidigung der Rechte der Frau,* und des **Philosophen William Godwin.** Mit 16 **brannte sie mit dem** (verheirateten) **Dichter Percy Bysshe Shelley** nach Europa durch, um einen Skandal zu vermeiden.

SCHAURIGE PARODIEN

Die ersten *Frankenstein*-Parodien entstanden fast unmittelbar nach dem ersten Film. Zu den bekannten modernen Werken gehören *Die Rocky Horror Picture Show, Frankenweenie* und *Frankenstein Junior.*

DIE INSPIRATION

Bei der Erschaffung des Monsters ihres verrückten Wissenschaftlers ließ sich Mary von den Experimenten zu „tierischer Elektrizität" von Luigi Galvani und Giovanni Aldini inspirieren, die elektrisch leitfähige Materialien an toten Tieren anbrachten.

EINE FRAU ALS AUTORIN

Zuerst **war man überzeugt, dass** *Frankenstein* **von Percy Bysshe Shelley verfasst** wurde. Als sich herausstellte, dass es sich um eine Autorin handelte, wurde das Werk als **„Liebesroman" abgetan.**

500

Bücher umfasste die erste Auflage von *Frankenstein.*

SCHAUERLITERATUR

Die Schauerliteratur war inspiriert von der Romantik in **Kunst, Architektur und Literatur.** Im frühen 19. Jahrhundert schuf Jane Austen mit *Die Abtei von Northanger* eine Satire auf die beliebten Schauerromane – Mary Shelley war der Beweis, dass sie noch immer ihre Berechtigung hatte.

DAS EISENBAHNZEITALTER

Durch die Erfindung der Dampflokomotive kam es zu einer Revolution im Transportwesen. Aber auch die Landschaft Großbritanniens veränderte sich durch die vielen Gleise, die Städte und Dörfer miteinander verbanden.

ZEITTAFEL

- **1804** Richard Trevithick entwickelt die erste funktionsfähige Dampflokomotive.
- **1812** Der erste Dampfzug transportiert Kohle.
- **1825** Die Stockton and Darlington Railway Company betreibt die erste öffentliche Eisenbahn mit George Stephensons Lokomotive *Locomotion*.
- **1829** George Stephensons Lokomotive *The Rocket* gewinnt das berühmte Rennen von Rainhill.
- **1830** Die Liverpool and Manchester Railway läutet einen regelrechten Gleisbau-Boom ein.
- **1836** Die erste Londoner Eisenbahnverbindung, von Bermondsey nach Deptford, wird eröffnet.
- **1841** Thomas Cook organisiert die erste Eisenbahnreise.
- **1847** Die Eisenbahnen fahren jetzt nach der Greenwich-Zeit.
- **1837** Die Verbindung London–Birmingham ist die erste Eisenbahnlangstreckenverbindung.
- **1863** Die erste U-Bahn-Strecke verbindet Farringdon Street und Bishop's Road in London.
- **1892** Die Normalspur wird eingeführt.

EXPERIMENT

Der erste Personenwagon *Experiment* **fuhr, gezogen von der** *Locomotion No 1*, im Auftrag der Stockton and Darlington Railway.

Verderbliche Güter konnten nun problemlos **innerhalb Stunden statt Tagen in die Städte transportiert werden.**

DIE EISENBAHNZEIT

Wegen der Langstreckenverbindungen **wurde eine einheitliche Zeitrechnung** eingeführt, damit die Fahrpläne übereinstimmten.

DAS SPURWEITENPROBLEM

Wenn **mehr als ein Bahnunternehmen eine Verbindung zwischen zwei Städten anbot,** kam es vor, dass der **Abstand zwischen den Schienen (Spurweiten) variierte,** es konnte also nicht ein Zug die ganze Strecke fahren. Passagiere mussten **umsteigen, Waren auf einen anderen Zug umgeladen werden.**

TAGESAUSFLÜGE

Durch die Eisenbahn konnten die Briten auch tageweise ans Meer fahren. **1871 wurden vier bezahlte Feiertage,** an Weihnachten, Karfreitag, 1. Mai und 1. November, eingeführt – **Millionen nutzten sie für Tagesausflüge mit dem Zug.**

36	15.000	47 KM/H	650.000	272
Wagons zog die *Locomotion* am **27. September 1825.**	**Zuschauer** waren beim **Rennen von Rainhill** anwesend.	**Höchstgeschwindigkeit** der *Rocket* von Stephenson.	**Passagiere** nutzten die Verbindung London–Greenwich innerhalb von **15 Monaten.**	**Parlamentsgesetze** betreffend **die Eisenbahn wurden 1846 verabschiedet.**

DER SLAVERY ABOLITION ACT 1833

Der Weg hin zur Abschaffung der Sklaverei im Britischen Weltreich war lange und steinig. Zu viele Menschen verdienten einfach viel zu gut daran – und stellten den Profit über den Anstand.

LANGES 19. JAHRHUNDERT (1789–1914)

ZEITTAFEL

1562 John Hawkins holt als erster Brite Sklaven aus Afrika.

1772 Ein Gericht bestimmt, dass Sklaven nicht mehr gewaltsam von England in die Kolonien gebracht werden dürfen.

1790 1. Gesetzesentwurf scheitert.

1792 2. Gesetzesentwurf scheitert.

1794 Frankreich schafft Sklaverei ab.

1804 Nach der Haitischen Revolution entsteht der erste schwarze Staat außerhalb Afrikas.

1807 Der Sklavenhandel wird verboten, nicht aber die Sklaverei an sich.

1833 Der Slavery Abolition Act wird verabschiedet.

DER DREIECKSHANDEL

Die Schiffe, die im Atlantik unterwegs waren, machten keine Leerfahrten …

Von **Großbritannien nach Afrika,** mit Textilien und Rum an Bord, um Sklaven zu holen.

Von Afrika nach Amerika mit Sklaven an Bord.

Von Amerika nach Großbritannien mit Zucker, Tabak und Baumwolle an Bord.

OLAUDAH EQUIANO

(1745–1797)

Equiano, der gefangen genommen und nach Amerika verschleppt wurde, **schafft es, sich selbst freizukaufen.** Seine Autobiographie schockiert die Londoner Gesellschaft.

GRANVILLE SHARPE

(1735–1813)

Durch die Freundschaft mit einem Sklaven, der von seinem Herrn geschlagen worden war, begann sich Sharpe für die Rechte von **Sklaven, die aus der Karibik nach London gebracht worden waren, einzusetzen.**

WILLIAM WILBERFORCE

(1759–1833)

Der Eintritt in die evangelische Kirche brachte den Unterhausabgeordneten aus **Yorkshire dazu, 18 Jahre lang für die Abschaffung der Sklaverei zu kämpfen.**

ELIZABETH HEYRICK

(1769–1831)

Die führende weibliche Sklavereigegnerin Heyrick **organisierte einen Zuckerboykott in Leicester**.

SKLAVENHANDEL IN ZAHLEN

CA. 10.000

britische Reisen nach Afrika, **im Zuge derer etwa 3,4 Millionen Menschen versklavt wurden,** erfolgten in den **245 Jahren** zwischen Hawkins' erster Reise und der Abschaffung der Sklaverei.

12 MILLIONEN

Menschen brachten **europäische Händler laut Schätzungen nach Amerika.**

80.000

Afrikaner wurden jährlich mit …

… 42.000

britischen Schiffen transportiert.

DIE ZWEITE EXPEDITION DER BEAGLE

Trotz schwerer Seekrankheit veränderte Charles Darwin durch seine Reisen auf dem britischen Forschungsschiff HMS Beagle *unseren Sicht auf die Welt für immer.*

SCHIFF HMS *BEAGLE*

MISSION UMSEGLUNG DER ERDE ZUR VERMESSUNG DER LÄNGENGRADE

ZEITRAUM 1831–1836

KAPITÄN LEUTNANT ROBERT FITZROY

BESATZUNG 68

FORSCHER DER 21-JÄHRIGE CHARLES DARWIN

DIE REISE DER *BEAGLE*

1839 wurden Darwins Aufzeichnungen von der Reise veröffentlicht.

27. DEZEMBER 1831

Die *Beagle* sticht von Plymouth in England aus in See.

1832

In Santiago entdeckt Darwin **ein Muschelschalenband in den Klippen** knapp 15 Meter über der Meeresoberfläche. Wie sind die nur dorthin gekommen?

In Patagonien **sammelt Darwin wochenlang Fossilien.**

1833

Auf den **Falklandinseln** entdeckt Darwin **Fossilien, die anders sind, als die, die er zuvor gesammelt hat.** Er fragt sich, **wie sich Pflanzen und Tiere an verschiedene Gegebenheiten** anpassen.

In Punta Alta entdeckt er ein **Riesenfaultierskelett.** Das Tier muss vor tausenden von Jahren gestorben sein.

Nach der Überquerung des Río Paraná entdeckt Darwin **Tiere, die den europäischen Arten ähnelten,** was im Widerspruch zum Glauben steht, dass Gott jede Spezies für eine spezielle Umgebung erschaffen hat.

1834

Darwin **beginnt zu glauben, dass sich die Erde ständig weiterentwickelt** und nicht von Gott in einem perfekten Moment erschaffen wurde.

1835

In Villavicencio entdeckt Darwin **versteinerte ehemalige Unterwasserlavaströme** 1.800 Meter über dem Meeresspiegel. Ihm wird klar, **dass die Erde viel älter sein muss als in der Bibel geschrieben steht.**

1836

Da die **Tiere in Australien so anders sind als alle anderen,** ist Darwin der Ansicht, dass sie sich separat entwickelt haben müssen.

Am 2. Oktober erreicht die *Beagle* Falmouth.

DIE FINKEN

Darwin war **fasziniert von den zahlreichen Finkenarten,** die er auf den Galapagosinseln fand. Viele seine späteren Studien handelten von diesen Vögeln.

DARWINS DRITTE SENDUNG IN DIE HEIMAT ENTHIELT:

80 Vogelarten
20 Vierbeiner
4 Fässer voller Felle und Pflanzen

DIE HERRSCHAFT KÖNIGIN VIKTORIAS

Prinzessin Viktoria lebte isoliert, im Schatten ihrer übermächtigen Mutter, aber sie trotzte allen Widrigkeiten und wurde eine unabhängige Frau – und eine der am längsten regierenden britischen Königinnen.

GEBOREN 24. MAI 1819

KRÖNUNG 28. JUNI 1838

HOCHZEIT MIT ALBERT VON SACHSEN-COBURG UND GOTHA, 10. FEBRUAR 1840

VERWITWET 14. DEZEMBER 1861

ERNENNUNG ZUR KAISERIN VON INDIEN 1. MAI 1876

GESTORBEN 22. JANUAR 1901

KÖNIGLICHE VERLOBUNG

Viktoria war **in ihren Cousin Albert verliebt,** als Königin musste **sie um seine Hand anhalten.**

DIE SCHWARZE WITWE

Nach Alberts Tod zog sich Viktoria von öffentlichen Verpflichtungen und Anlässen vollkommen zurück, **kleidete sich schwarz und ließ sich von Freunden** beraten. Darunter waren der Politiker **Benjamin Disraeli, ihr schottischer Diener John Brown** und **Abdul Karim,** ihr 24-jähriger indischer Diener.

DER KRIMKRIEG

1853–1856

1854 kämpften Großbritannien, Frankreich und Sardinien an der Seite der Türkei in einem **blutigen Krieg auf der Halbinsel Krim gegen die russische Gebietserweiterung.**

DAS BRITISCHE EMPIRE

Nach den Anfängen im 16. Jahrhundert unter Elisabeth I. **beherrschte Großbritannien im 19. Jahrhundert mehr als ein Fünftel der Landfläche der Erde** und mehr als ein Viertel der Weltbevölkerung.

DIE KÖNIGINMUTTER

Viktoria wurden den Anforderungen des Throns im Hinblick auf ihre Pflichten mehr als gerecht. **Sie hatte neun Kinder,** von denen viele in die großen Häuser Europas einheirateten.

37

Enkel hatte sie, als sie starb.

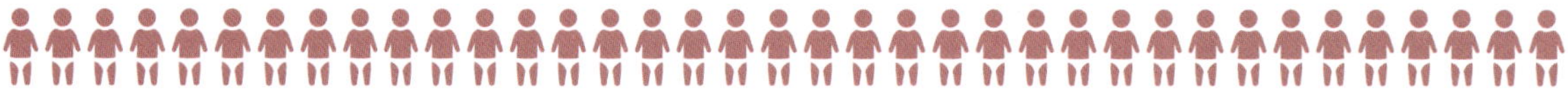

CHARLES DICKENS ERFINDET WEIHNACHTEN NEU

Im Georgianischen Zeitalter war das mittelalterliche Fest Weihnachten auf einen einzigen Tag verkürzt worden und wurde vor allem von der Landbevölkerung gefeiert. Charles Dickens wollte das nicht so stehenlassen. Seine in nur sechs Wochen verfasste „kleine Weihnachtsgeschichte" veränderte eine Nation voller Scrooges für immer.

DER ABLAUF DER FEIERLICHKEITEN

1840 Königin Viktoria heiratet Prinz Albert.

1843 *A Christmas Carol* wird in der Woche vor Weihnachten veröffentlicht.

1843 Die erste Weihnachtskarte wird gedruckt.

1848 *The Ilustrated London News* veröffentlicht einen Druck, auf dem die königliche Familie unter einem Weihnachtsbaum zu sehen ist.

1848 Tom Smith erfindet das Knallbonbon.

1840er und später Durch die Eisenbahn sinkt der Truthahnpreis.

MIDLIFE-CRISIS

1843 hatte der „internationale Superstar" **Dickens zu kämpfen.** Er hatte eine Hypothek abzubezahlen, und ein fünftes Kind war auf dem Weg. **Er brauchte einen Erfolg.**

6.000
Kopien von *A Christmas Carol* wurden innerhalb weniger Tage verkauft.

FÜNF SCHILLING
kostete eine Ausgabe.

GEISTERGESCHICHTE

Dickens wollte auf leicht lesbare Weise **die Armut, die er auf seinen Reisen kennengelernt hatte,** darstellen. Daher verfasste er die Erzählung *A Christmas Carol* im Stil der damals sehr beliebten **Schauergeschichten.**

UNBEKANNTES FEST

Das nostalgische Weihnachtsfest, das Dickens beschreibt, haben die meisten Menschen damals wohl nicht so gekannt. Nach der Industriellen Revolution gab es keine zwölftägigen Weihnachtsferien mehr, und **Weihnachten wurde nicht wirklich gefeiert.** Die Leser **liebten die von Dickens heraufbeschworenen Bilder – und feierten in Zukunft schlicht genauso.**

DIE GREAT EXHIBITION

1851 wurde von Prinz Albert, Königin Viktorias Gemahl, eine Ausstellung über die Errungenschaften des britischen Weltreichs präsentiert - das Vorbild für viele weitere Weltausstellungen.

ZEITRAUM 1. 5. – 11. 10. 1851

ORT HYDE PARK, LONDON

BESUCHER MEHR ALS SECHS MILLIONEN (VON ADELIGEN BIS ZU FABRIKARBEITERN)

EINTRITTSPREIS £3 FÜR MÄNNER, £2 FÜR DAMEN, AB 24. MAI 1 SCHILLING

GEWINN £186.000 (HEUTE ETWA 30 MILLIONEN EURO)

FOLGEN MIT DEM GEWINN WURDE DIE „ALBERTOPOLIS" ERBAUT, EIN VIERTEL MIT VERSCHIEDENEN KULTURSTÄTTEN IN LONDON.

WARUM EINE AUSSTELLUNG?

Albert wollte feiern, dass **sich Großbritannien nicht im Krieg befand und ein riesiges Reich beherrschte,** zudem gab es einen wirtschaftlichen Aufschwung.

DER KRISTALLPALAST

Der von Joseph Paxton entworfene und von **Fox & Henderson** erbaute Kristallpalast aus Stahl und Glas erinnerte an ein riesiges Gewächshaus. Das Querschiff wurde so gestaltet, dass **drei an der gewünschten Stelle stehende Ulmen darin Platz fanden.**

WIEDERVERWENDUNG

Nach der Ausstellung wurde der **Kristallpalast in Sydenham im Süden von London wiederaufgebaut.** Er blieb ein beliebtes Ausflugsziel, bis er 1936 **durch ein Feuer zerstört wurde.**

AUSSTELLUNGSSTÜCKE

Die Ausstellungsstücke aus den Bereichen Maschinenbau, Wissenschaft und Kunst stammten aus der ganzen Welt, vor allem aber aus dem Empire. Darunter waren:

- **ein faltbares Klavier**
- frühe Fahrräder
- **ein Thron aus Elfenbein**
- eine Weißkopf-Seeadler-Skulptur
- **eine Erntemaschine**
- Sèvres-Porzellan
- **ein Messer mit 80 Klingen**
- eine Kosakenrüstung
- **Schweizer Uhren**
- der Koh-i-Noor-Diamant
- **ausgestopfte Katzen beim Tee**
- ein Dampfhammer

DER KRISTALLPALAST IN ZAHLEN

562 M Länge

124 M Breite

2 Türme

2.000 Handwerker arbeiteten im Dezember 1850 am Bau des Palasts.

1.000 Stahlsäulen

4.000 Tonnen Stahl

83.600 M² Glas

DER AMERIKANISCHE BÜRGERKRIEG

Als sich die sieben Südstaaten, die an der Sklaverei festhielten, von den Unionsstaaten im Norden lossagten, weil sie (richtigerweise) dachten, Lincoln würde die Sklaverei abschaffen, kam es zu einem blutigen Bürgerkrieg.

ZEITRAUM 1861–1865

ORT VOR ALLEM DIE „GRENZSTAATEN" ZWISCHEN DEN BEIDEN KRIEGSPARTEIEN

PARTEIEN UNIONSSTAATEN IM NORDEN VS. KONFÖDERIERTE STAATEN IM SÜDEN

AUSGANG VEREINIGUNG, ABSCHAFFUNG DER SKLAVEREI

ZEITTAFEL

1860

6. November Lincoln wird zum Präsidenten gewählt.

20. Dezember South Carolina ist der erste südliche Bundesstaat, der sich abspaltet.

1861

Januar/Februar Sechs weitere Südstaaten spalten sich ab.

4. März Lincoln fordert Frieden, warnt aber auch, dass die Union erhalten bleiben muss.

12. April Die ersten Gefechte finden in Fort Sumter statt.

April/Mai Virginia, Arkansas, Tennessee und North Carolina spalten sich ab.

21. Juli Das erste große Gefecht findet in Bull Run statt.

1863

1. Januar Die Emanzipationserklärung macht alle Sklaven zu freien Männern.

1.–3. Juli Bei der Schlacht von Gettysburg wird General Robert E. Lees Angriff auf Pennsylvania zurückgedrängt.

4. Juli Durch die Belagerung von Vicksburg unter Ulysses S. Grant wird die Konföderation in zwei Teile gespalten.

19. November In der *Gettysburg Address* fordert Lincoln Einigkeit.

1864

2. September Die Unionisten erobern die Konföderierten-Hochburg Atlanta.

1865

9. April General Lee kapituliert in Appomattox Court House.

18. Dezember Der 13. Verfassungszusatz wird ratifiziert und die Sklaverei damit abgeschafft.

WIE KAM ES SO WEIT?

Für die Nordstaaten war die Sezession (Abspaltung) verfassungswidrig. Lincoln kämpfte unerbittlich für die **Freiheit aller Männer, einschließlich der Sklaven,** und er fühlte sich verpflichtet, die Union zu erhalten, wenn nötig mit Gewalt.

TECHNIK IM EINSATZ

Auf beiden Seiten **kam moderne Technik zum Einsatz,** darunter Panzerschiffe und U-Boote, Telegraphie und Eisenbahn, Minen, Heißluftballone, bakteriologische Kriegsführung und Fotografie.

620.000
Todesopfer gab es Schätzungen zufolge während des Amerikanischen Bürgerkriegs.

DAS ATTENTAT AUF ABRAHAM LINCOLN

Durch seine Rolle im Amerikanischen Bürgerkrieg von 1861 bis 1865 war Abraham Lincoln bei vielen Menschen im Süden nachhaltig verhasst. Er war der erste US-Präsident, der ermordet wurde.

ZEITTAFEL

MÄRZ
John Wilkes Booth mit der Planung des Attentats.

14. April Lincoln wird im Ford's Theater in Washington, D. C. erschossen.

Der tödlich verwundete Lincoln wird in ein nahes Haus gebracht, Booth und sein Komplize David Herold fliehen nach Maryland.

15. April Der Präsident stirbt um 7.22 Uhr. Booth, der bei der Flucht verletzt wurde, hält an, um sich sein gebrochenes Bein schienen zu lassen.

26. April Booth und Herold fliegen auf, Booth wird erschossen, Herold verhaftet.

4. May Lincoln wird beerdigt.

7. Juli Vier Mitverschwörer werden durch Erhängen hingerichtet.

ABRAHAM LINCOLN

(GEBOREN AM 12. FEBRUAR 1809)

Lincoln wurde **1861 zum 16. Präsident der Vereinigten Staaten gewählt.** Er kam aus einfachen Verhältnissen und hatte einen ausgeprägten Gerechtigkeitssinn. Er war ein **Befürworter der Abschaffung der Sklaverei** und warnte die **sich abspaltenden Südstaaten, dass sie einen Bürgerkrieg heraufbeschwören würden, wenn sie sich von der Union lossagten,** was er für verfassungswidrig hielt. Bei seiner **Wiederwahl 1864** bei Kriegsende **versuchte er, mit dem Süden Frieden zu schließen** – aber manche vergaben ihm nicht.

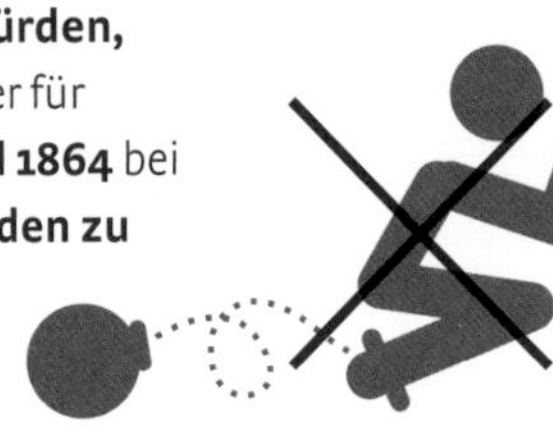

JOHN WILKES BOOTH

Der **bekannte Schauspieler Wilkes Booth** war überzeugt, dass Lincoln für die Probleme im Süden verantwortlich war. **Er dachte, er würde als Held gefeiert werden** – das war aber nicht der Fall.

OUR AMERICAN COUSIN

Wilkes Booth **kannte die Stellen, an denen in dieser damals sehr beliebten Komödie gelacht werden würde.** Er schoss genau so, dass sein Schuss von **einem der lautesten Publikumslacher übertönt wurde.**

DIE ERSTE TRANSKONTINENTALE EISENBAHN

Mit dem Goldrausch erreichte das Rennen Richtung Westen in den 1860ern seinen Höhepunkt: Zwei konkurrierende Firmen wetteiferten darum, die erste transkontinentale Eisenbahn fertigzustellen.

ZEITTAFEL

1830 Die erste Dampflokomotive ist in Amerika im Einsatz.

1845 Asa Whitney schlägt dem Kongress eine Ost-West-Strecke vor – und scheitert.

1849 Wegen Goldfunden gehen viele Menschen nach Westen.

1860 Der Ingenieur Theodore Judah schlägt vor, eine Eisenbahn in der Sierra Nevada über den Donnerpass zu führen.

1861 Die Eisenbahngesellschaft Central Pacific Railroad wird gegründet.

1862 Mit dem Pacific Railroad Act werden die Central Pacific Railroad und die Union Pacific Railroad beauftragt, eine Verbindung von Osten nach Westen zu bauen.

1863 Beide beginnen mit der Arbeit, bei der Union kommt es zu Verzögerungen aufgrund des Bürgerkriegs.

1869 Am zehnten Mai treffen sich die beiden Bahnstrecken am Promontory Summit in Utah.

DAS RENNEN

Der Pacific Railroad Act legte fest, dass die **Central Pacific Railroad** in **Sacramento, Kalifornien,** mit dem Bau in Richtung Osten durch die Sierra Nevada beginnen sollte. Die konkurrierende **Union Pacific Railroad** begann beim **Missouri River und baute nach Westen.** Wo sie aufeinandertreffen sollten, war nicht festgelegt.

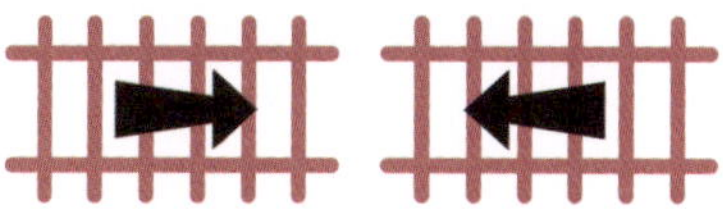

Um den Bau voranzutreiben, versprach **die Regierung 2.500 Hektar Land und Staatsanleihen im Wert von $48.000 (heute knapp 900.000 Euro) für jede Meile gebaute Strecke.** Daher wurde gespart und die Sicherheitsvorkehrungen wurden aufgeweicht, da jede Gesellschaft so schnell baute, wie sie nur konnte.

WIDERSTAND

Die amerikanischen Ureinwohner, vor allem die Sioux, die Cheyenne und die Arapaho, die sich bedroht fühlten, **versuchten, den Bau zu stören.**

ARBEITSKRÄFTEMANGEL

Beide Gesellschaften hatten Schwierigkeiten, genug Arbeitskräfte zu finden. Im Westen beschäftigte man etwa **14.000 Chinesen,** die Arbeiter im Osten waren oft irische Immigranten.

SCHWER ERREICHBAR

Bevor es die transkontinentale Eisenbahnverbindung gab, mussten die Reisenden entweder **Gebirgszüge,** Ebenen, Flüsse und Wüsten durchqueren, **das Kap Hoorn umsegeln oder den Isthmus von Panama überqueren.**

VON WEST NACH OST

$1.000
vor 1869
(heute 16.000 Euro)

$150
nach 1869
(heute 2.500 Euro)

9.000
Meilen Gleisstrecke gab es 1850 östlich des Missouri River, aber keine westlich davon.

LOUIS PASTEUR UND DER KAMPF GEGEN DIE KEIME

Pasteur entdeckte seine Begeisterung für Chemie bereits als Jugendlicher, es waren aber die tragischen Tode drei seiner Kinder, aufgrund derer er den Kampf gegen die Keime aufnahm.

ZEITTAFEL

- **27. Dezember 1822** Pasteur wird in Dole in Frankreich geboren.
- **1847** Er erhält seinen Doktortitel.
- **1849** Er heiratet und bekommt fünf Kinder, von denen drei an Typhus sterben.
- **1862** Er erfindet die Pasteurisierung.
- **1885** erster Impfstoff Pasteurs
- **1888** Er gründet das Institut Pasteur.
- **28. September 1895** Pasteur stirbt in Marnes-la-Coquette in Frankreich.

DIE KEIMTHEORIE

Man wusste schon vor Pasteur um die Existenz von Mikroorganismen, dachte aber, sie würden spontan auftreten. **Pasteur gelang es zu beweisen, dass Bakterien bzw. „Keime" lebende Organismen sind,** die durch andere Lebewesen übertragen werden.

SEIDENRAUPEN

Pasteur entdeckte, dass Seidenraupen durch Bakterien starben. **Indem er die Bakterien, die die Seidenraupen infiziert hatten, tötete, rettete er die französische Seidenindustrie.** Daraufhin fragte er sich, ob Keime auch die Ursache für menschliche Krankheiten sein konnten.

VERDERBLICHE LEBENSMITTEL

Pasteur begann, die **Gärwirkung von Schimmel und Keimen bei verderblichen Lebensmitteln wie Wein und Milch zu untersuchen.** Er entdeckte, dass sie durch **Erhitzen abgetötet werden konnten,** und entwickelte so die **Pasteurisierung.**

KEIMFREI OPERIEREN

Dank Pasteur begann man, **Operationsbesteck abzukochen,** wodurch es zu deutlich weniger **Todesfällen auf dem Operationstisch kam.**

DIE ERSTEN IMPFUNGEN

Pasteur fand heraus, **dass** gesunde Tiere **nach der Verabreichung einer schwächeren Form von Erregern** begannen, **Antikörper zu entwickeln,** wodurch sie immun wurden.

Am **5. Mai 1881** wurden **24 gesunde Schafe, eine Ziege und sechs Kühe gegen Milzbrand geimpft.** Die gleiche Anzahl an Tieren wurde nicht geimpft.

Am **31. Mai wurden alle 62 Tiere mit Milzbrand infiziert.** Zwei Tage später waren alle Tiere in der Kontrollgruppe tot oder todkrank, **den geimpften Tieren ging es gut.**

Pasteur wagte es nun, auch Menschen zu behandeln und **heilte den neunjährigen Joseph Meister,** der von einem tollwütigen Hund gebissen worden war.

DIE PASTEURISIERUNG WIRD HEUTE NOCH EINGESETZT, UND DURCH IMPFSTOFFE WURDEN UND WERDEN MILLIONEN MENSCHEN GERETTET.

KARL MARX

Der Vater des Kommunismus, Karl Marx, entwickelte Theorien, die während des 20. Jahrhunderts in vielen Staaten zum Einsatz kamen, darunter in der Sowjetunion und der Volksrepublik China.

ZEITTAFEL

1818 Marx kommt in Trier in Deutschland zur Welt.

1835 Er beginnt ein Jurastudium.

1841 Marx erhält einen Doktortitel von der Universität Jena.

1843 Er geht nach Paris und wird revolutionärer Kommunist.

1844 Er beginnt, mit Friedrich Engels zusammenzuarbeiten.

1848 Das *Kommunistische Manifest* wird veröffentlicht.

1849 Marx geht nach London.

1867 *Das Kapital* erscheint.

1883 Marx stirbt und wird auf dem Highgate Cemetery beigesetzt.

Marx' Vater wurde vor allem durch **die Aufklärung** beeinflusst. Karl Marx hatte **jüdische Vorfahren** und ließ sich später **taufen,** sah aber, dass Religion eine der Hauptursachen von Vorurteilen und Diskriminierung war. **Er erkannte zudem die Not vieler Arbeiter im Kapitalismus** und forderte soziale Gerechtigkeit.

HAUPTEINFLÜSSE MARX'

GEORG HEGEL (1770–1831)

Hegel war der Ansicht, dass die Geschichte linear verläuft, durch eine **Reihe von Prüfungen erlangt man schließlich Freiheit.**

LUDWIG FEUERBACH (1804–1872)

Feuerbach glaubte, dass Religion das Gewissen einer unendlichen Präsenz im Menschen darstellte, was implizierte, dass **Gott nur die Projektion menschlicher Natur ist.**

FRIEDRICH ENGELS (1820–1895)

Engels **arbeitete mit Marx** am *Kommunistischen Manifest* und **gab nach Marx' Tod den zweiten und dritten Band** des *Kapitals* heraus.

KOMMUNISMUS

Marx war der Meinung, dass die **Abschaffung des Privateigentums,** als Resultat des Klassenkampfs, **die menschliche Natur verändern und Individuum und Gemeinschaft versöhnen würde.** Produktion und Distribution von Gütern und Dienstleistungen würden **von der Gemeinschaft für die Gemeinschaft erfolgen.**

FREIHEIT

Marx argumentierte, dass **Freiheit in einer kapitalistischen Gesellschaft das wichtigste Gut ist,** vor allem die Freiheit, die eigene Arbeitskraft zu verkaufen. **Engels stellte klar,** dass eine **wirklich klassenfreie Gesellschaft allen Menschen dienen würde.**

DIE OLYMPISCHEN SOMMERSPIELE 1896

1894 entstand bei einer von Baron Pierre de Coubertin organisierten Konferenz die Idee, in Athen, dem Geburtsort der Olympischen Spiele, diesen sportlichen Wettkampf wiederaufleben zu lassen.

ZEITRAUM 6.–15. APRIL 1896

ORT ATHEN, GRIECHENLAND

TEILNEHMENDE NATIONEN 14

BEWERBE 43

AUSGANG DIE SPIELE SIND EIN RIESENERFOLG – UND WERDEN SEITDEM ALLE VIER JAHRE AUSGETRAGEN.

241 männliche Athleten

0 weibliche Athleten

0 paralympische Athleten

60.000 Zuschauer am ersten Tag

100.000 Zuseher beim Marathon

DIE ANTIKEN SPIELE

Die ersten **Olympischen Spiele der Antike wurden 776 v. Chr. abgehalten und bestanden aus einem einzigen Wettlauf junger Männer aus den griechischen Stadtstaaten und Kolonien.** Bis **zu den letzten antiken Spielen 393 n. Chr.** kamen nach und nach weitere Bewerbe dazu. Die Sieger erhielten Olivenzweige und landesweiten Ruhm. Auch 1896 erhielten die Sieger Olivenzweige – und Silbermedaillen.

DAS PANATHINAIKO-STADION

Das **330 v. Chr. erbaute** antike Stadion wurde mit **weißem Marmor komplett erneuert.**

DIE ERSTE MEDAILLE

Der Amerikaner **James Connolly siegte im ersten Wettbewerb, dem Dreisprung,** und wurde damit der erste Olympiasieger der Neuzeit.

OLYMPISCHES SCHWIMMEN

Der Ungar Alfréd Hajós gewann das 100-m-Rennen. Beim **1.200-m-Freistil-Rennen** wurden die Schwimmer mit dem Boot aufs offene Meer gebracht und **mussten von dort wieder an Land schwimmen.** Auch hier siegte Hajós.

DER MARATHON

Beim neu eingeführten Marathonlauf **folgte die Route jener Strecke, die der antike griechische Bote Pheidippides** angeblich von Marathon nach Athen zurückgelegt haben soll, um 490 v. Chr. die Nachricht vom Sieg über die Perser zu überbringen. Dieses Rennen, das für die Griechen von hoher Bedeutung war, **konnte der griechische Athlet Spyridon Louis für sich entscheiden.**

BEWERBE

- Leichtathletik • Radsport
- Schwimmen • Fechten • Ringen
- Schießen • Tennis

MEDAILLEN-SPIEGEL

AMERIKA 11 erste Plätze

GRIECHENLAND 10 erste Plätze

DEUTSCHLAND 6 erste Plätze

DAS ENDE DER SHOGUNE

Die Krönung des 14-jährigen Prinzen Mutsuhito zum 122. Tenno von Japan, genannt Meiji, führte zum Ende einer 200 Jahre andauernden Isolation Japans – und dem Ende der Herrschaft der Shogune.

ZEITTAFEL

1192 Der Kaiser von Japan verleiht dem Feldherren Minamoto no Yoritomo den Titel „Shogun".

1333 Ashikaga Takauji begründet das zweite Shogunat und lässt die kaiserliche Stadt Kyoto erbauen.

1603 Die mächtige Tokugawa-Familie kommt an die Macht und herrscht von der Stadt Edo aus.

1853 Der US-amerikanische Commodore Matthew Perry erreicht mit Fregatten und 1.500 Soldaten Japan. Die Japaner sind gezwungen, sich dem Westen zu öffnen und mit den USA Handel zu treiben. Großbritannien, Russland und Frankreich folgen auf dem Fuße.

1867 Kronprinz Mutsuhito wird Kaiser von Japan.

1868 Eine Gruppe Samurai-Kämpfer beginnt den Boshin-Krieg, ein Staatsstreich, der das Ende der Shogune bedeutet. Kaiser Meiji verlegt den kaiserlichen Hof nach Edo, das von nun an Tokio heißt.

HINTERGRUND

Die Samurai, die japanischen Krieger, **waren ursprünglich in den Provinzen tätig, als Beschützer von Grundbesitzern, die um die Vorherrschaft stritten.** Der Sieger ernannten seinen obersten **Feldherrn zum „Shogun".**

Die Shogune wurden immer mächtiger, bis der **Kaiser nur noch repräsentative Aufgaben innehatte.** Die Vorherrschaft unter den rivalisierenden *Daimyo* (Fürsten) wechselte, bis sich eine Familie, die Tokugawa, durchsetzte.

SAKOKU

Aus Angst vor einer Kolonialisierung durch die Europäer setzten die **Tokugawa die „Sakoku", die Abschließung Japans, durch.**

DER FÜNF-ARTIKEL-EID

Miejis erste Reform führte zum Ende des Feudalismus und **der Öffnung für europäische Ideen.** Regierungsbeamte entwarfen eine erste Verfassung, und man begann, eine Armee aufzubauen – mit dem Ziel, die beherrschende Macht im Osten zu werden.

DIE MEIJI-ZEIT

Die Meiji-Zeit, was so viel heißt wie **„aufgeklärte Herrschaft",** beginnt.

DER YELLOWSTONE-NATIONALPARK

Im Amerika des 19. Jahrhunderts war es üblich, neu „entdecktes" Land in Privatbesitz zu überführen, aber die wilde, majestätische Schönheit von Yellowstone ließ den Kongress erkennen, dass manche Landstriche einfach zu kostbar sind, um sie zu Geld zu machen.

ZEITTAFEL

- **vor 1870** Seit über 11.000 Jahren wird das Yellowstone-Gebiet von Ureinwohnern bewohnt.
- **1870** Forscher entdecken die wilde Schönheit von Yellowstone.
- **1871** Ein Gesetz, das sich am Yosemite Grant von 1864 orientiert, wodurch das Yosemite-Tal zum staatlichen Park wurde, wird in Washington zur Lesung vorgelegt.
- **1872** Präsident Grant unterzeichnet den Yellowstone National Park Protection Act, Yellowstone wird zum Nationalpark.
- **1891** Das National-Forest-System wird eingeführt, um die Naturressourcen zu schützen.
- **1916** Der neu gegründete National Park Service übernimmt die Verantwortung für den Park.
- **1918** Die ersten Park-Ranger nehmen in Yellowstone ihre Arbeit auf.

DIE SCHWIERIGKEITEN

Das Yellowstone-Gebiet war riesig, und viele Menschen im Osten hatten noch nie davon gehört. **Warum sollte dieser Ort schützenswerter sein als andere?**

MAN GLAUBT NUR, WAS MAN SIEHT

William Henry Jacksons Fotografien und die **Zeichnungen der Künstler Thomas Moran** und Henry Elliott vermittelten die Schönheit Yellowstones und **erweckten die Aufmerksamkeit der Öffentlichkeit.**

58

Nationalparks gibt es heute in den USA.

SPEZIALFALL

Yellowstone konnte nicht zu einem staatlichen Park erklärt werden, da das Gebiet **zu drei Staaten, Montana, Wyoming und Idaho, gehört.** Der Kongress hatte eine neue, radikale Idee: **Nationalparks.**

Durch das Gesetz von **1872 wurden die Besiedlung, die Inbesitznahme und der Verkauf** von Land innerhalb eines festgelegten Gebiets verboten, das stattdessen für die Erholung der Allgemeinheit gedacht war.

HEISSE KONKURRENZ

Die Hot Springs in Arkansas, die 1832 unter Schutz gestellt wurden, sind Amerikas **ältestes Naturreservat.** 1921 wurde die Umgebung des Ortes Hot Springs als Nationalpark ausgewiesen.

DIE ERFINDUNG DER GLÜHBIRNE

Thomas Edison gilt weithin als Erfinder der Glühbirne, aber das war nicht sein alleiniger Verdienst. Vielmehr entwickelte Edison, basierend auf der Vorarbeit vieler Erfinder, eine Lichtquelle, die in jedem Haus angewendet werden konnte, und – das war das Entscheidende – ließ sie sich auch patentieren.

ZEITTAFEL

1802 Der britische Wissenschaftler Humphry Davy (1778–1829) erfindet die erste elektrische Lampe, die Lichtbogenlampe.

1840 Der britische Wissenschaftler Warren De la Rue (1815–1889) leitet Strom durch eine Glühwendel in eine Vakuumröhre.

1850 Der britische Wissenschaftler Joseph Wilson Swan (1828–1914) entwickelt eine erste „Glühbirne".

1874 Die kanadischen Elektriker Henry Woodward und Matthew Evans versuchen, eine „elektrische Lampe" zu verkaufen, haben aber keinen Erfolg.

1878 Thomas Edison kauft das Patent und beginnt, an einer elektrischen Glühbirne zu arbeiten.

1880 Die Edison Electric Light Company produziert die erste kommerzielle Glühbirne.

1904 Die Wolframwendel wird entwickelt.

1939 Die ersten Leuchtstofflampen werden auf der Weltausstellung in New York präsentiert.

Das **erste Haus,** das elektrisch beleuchtet wurde, **war das von Joseph Swan in Low Fell, Gateshead.**

Das **erste Theater,** das mit elektrischem Licht ausgestattet wurde, war das **Savoy Theatre in London im Jahr 1881.**

1.093 Patente von Thomas Edison sind in den Vereinigten Staaten registriert.

13,5 Stunden hielt Edisons Glühbirne von 1879.

1.200 Stunden hielt Edisons verbesserte Bambusglühwendel-Glühbirne von 1880.

DIE BELLE ÉPOQUE IN PARIS

Frankreichs „schöne Epoche" dauerte von 1871 bis 1914. Wie das britische Viktorianische und Edwardianische Zeitalter und das Gilded Age in Amerika war die Belle Époque eine Zeit der beispiellosen Fortschritte in vielen Bereichen – von den Wissenschaften bis hin zu den Künsten.

ZEITTAFEL

1870–1871 Der französisch-preußische Krieg führt zum Ende des Zweiten Kaiserreichs.

1871 Es kommt zum Aufstand der Pariser Kommune, Paris wird großflächig niedergebrannt.

Mai 1871 Ausrufung der Dritten Republik

1872 Die Arbeiten an der Basilika Sacré-Cœur beginnen.

1874 Die erste Impressionismus-Ausstellung findet statt.

1875 Die Opéra Garnier wird eröffnet.

1881 Das Chat Noir in Montmartre wird eröffnet.

1889 Der Eiffelturm wird eingeweiht.

1895 Die Kochschule Cordon Bleu wird eröffnet.

1895 Die Brüder Lumière zeigen die erste projizierte Bewegtbildvorführung.

1898 Louis Renault baut sein erstes Automobil.

1900 Olympische Sommerspiele in Paris

1903 Pierre und Marie Curie erhalten den Nobelpreis für ihre Erkenntnisse über Radioaktivität.

1909 Louis Bleriot überquert den Ärmelkanal mit einem Flugzeug.

1913 Igor Stravinskys *Le Sacre du Printemps* wird uraufgeführt.

KUNST

In Paris erfreuten sich experimentelle Techniken großer Beliebtheit – bei **Impressionisten wie Auguste Renoir und Claude Monet, Fauvisten wie Henri Matisse** und auch bei den **Kubisten, zu denen Pablo Picasso zählte. Der Bildhauer Auguste Rodin** war besonders einflussreich.

ARCHITEKTUR

Die geschwungene, verspielte Linienführung des **Jugendstils** fand ihren Niederschlag in der Architektur, mit Bauten wie dem **Castel Béranger** und der **Pariser Métro,** wie auch im Design, besonders in Werken des Grafikers Alphonse Mucha und des **Glaskünstlers René Lalique.**

MUSIK UND LITERATUR

Schriftsteller wie Gustave Flaubert, Guy de Maupassant, Émile Zola und Marcel Proust hatten ihre Blütezeit, ebenso wie experimentelle **Komponisten, darunter Claude Debussy und Georges Bizet,** dessen Oper *Carmen* als unmoralisch angesehen wurde.

POLITISCHE UNRUHEN

Aufgrund einer **Reihe von anarchistisch motivierten Bombenanschlägen** und Unruhen durch Nationalisten, die angesichts der Annexion des Elsass und Lothringens aufflammten, war die Belle Époque nicht nur eine „schöne" Zeit.

DIE WELTAUSSTELLUNG IN CHICAGO

In den 1890er Jahren erlebte Amerika ein goldenes Zeitalter. Die Wirtschaft erlebte einen Aufschwung, und mit den neuen Eisenbahnen wurde dieser ins ganze Land getragen. Jede Stadt wollte die Weltausstellung ausrichten, Chicago setzte sich durch.

ZEITRAUM 1893

ORT JACKSON PARK, CHICAGO

OFFIZIELLER NAME THE WORLD'S COLUMBIAN EXPOSITION

ANLASS 400-JAHR-JUBILÄUM DER ANKUNFT VON KOLUMBUS IN AMERIKA

LEITENDER ARCHITEKT DANIEL H. BURNHAM

Auf der Weltausstellung gab es alles zu sehen, was **in den 1890ern neu und modern war.** Von dem Moment an, als Präsident Grover Cleveland mit einem Knopfdruck den elektrischen Generator startete, wodurch der Park hell erleuchtet wurde, war sie ein Riesenerfolg.

Die Besucher betraten den Park über eine beleuchtete Straße mit Marktschreiern und Musik. Sie bestaunten **Erfindungen, Aufführungen** und **jede Menge Kunst und Kultur.** Viele der neuen Wunder wurden anschließend zu amerikanischen Klassikern.

DIE WEISSE STADT

Das Prunkstück der Ausstellung – Chicagos Antwort auf den Londoner Kristallpalast und den Pariser Eiffelturm – **war eine ganze Stadt aus neoklassizistischen Ausstellungshallen.**

DIE DUNKLE SEITE

Der Massenmörder Herman Mudgett, genannt Dr. H. H. Holmes, suchte sich auf der Ausstellung seine Opfer aus.

NEUHEITEN AUF DER WELTAUSSTELLUNG

• Bewegtbild • Riesenrad • Straßenlampen • Bauchtänzerinnen • kohlensäurehaltiges Wasser • Kamele • Geschirrspüler • geschrotteter Weizen • „exotische" Weltmusik • Juicy-Fruit-Kaugummi • Reisverschluss

Die Ausstellung machte der Welt klar: **Amerika spielt jetzt mit.** Und was noch wichtiger war: Auch den Amerikanern wurde das endlich klar.

DIE WELTAUSSTELLUNG IN ZAHLEN

$10 MILLION
Garantie musste Chicago aufbringen, um die Ausstellung ausrichten zu dürfen.

25 CENTS
Eintritt, um beim Aufbau zuzusehen

81 HA
Ausstellungsfläche

14
Hauptgebäude im Beaux-Arts-Stil

65.000
Ausstellungsstücke

7.000
Restaurant-Sitzplätze

18 M
Höhe der klassizistischen Gebäude

27–28 MILLIONEN
Besucher

$1 MILLION
Gewinn

CA. 25 %
der amerikanischen Bevölkerung besuchten die Ausstellung.

DIE DREYFUS-AFFÄRE

Ein vermeintlich kleiner Justizirrtum führte zur einer Welle des Antisemitismus im Frankreich des 19. Jahrhunderts, eine faule Saat, die bis ins 20. Jahrhundert zu wahren Übeln heranwuchs.

4 X4 M DREYFUS' GEFÄNGNISHÜTTE AUF DER TEUFELSINSEL

ZEITTAFEL

1894 Der französische Offizier Ferdinand Walsin Esterhazy verkauft Militärgeheimnisse an Deutschland.

1895 Hauptmann Alfred Dreyfus wird der Spionage für schuldig befunden und zu lebenslanger Haft auf der Teufelsinsel in Französisch-Guayana verurteilt.

1896 Man findet Beweise dafür, dass Esterhazy der wahre Verräter ist, er wird vor das Kriegsgericht gestellt, schuldig gesprochen und flieht.

1898 Der berühmte Schriftsteller Émile Zola veröffentlicht den offenen Brief „J'Accuse" in der *L'Aurore* und beschuldigt die Regierung der Vertuschung.

1899 Dreyfus wird wieder vor Gericht gestellt, wieder für schuldig befunden, aber seine Strafe wird auf zehn Jahre heruntergesetzt. Nach öffentlicher Empörung begnadigt ihn der französische Präsident.

1906 Dreyfus wird für nicht schuldig erklärt und rehabilitiert, er erhält die Ehrenlegion.

1995 Das französische Militär verkündet öffentlich Dreyfus' Unschuld.

WAS WIRKLICH GESCHAH

Der französische Geheimdienst fing eine Nachricht ab und erkannte, dass **es einen Spion in den eigenen Reihen geben musste.** Esterhazy und ein Komplize **fälschten Dokumente, um die Schuld von sich zu weisen.** Der Verdacht fiel auf den 35-jährigen Hauptmann **Alfred Dreyfus,** einen jüdischen Offizier aus dem Elsass mit deutscher Muttersprache. **Antisemitismus sorgte für den Rest.**

DER PROZESS IN DEN MEDIEN

Die Dreyfus-Affäre war einer der ersten von den Medien begleiteten Skandale. Beide Seiten bedienten sich Zeitungen als Waffen – der antisemitischen Zeitung *La Libre Parole* und des Pro-Dreyfus-Mediums *L'Aurore*.

Die **Öffentlichkeit war in Dreyfusarden und Anti-Dreyfusarden gespalten,** wobei es auf beiden Seiten zu Ausschreitungen kam. In mehr als **50 Städten kam es zu antisemitischen Aufmärschen,** während Dreyfus-Anhänger drohten, die kommende Pariser Universalausstellung zu boykottieren.

ÖFFENTLICHE DEMÜTIGUNG

Vor seiner Verbannung **wurde Dreyfus durch die Straßen geführt, wobei ihm seine Rangabzeichen abgerissen wurden.**

DUNKLE WOLKEN

Die Affäre hinterließ einen bitteren Geschmack. **Dreyfus starb 1935,** fünf Jahre später musste sich seine Frau vor den Nazis verstecken. Seine **Enkelin wurde nach Auschwitz deportiert.**

UM DIE WELT MIT NELLIE BLY

Jules Vernes Romanheld Phileas Fogg reiste In 80 Tagen um die Welt. *1889 schlugen zwei Journalistinnen von konkurrierenden Zeitungen diese Zeit mühelos.*

ZEITTAFEL

14. NOVEMBER 1889, 9.40 UHR

Elizabeth Bisland verlässt New York City per Zug gen Westen.

Nellie Bly verlässt New York per Dampfschiff gen Osten.

30. JANUAR 1890

Elizabeth Bisland erreicht New York vier Tage nach Bly, ist aber immer noch schneller als Fogg.

25. JANUAR 1890, 15.51 UHR

Bly kehrt zurück nach New Jersey.

Elizabeth Cochran, besser bekannt unter dem Pseudonym Nellie Bly, war eine der erste Investigativjournalistinnen Amerikas. Sie war verdeckt in einem ausbeuterischen Betrieb und im Asyl für Nervenkranke auf der New Yorker Blackwell's Island und prangerte unfaire Scheidungsgesetze sowie die politische Korruption in Mexiko an.

WERBEGAG

Als Fan von Jules Vernes Roman **schlug Bly dem Herausgeber der** *New York World* **vor, den fiktiven Rekord zu brechen.** Um dem nicht nachzustehen, heuerte die Konkurrenz, die *Cosmopolitan*, eine eigene mutige Forscherin an: **Elizabeth Bisland, die in die andere Richtung um die Welt reiste.**

SPASS FÜR DAHEIMGEBLIEBENE

Die *World* animierte die Leser zum Mitfiebern, indem sie einen Wettbewerb ausrief, bei dem man Blys exakte Reisezeit schätzen sollte. **Sie schickte kurze telegraphische Berichte.**

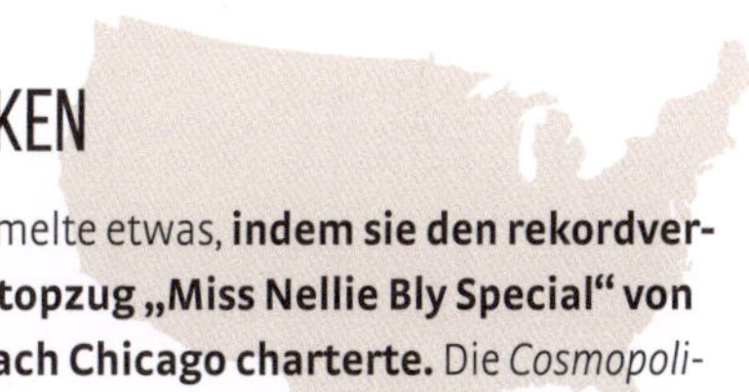

SIEGESTAKTIKEN

Die *World* schummelte etwas, **indem sie den rekordverdächtigen Nonstopzug „Miss Nellie Bly Special" von San Francisco nach Chicago charterte.** Die *Cosmopolitan* bestach angeblich eine Reederei, damit ein Dampfer auf Bisland wartete, sie verpasste ihn allerdings trotzdem.

BLYS GEPÄCK

- ein Mantel
- Unterwäsche
- Toilettenartikel
- £200 in Gold und amerikanischen Dollar in einer Tasche um ihren Hals

REISEBERICHTE

A Flying Trip Around the World
Elizabeth Bisland
1891

Around the World in Seventy-Two Days
Nellie Bly
1890

72 TAGE, 6 STUNDEN, 11 MINUTEN, 14 SEKUNDEN
Nellie Blys Reisezeit

40.000 KM
Reisestrecke

DER BOXERAUFSTAND

1900 führte der wachsende Einfluss des Westens und Japans auf China zu gewalttätigen Angriffen auf Ausländer und chinesische Christen durch eine Gruppe namens Verband für Gerechtigkeit und Harmonie (I Ho Ch'uan).

ZEITRAUM 1899–1901

ORT PROVINZ SHANDONG, SPÄTER AUCH PEKING, CHINA

PARTEIEN REBELLEN, KAISERINWITWE CIXI VS. DIE VEREINIGTEN ACHT STAATEN

TOTE GESCHÄTZT 100.000 MENSCHEN STERBEN WÄHREND DER AUFSTÄNDE, DEM KRIEG UND DEN SPÄTEREN ZAHLREICHEN STRAF-TODESURTEILEN GEGEN BOXER

AUSGANG NACH EINIGEM BLUTVERGIESSEN KOMMT ES ZU EINER FRIEDENSÜBEREINKUNFT ZWISCHEN CHINA UND DEN VEREINIGTEN ACHT STAATEN.

HINTERGRUND

Die herrschende **Qing-Dynastie** wurde durch **die Opiumkriege 1839–1842,** im Zuge derer China schließlich dazu gebracht wurde, sich zu öffnen und mit dem Rest der Welt Handel zu treiben, **geschwächt.** 1899 kam es daher zu zahlreichen Angriffen auf ausländische Diplomaten, Missionare und Händler. **Kaiser Guangxu modernisierte China zu schnell, und Unmut machte sich breit.**

GEHEIMGESELLSCHAFT

Zum **Verband für Gerechtigkeit und Harmonie bzw. den Fäusten der Gerechtigkeit und Harmonie** gehörten vor allem Kleinbauern, die unter Hunger, Trockenheit und Überflutungen zu leiden hatte. Verantwortlich für den maroden Zustand ihres Landes machten sie **die Ausländer.**

Die Mitglieder des Verbands **praktizierten Kampfkunst und traditionelle spirituelle Techniken.** Die Westler **beschrieben sie mit dem Wort,** was dem für sie am nächsten kam: **Boxer.**

ANGRIFFE

Die Boxers wüteten das ganze Jahr 1900 in der Provinz Shandong, wo sie Ausländer töteten und Kirchen anzündeten. Sie blockierten außerdem die Eisenbahnlinie und isolierten damit Peking – das alles unterstützt durch die Kaiserinwitwe Cixi.

DIE VEREINIGTEN ACHT STAATEN

Die Länder, die Handelsinteressen in China hatten – **Österreich-Ungarn, Frankreich, Deutschland, Italien, Japan, Russland, die USA und Großbritannien** – schlossen sich **zu einer Allianz zusammen.** Am Schluss herrschte Frieden – allerdings zu einem sehr hohen Preis.

DIE ERFINDUNG DES AUTOMOBILS

Das Konzept eines selbstfahrenden Gefährts faszinierte die Menschheit seit der Antike. Sogar Leonardo da Vinci stellte Überlegungen dazu an. Es waren viele Entwickler, die halfen, diesen Traum schließlich zu verwirklichen, sodass keinem die Erfindung des Automobils ganz allein zugeschrieben werden kann.

FRÜHE VORLÄUFER VON ANTRIEBEN

- Feder
- Uhrwerk
- Windmühle
- Luftpumpe
- Vakuum
- Dampf
- Gas

DAMPF

1769

In **Frankreich entwickelte Nicolas-Joseph Cugnot ein mit Dampf angetriebenes Dreirad,** das **eine Geschwindigkeit von** 3,6 km/h erreichte. **Dampfantriebe** wurden im 18. und 19. Jahrhundert weitreichend eingesetzt, darunter auch für Personendampfwagen. Diese waren aber schlussendlich doch **zu schwer und zu wenig beweglich, um allgemein Verwendung zu finden.**

KRAFTSTOFF

Beim **Verbrennungsmotor wird der Schub** aus der Verbrennung eines zündfähigen Gemischs aus Kraftstoff und Luft verwendet, um Kolben zu bewegen. Die Entwicklung des Motors **geschah nicht von heute auf morgen.** Die **erste kommerzielle Version ließ sich Jean Joseph Étienne Lenoir 1860 patentieren.** 1863 baute er ein mit Benzin angetriebenes Gefährt mit drei Reifen.

Karl Benz präsentierte sein erstes Kraftfahrzeug 1885. Die Version von Gottlieb **Daimler, ebenfalls aus Deutschland, stammt von 1886.**

Unzählige Unternehmen und Einzelpersonen arbeiteten fortan in Europa und Amerika an neuen Modellen.

Das erste als modernes Auto erkennbare Gefährt war der Mercedes aus der Modellreihe 1900/1901, der von der Daimler-Motoren-Gesellschaft hergestellt wurde. Im gleichen Jahr **produzierte Ransom E. Olds in den USA das erste** serienmäßige Auto, **den Oldsmobile Curved Dash,** zum relativ günstigen Preis von $650 (heute etwa 17.000 Euro).

1908 produzierte Henry Ford das Model T. Das unaufgeregte, nur bis zu einem Gewissen Grad komfortable, in Schwarz erhältliche Gefährt, das annehmbare Geschwindigkeiten erreichte, war sowohl **praktisch als auch leistbar.** Durch die Fließbandfertigung konnte Ford den Preis von $850 (heute etwa 20.000 Euro) auf $300 (heute etwa 3.800 Euro) im Jahr 1925 senken.

MEHR ALS 15 MILLIONEN
Model-T-Automobile wurden zwischen 1913 und 1927 produziert.

	MERCEDES	OLDSMOBILE
Höchstgeschwindigkeit	**85 km/h**	**32 km/h**
PS	**35**	**3**
Zylinder	**4**	**1**

HUNDERTE UNTERNEHMEN BEGANNEN, AUTOS ZU PRODUZIEREN, UND VERSUCHTEN DABEI, DIE EFFIZIENZ DES MERCEDES MIT DEM PREIS DES OLDSMOBILE ZU KOMBINIEREN.

DER PROZESS GEGEN OSCAR WILDE

In einer Welt, in der die Zeile „Liebe, die ihren Namen nicht zu nennen wagt" als Indiz für grobe Unzucht galt, dachte Oscar Wilde, er könnte eine Verleumdung beweisen – und fand sich auf der Anklagebank wieder.

1891 lernte der gefeierte irische Poet und Dramatiker Oscar Wilde den 16 Jahre jüngeren Lord Alfred Douglas kennen. Douglas' Vater, der mächtige Marquess of Queensberry **verurteilte ihre geheime Verbindung.**

18. Februar 1895 Wilde erhält eine Nachricht, adressiert an den „posierenden Sodomiten". Entgegen den Rat seiner Freunde verklagte er den Marquis wegen Verleumdung.

3. April Der Prozess beginnt, der Marquis heuert Privatdetektive an, um Wildes Vergehen nachzuweisen.

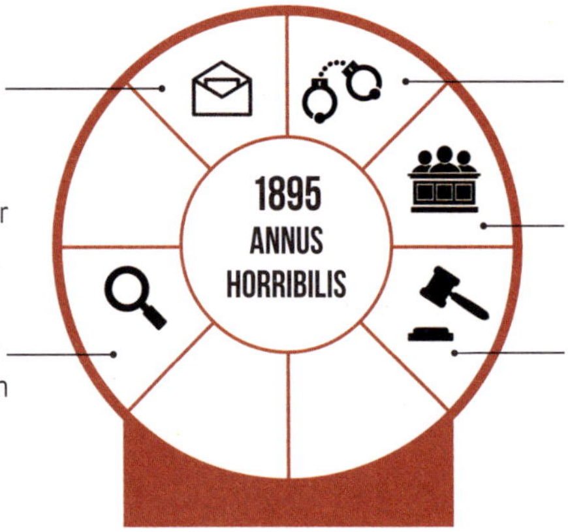

6. April Wilde wird wegen grober Unzucht verhaftet.

26. April Wild plädiert auf nicht schuldig.

25. May Wilde wird für schuldig befunden und zu zwei Jahren Zuchthaus und schwerer Zwangsarbeit verurteilt.

WILDES GEFÄNGNISSE

Nachdem er zunächst in **Newgate inhaftiert worden war,** wurde Wilde in die Gefängnisse von **Pentonville** und **Wandsworth** gebracht, und saß seine Strafe schließlich in **Reading** ab.

ZWANGSARBEIT

Der an der **Ruhr und an Unterernährung leidende** Wilde musste jeden Tag stundenlang in der Tretmühle Zwangsarbeit leisten und **Werg entwirren.**

EIN STÜCK FREIHEIT

Der depressive, schwerkranke Wilde wurde 1897 mit einem gerissenen Trommelfell entlassen. **Er starb 1900.**

ABGESANG

Wildes Gedicht *The Ballad of Reading Gaol,* das er im Exil in Frankreich verfasste, beschreibt **die Erfahrungen eines Gefangenen, der auf seine Hinrichtung wartet.**

DER ERSTE FLUG DER BRÜDER WRIGHT

1903 waren Wilbur und Orville Wright die Ersten, die ein motorisiertes Luftfahrzeug, das schwerer als Luft war, aus eigener Kraft abhob, von einem Piloten gesteuert wurde und stabil flog, in die Luft brachten.

ZEITPUNKT 17. DEZEMBER 1903

ORT KITTY HAWK, NORTH CAROLINA

FLUGZEUG *WRIGHT FLYER*

FLUGZEUGTYP DOPPELDECKER

GEWICHT 275 KG (338 KG MIT PILOT)

DIE BRÜDER WRIGHT

Die beiden Brüder aus **Dayton, Ohio,** hatten bereits erfolgreich ein Segelflugzeug entwickelt. **Da kein Unternehmen einen geeigneten Motor fertigen konnte, bauten sie einfach selbst einen.**

DER *WRIGHT FLYER*

3 SPEZIALSTEUERUNGEN
Flügelverwindungen für die Balance, ein bewegliches Seitenruder für die Steuerung und ein Höhenruder für die Höhensteuerung

1 Flügel war kürzer als der andere, um das Gewicht des Motors auszugleichen.

12 PS

4 Flüge

DIE GRAND-JUNCTION-RAILROAD-STARTRAMPE

Die Brüder bauten eine 15 m lange **Startschiene,** auf der der *Flyer* auf einem bereiften Untersatz startete.

Die Brüder **warfen eine Münze, um zu bestimmen, wer den ersten Flug absolvieren sollte.**

3.5 SEKUNDEN

1. VERSUCH
14. Dezember
Wilbur hält den *Flyer* 3,5 Sekunden in der Luft.

12 SEKUNDEN

1. FLUG
17. Dezember
Orville schafft den ersten richtigen Flug.

12 SEKUNDEN

2. FLUG
17. Dezember
Wilbur schafft es, ähnlich lange in der Luft zu bleiben.

15 SEKUNDEN

3. FLUG
17. Dezember
Orville schafft 15 Sekunden.

59 SEKUNDEN

4. FLUG
17. Dezember
Wilburs zweiter richtiger Flug dauert 59 Sekunden.

DAS FRAUENWAHLRECHT

1832 brachte Henry Hunt im Namen der unverheirateten Mary Smith einen Antrag im Parlament ein. Sie fand, dass ihr das Wahlrecht zustehe, da sie Steuern zahlte. Der Antrag wurde zwar abgewiesen, aber die Idee lebte fort.

ZEITTAFEL

1897 Die **National Union of Women's Suffrage Societies (NUWSS)** wird gegründet.

1903 Die **Women's Social and Political Union (WSPU)** wird gegründet.

1907 **76 Suffragetten werden beim Versuch, das Parlament zu stürmen, verhaftet.**

1908 **250.000** Menschen demonstrieren in London für das Frauenwahlrecht.

1909 **Marion Wallace Dunlop** tritt im Gefängnis in den **Hungerstreik,** viele tun es ihr nach: **Zahlreiche Gefängnisse müssen Insassinnen zwangsernähren.**

1910 Als eine Gesetzesinitiative scheitert, wird ein **WSPU-Marsch brutal niedergeschlagen.**

1911 **Emily Wilding Davison (1872–1913) versteckt sich in einem Schrank im Parlament,** um bei der Volkszählung ihren Wohnsitz mit House of Commons angeben zu können.

WAS WAR DER UNTERSCHIED?

Zwei Organisationen kämpften für das Frauenwahlrecht. Die National Union of Women's Suffrage Societies unter der Führung der Frauenrechtlerin Millicent Fawcett (1847–1929) **forderte das Wahlrecht für grundbesitzende Mittelklasse-Frauen und agierte gewaltfrei.** Die Women's Social and Political Union, angeführt von der Suffragette Emmeline Pankhurst, **forderte das Wahlrecht für alle und handelte nach dem Motto „Taten statt Worte".**

MILITANTE AKTIONEN DER SUFFRAGETTEN

• Aufmärsche • Bombenanschläge • Brandstiftung • das Einschlagen von Fenstern • das Festketten an Gleisen

RADIKALE FARBEN

Unterstützer des Frauenwahlrechts trugen die Farben

Grün
Weiß
Violett

AUF

Bannern
Ansteckern
Schärpen

MITGLIEDER DER FRAUENWAHLRECHTS-BEWEGUNGEN IM JAHR 1914

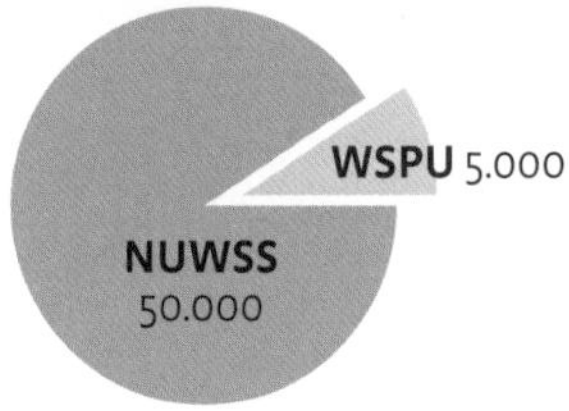

1913 Durch den **Cat and Mouse Act** werden hungerstreikende Gefangene entlassen, um sich zu erholen, und dann wieder verhaftet. Beim Epsom Derby stürzt sich **Emily Davison aus Protest vor ein Pferd** und stirbt wenig später.

1914 **Emmeline Pankhurst (1858–1928)** versucht, dem **König einen Antrag vorzulegen,** durch den Ausbruch des Ersten Weltkriegs wird die Unternehmung auf Eis gelegt.

1918 Der **Representation of the People Act wird verabschiedet,** Frauen über 30, die Land oder Einrichtungen besitzen, dürfen jetzt wählen.

1919 **Nancy Astor** wird die erste **weibliche Abgeordnete Großbritanniens.**

1928 Durch das Wahlgesetz von 1928 – **Representation of the People (Equal Franchise) Act** – erhalten alle Frauen über 21 das Wahlrecht.

THEODORE ROOSEVELT

Der 26. Präsident der Vereinigten Staaten war mit 42 Jahren der jüngste Präsident aller Zeiten.

ZEITTAFEL

27. Oktober 1858 Roosevelt wird in New York geboren.

1880 Er macht seinen Abschluss in Harvard.

1882 Er wird in die New York State Assembly gewählt, wo er zwei Amtszeiten tätig ist.

1884 Roosevelts Frau und Mutter sterben am gleichen Tag, zwei Jahre verbringt er trauernd auf seiner Ranch in Dakota.

1886 Er geht nach New York und heiratet wieder.

1898 Beim Ausbruch des Spanisch-Amerikanischen Kriegs wird Roosevelt Oberst und befehligt das Kavallerieregiment „Rough Riders".

1901 Nach der Ermordung William McKinleys wird er Präsident.

1901 Er schockiert die Öffentlichkeit, indem er Booker T. Washington zum Abendessen einlädt, den ersten schwarzen Gast im Weißen Haus.

1903 Er unterstützt die Abspaltung Panamas von Kolumbien und bereitet damit den Weg für den Panamakanal.

1904 Er wird als Präsident wiedergewählt.

1904–1905 Er leitet die Friedensverhandlungen im Russisch-Japanischen Krieg.

1912 Im Präsidentschaftswahlkampf tritt er für die Progressive Party (Bull Moose Party) an. Durch die Spaltung der Republikaner gewinnen die Demokraten.

6. Januar 1919 Er stirbt in Oyster Bay, New York.

DER NATURLIEBHABER

Roosevelt war ein kränkliches Kind, daher legte er sich selbst hartes körperliches Training auf. Er wurde stärker und zu einem **großen Liebhaber der Natur und des Wilden Westens.**

DER KARTELLWÄCHTER

Mit seinem **„Square Deal"-Programm** trieb Roosevelt die **Abschaffung monopolistischer Geschäftspraktiken voran.**

DER FRIEDENSVERHANDLER

Roosevelt **erhielt für die Friedensverhandlungen im Russisch-Japanischen Krieg den begehrten Friedensnobelpreis.**

80 MILLIONEN HEKTAR LAND wurden während der Präsidentschaft Roosevelts als **staatliche Wälder, Schutzgebiete und Wildtier-Reservate unter Schutz gestellt.**

DER TEDDYBÄR

Obwohl er ein **begeisterter Großwildjäger war,** weigerte sich Roosevelt 1902, **einen angebundenen Bären zu erschießen,** da er das für unsportlich hielt. Der **Plüsch-Teddybär** (Teddy als Kurzform von Theodore) **wurde von Morris und Rose Michtom** erfunden, um an diese Gegebenheit zu erinnern.

MADAM C. J. WALKER

Frauen – und vor allem schwarze Frauen – waren zu Beginn des 20. Jahrhunderts kaum unternehmerisch tätig. Madam C. J. Walker war nicht nur die erste weibliche Selfmade-Millionärin, sie fand auch für viele weitere afroamerikanische Frauen einen Weg aus der Armut.

ZEITTAFEL

- **23. Dezember 1867** Sarah Breedlove wird als erstes freies Kind ehemaliger Sklaven geboren.
- **Mit 7** wird sie Waise.
- **Mit 14** heiratet sie, um ihrem gewalttätigen Schwager zu entgehen.
- **Als sie 20** ist, stirbt ihr Ehemann.
- **Mit 22** zieht sie nach St. Louis, Missouri, um als Wäscherin und Köchin zu arbeiten.
- **Mit 27** heiratet sie wieder, lässt sich aber dann scheiden.
- **Mit 38** heiratete sie wieder und bringt ihre ersten Haarprodukte unter ihrem Ehenamen Madam C. J. Walker heraus.

HAARIGE ZEITEN

Da sie selbst Kopfhautprobleme hatte, wusste Walker, was ein Bad-Hair-Day war.

$1,50

verdiente Sarah Breedlove am Tag als Wäscherin.

DAS WALKER-SYSTEM DER HAARPFLEGE

Das von Walker entwickelte Pflegesystem umfasste **spezielle Bürsttechniken,** erhitzte Kämme und den von ihr entwickelten **Wonderful Hair Grower.**

Sie begann einen **Versandhandel, baute eine Fabrik** in Indianapolis auf – nachdem sie sich zum zweiten Mal hatte scheiden lassen – und eröffnete eine **Beauty-Schule** für ihre Handelsvertreterinnen.

40.000

afroamerikanische Angestellte arbeiteten in den USA, in Mittelamerika und in der Karibik für **Madam C. J. Walker.**

WOHLTÄTIGKEITSARBEIT

Walker **zog 1913 nach Harlem,** wo sie sich sozial engagierte. **Sie spendete große Summen an wohltätige Organisationen,** darunter $5.000 (heute etwa 65.000 Euro) **an die National Association for the Advancement of Colored People, eine der ältesten und einflussreichsten US-Bürgerrechtsorganisationen.**

Sie starb 1919 als **Alleineigentümerin eines Unternehmens mit einem Wert von mehr als $1 Million** (heute etwa 13 Millionen Euro).

Durchschnittlicher Wochenlohn

Angestellte von Madam Walker: $10

Arbeiter im Süden: $2

DIE ENTDECKUNG VON MACHU PICCHU

Als sich der Forscher Hiram Bingham III. am 24. Juli 1911 im Nieselregen einen steilen Berg hinaufquälte, dachte er noch, man hätte in dahingehend, was er oben finden würde, angelogen. Doch als er den Gipfel erreichte, erblickte er tatsächlich eine atemberaubende antike Ruinenstadt in den Wolken.

2.430 M über dem Meeresspiegel liegt die Ruinenstadt.

2.720 M hoch ist der Gipfel des Huayna Picchu.

3 FAMILIEN lebten auf dem Gelände, als Bingham ankam.

20 Gebäude waren erkennbar.

500 Gebäude wurden bei Ausgrabungen freigelegt.

1983 nahm die UNESCO Machu Picchu in die Liste der Weltkulturerbestätten auf.

DAS INKA-REICH

Die **Inka waren weit fortgeschritten in Architektur, Baukunst und Kriegsführung,** aber dem Eroberer Francisco Pizarro, der ihr Gold stehlen wollte, waren sie unterlegen: **Spanische Gewehre, Pferde und Krankheiten stürzten das einst mächtige Reich ins Verderben.**

DIE FORSCHUNGSREISE

Bingham war auf der Suche nach der verlorenen Inka-Hauptstadt Vilcabamba, wo 1572 die letzten Inka besiegt wurden. Der ortsansässiger Bauer Melchor Arteaga versprach ihm etwas noch Spektakuläreres.

Bingham war in der Tat erstaunt angesichts der Ruinenstadt, aber was er sah, war noch lange nicht alles. **Getreidelager, Terassen, Häuser, Brunnen, Kanäle und der eindrucksvolle Sonnentempel,** der so gebaut worden war, dass bei der Wintersonnwende Sonnenstrahlen durch eine bestimmte Öffnung hineinfielen, sollten alle erst im Zuge späterer Ausgrabungen zum Vorschein kommen. **Bis zu seinem Tod war Bingham der Ansicht, er hätte Vilcabamba gefunden.**

Die Spanier kannten Machu Picchu nicht, daher gab es dazu auch keine Aufzeichnungen. Heute ist man der Ansicht, dass **Machu Picchu im 15. Jahrhundert als Erholungssitz für den gefürchteten Inka-Herrscher Pachacuti erbaut wurde.**

DER WETTLAUF ZUM SÜDPOL

Im frühen 20. Jahrhundert gab es nur wenige Orte, die noch nicht entdeckt worden waren. 1911 machten sich zwei Expeditionen, eine aus Großbritannien, eine aus Norwegen, auf dem Weg zum Südpol.

NORWEGEN

- **LEITER** ROALD AMUNDSEN
- **SCHIFF** *FRAM*
- **START** 18. OKTOBER 1911
- **ANKUNFT** 14. DEZEMBER 1911
- **RÜCKKEHR ZUM BASISLAGER** 25. JANUAR 1912

GROSSBRITANNIEN

- **LEITER** ROBERT FALCON SCOTT
- **SCHIFF** *TERRA NOVA*
- **START** 1. NOVEMBER 1911
- **ANKUNFT** 17. JANUAR 1912
- **RÜCKKEHR ZUM BASISLAGER** NIE

AMUNDSEN

(1872–1928)

Der geachtete Forscher **Roald Amundsen hielt seine Pläne zuerst geheim.** Er nahm eine andere Route und **errichtete sein Lager fast 100 km weiter südlich als Scott,** dessen Motorschlitten den Geist aufgegeben hatten. Zudem nahm er nur vier statt fünf Mann wie Scott zum Pol mit, daher waren die Rationen großzügiger.

SCOTT

(1868–1912)

Scott hatte bereits einmal versucht, den Südpol zu erreichen, nämlich von 1901 bis 1904. Er schaffte es damals zwar nicht, leistete aber bedeutende Pionierarbeit – und war fest entschlossen, es noch einmal zu versuchen.

SCOTTS MANNSCHAFT LITT UNTER

- Erschöpfung
- Unterernährung
- Wundbrand
- Unterkühlung
- Skorbut
- Frostbeulen

£20.000 (heute 2,6 Mio. Euro) erhielt Scott von der britischen Admiralität für die Expedition.

Scotts Mannschaft starb **17 KM** vom Versorgungslager entfernt.

52 HUNDE setzte Amundsen auf dem letzten Stück ein.

DAS RENNEN BEGINNT

Bei einem Zwischenstopp in Australien erhielt Scott ein **Telegramm** von Amundsen, der ihm mitteilte, dass er ebenfalls zum Südpol unterwegs sei.

DER SÜDPOL

Erschöpft, krank und ohne die zurückgelassenen Motorschlitten schleppte Scotts Mannschaft ihre Vorräte zum Pol. Als sie ankamen, sahen sie, dass Amundsen seine Flagge bereits gehisst hatte.

DAS ENDE

Petty Officer **Edgar Evans starb am 17. Februar,** da er nicht mehr mit den anderen mithalten konnte. **Kapitän Lawrence Oates** wurde klar, dass er seinen Kameraden zur Last fiel, und verließ sein Zelt während eines Schneesturms am **17. März,** seinem 32. Geburtstag. **Scott, Edward Wilson und Henry Bowers starben am oder kurz nach dem 29. März 1912.**

DER UNTERGANG DER RMS TITANIC

Um 23.40 Uhr am Sonntag, den 14. April 1912, kollidierte die RMS Titanic *mit einem Eisberg. Um Mitternacht hatten sechs wasserdichte Abteilungen Lecks. Vier Tage nach der Abfahrt von Irland in Richtung New York sank die* Titanic.

RMS TITANIC DAS „UNSINKBARE" SCHIFF

BAU ERBAUT VON DER WHITE STAR LINE, DER KONKURRENZ VON CUNARD, DIE GESCHWINDIGKEITSREKORDE IM ATLANTIK AUFGESTELLT HATTE.

KOSTEN $7,5 MILLIONEN (HEUTE 150 MIO. EURO)

GEWICHT 46.000 TONNEN

PASSAGIERE UND BESATZUNG (MAXIMALBELEGUNG) 2.603 PASSAGIERE, 944 CREW-MITGLIEDER

RETTUNGSBOOTE 16, DAZU 4 FALTBOOTE, FÜR INSGESAMT 1.178 MENSCHEN – DIE HÄLFTE DER PASSAGIERE

KAPITÄN SMITH

- Edward J. Smith wurde auch **„Kapitän der Millionäre" genannt.** Er war die erste Wahl für die Adeligen und Reichen jener Zeit.
- Smith erhielt das Kommando für die *Titanic*, obwohl es **1911 zwei Schiffsunfälle unter seinem Kommando gegeben hatte.**
- Um den Kapitän ranken sich viele Legenden, etwa jene, dass **er die Eiswarnungen ignorierte.**
- Augenzeugen berichteten, dass er **sich von der Brücke ins Meer stürzte, als das Schiff unterging.**

DIE *TITANIC* IN ZAHLEN

Etwa 2.200 Menschen waren an Bord.

Von den Passagieren reisten:

vergingen zwischen der Sichtung des Eisbergs und dem Zusammenstoß.

20 Rettungsboote reichten gerade für die **HÄLFTE der Passagiere.**

Nur **700** Menschen schafften es in ein Rettungsboot, die meisten Boote legten halbleer ab.

DER GLAMOUR DER *TITANIC*

Das **Innere des Schiffes** war dem Ritz in London nachempfunden.

THE RITZ

Erste-Klasse-Reisende hatten Zugang zu Lesesalons, einem Palmenhof, einem Turnsaal, einem Schwimmbad, einem Tennisplatz, einem Türkischen Bad und einem Barbershop.

FOLGEN

Nur

Leichen konnten geborgen werden.

Das Wrack wurde 1985 **600 km** vor der Küste von Neufundland gefunden. Der Bug steckte **18 Meter tief im Meeresgrund.**

Die letzte Überlebende der *Titanic*, Millvina Dean, war **zwei Monate alt,** als das Schiff sank. Sie starb am 31. Mai 2009 **mit 97.**

DER PANAMAKANAL

Vor 1914 mussten Schiffe, die vom Atlantik in den Pazifik wollten und andersherum, die gefährliche Umseglung des Kap Hoorn in Südamerika in Kauf nehmen.

PANAMAKANAL EINE WASSERSTRASSE MIT SCHLEUSEN, DIE ZWEI OZEANE VERBINDET

VERLAUF VON COLÓN (ATLANTIK) SÜDLICH NACH BALBOA (PAZIFIK)

BREITENGRAD 9° N

LÄNGE 65 KM VON KÜSTE ZU KÜSTE, 80 KM LÄNGE EINSCHLIESSLICH ZUFAHRTSKANÄLE

ZEITTAFEL

16. Jahrhundert Die Spanier beginnen, über die Möglichkeit eines Kanals nachzudenken.

1881 Ferdinand de Lesseps aus Frankreich, der Erbauer des Suezkanals, beginnt mit der Arbeit an einem neuen Kanal durch den Isthmus von Panama.

1898 De Lesseps ist gezwungen, das Projekt aufzugeben, er bietet die Anlage zum Verkauf an.

1902 Der Kongress verabschiedet den Spooner Act und kauft damit die Anlagen auf, man verständigt sich aber nicht mit Kolumbien.

1903 Panama erklärt seine Unabhängigkeit.

1904 Der Hay-Bunau-Varilla-Vertrag ermöglicht den USA den Bau.

15. August 1914 Der Kanal wird eröffnet.

1977 Durch den Panamakanalvertrag wird die Kontrolle über den Kanal Panama zugesichert.

1999 Die USA übergibt die Kontrolle an Panama, der Neutralitätsvertrag schreibt die Neutralität des Panamakanals sowie den Zugang für alle Nationen und nichtdiskriminierende Gebühren fest.

2016 Die Erweiterungsarbeiten werden abgeschlossen.

DAS SCHLEUSENSYSTEM

Einen Kanal **auf Meereshöhe zu bauen, wäre sehr teuer gewesen,** somit entschieden sich die Franzosen für ein Schleusensystem.

DIE UNABHÄNGIGKEIT PANAMAS

Panama war bis 1903 ein Teil Kolumbiens. Mit Unterstützung der USA erklärte es seine Unabhängigkeit.

DER PREIS DER UNABHÄNGIGKEIT

$10.000.000 SOFORT + $250.000 JÄHRLICH an Entschädigung erhält Panama für die Erlaubnis, den Kanal zu bauen und zu verwalten.

2 MÖGLICHE ROUTEN Panama und Nicaragua

425 QUADRATKILOMETER ist der Gatúnsee groß, der größte künstliche See der Welt, den man braucht, um die Schleusen zu betreiben.

25.600 Menschen ließen Schätzungen zufolge beim Bau ihr Leben.

8–10 STUNDEN dauert es durchschnittlich, um den Kanal zu durchfahren.

Durch den Panamakanal verkürzte sich die Reise der Schiffe um etwa **8.000 SEEMEILEN.**

DIE ERMORDUNG ERZHERZOG FRANZ FERDINANDS

1914 lag in Europa Krieg in der Luft – alles, was fehlte, war der letzte Funke. Eine Gruppe Verschwörer zündete schließlich die Bombe – im wahrsten Sinne des Wortes.

ZEITTAFEL

18. JUNI 1914

- **9.30 Uhr** Der Erzherzog und seine Frau Sophie, Herzogin von Hohenberg, treffen den Statthalter Potiorek am Bahnhof von Sarajevo.
- **10.10 Uhr** Nedjelko Čabrinović wirft eine Bombe auf das Auto des Erzherzogs, sie prallt von der Motorhaube ab und explodiert unter dem Auto dahinter.
- **10.20 Uhr** Der Erzherzog verlangt, die Verletzten im Krankenhaus zu besuchen.
- **10.50 Uhr** Das Auto des Erzherzogs biegt falsch ab, als es umdreht, schießt Gavrilo Princip auf Franz Ferdinand und Sophie.
- **11.30 Uhr** Sophie stirbt bei der Ankunft im Haus des Statthalters, Franz Ferdinand einige Minuten später.

DIE OPFER

Etwa **20 Menschen wurden durch die Bombe verletzt.**

Die **zweite Kugel sollte eigentlich den Statthalter Potiorek** treffen, sie wurde aber abgelenkt.

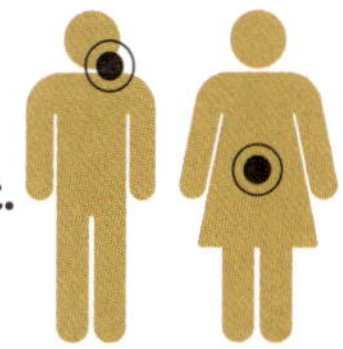

FRANZ FERDINAND & SOPHIE, HERZOGIN VON HOHENBERG

HINTERGRUND

Das zu Serbien gehörende Bosnien-Herzegowina war von Österreich-Ungarn, einem Verbündeten der Deutschen, **annektiert worden. Bosnische Nationalisten,** die nach Freiheit strebten, **fanden Unterstützung in Serbien,** einem Verbündeten Russlands. Als Erzherzog Franz Ferdinand, **der österreichische Thronfolger,** einen Besuch in Sarajevo ankündigte, **sahen sie ihre Chance gekommen.**

DIE SCHWARZE HAND

7 junge bosnisch-serbische Verschwörer erhielten Bomben und Pistolen von der Schwarzen Hand, **einer serbischen Terrororganisation.**

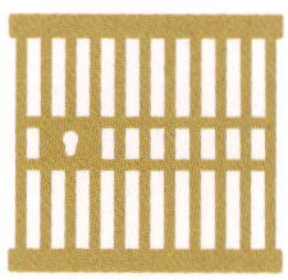

URTEILE

Da sie für die Todesstrafe zu jung waren, **wurden Nedjelko Čabrinović und Gavrilo Princip zu je 20 Jahren Gefängnis verurteilt,** sie starben allerdings 1916 bzw. 1918 an Tuberkulose.

FOLGEN

Österreich-Ungarn sah das Attentat als direkten Angriff, hinter dem ihrer Meinung nach die Serben steckten. **Russland begann, Truppen zu mobilisieren, um Serbien, wenn nötig, zu helfen.** Österreich-Ungarn erklärte schließlich Serbien den Krieg und **Deutschland Russland.** Frankreich stellte sich auf die Seite Russlands, woraufhin Deutschland Frankreich den Krieg erklärte.

Das war der Beginn des Ersten Weltkriegs.

DIE SCHLACHT VON GALLIPOLI

Die Schlacht von Gallipoli, auch Dardanellenfeldzug genannt, war eines der tragischsten Ereignisse des Ersten Weltkriegs.

ZEITRAUM FEBRUAR 1915 – JANUAR 1916

ORT MEERENGE DER DARDANELLEN UND GALLIPOLI-HALBINSEL, TÜRKEI

PARTEIEN ALLIIERTE VS. OSMANISCHES REICH

TOTE UND VERWUNDETE INSGESAMT 500.000

AUSGANG NIEDERLAGE DER ALLIIERTEN

SEEANGRIFFE

Am 19. Februar 1915 **versuchen britische und französische Schiffe erfolglos, die Meerenge der Dardanellen,** die die Ägäis mit der Marmarasee verbindet, **einzunehmen.**

INVASION AN LAND

- Am **25. April landen die Alliierten in Kap Helles und in Ari Burnu, das später Anzac-Bucht genannt wird.** Sie treffen auf heftigen Widerstand der türkischen Armee und müssen herbe Verluste hinnehmen.
- Durch eine weitere **Landung am 6. August haben die Alliierten kurz einen Vorteil,** sie lassen aber aufgrund von Unentschiedenheit zu viel Zeit verstreichen und können diesen nicht nutzen.
- **Es kommt zu einem Stellungskrieg, die Truppen können nicht vorrücken.** Die hungrigen, kranken, von toten Kameraden und Fliegenschwärmen umgebenen Soldaten befinden sich in einer Pattsituation.
- General Sir Ian Hamilton wird durch Sir Charles Munro ersetzt. Da sie keine andere Wahl haben, beginnen die **Alliierten am 7. Dezember damit, ihre 105.000 Soldaten zu evakuieren.**

DIE ALLIIERTEN

- Australien
- Neuseeland
- Frankreich
- Großbritannien

480.000 alliierte Soldaten

ANZAC

Der Australian New Zealand Army Corps (ANZAC) wurde 1914 in Ägypten gebildet. Mit dem Begriff **„Anzac“ bezeichnete man bald alle australischen und neuseeländischen Soldaten.**

FOLGEN UND GEDENKEN

In Großbritannien führte die militärische und menschliche Katastrophe zum Rücktritt Premierminister Asquiths. In Australien und Neuseeland wird **am 25. April, dem Anzac Day, jenen Soldaten gedacht, die nicht nach Hause kamen.**

TOTE UND VERWUNDETE

250.000 auf beiden Seiten, davon …

ALLIIERTE
46.000–58.000 Tote

TÜRKEN
87.000 Tote

29.000 Briten und Iren

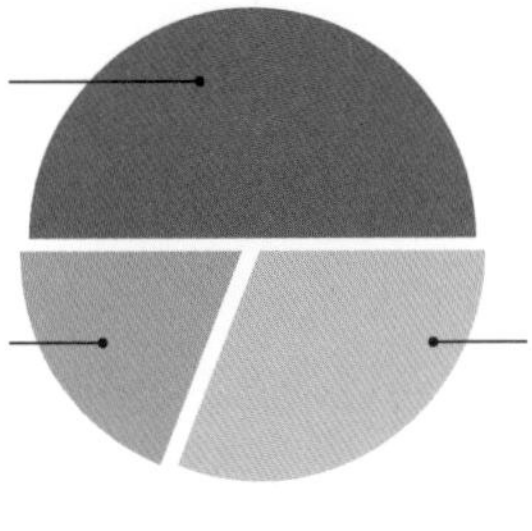

11.000 Australier und Neuseeländer

18.000 Sonstige

DIE SCHLACHT AN DER SOMME

Die größte Schlacht des Ersten Weltkriegs, jene an der Somme, war zugleich eine der blutigsten überhaupt. Es handelte sich um eine gemeinsame Operation der Briten und Franzosen, um die Deutschen an der Westfront zu besiegen.

ZEITRAUM 1. JULI – 19. NOVEMBER 1916

ORT UFER DER SOMME, FRANKREICH

PARTEIEN BRITEN UND FRANZOSEN VS. DEUTSCHE

TOTE GROSSBRITANNIEN: 420.000, FRANKREICH: 200.000, DEUTSCHLAND: 600.000

AUSGANG UNENTSCHIEDEN

VOR DER SCHLACHT

- Bevor die Schlacht begann, wurden britische Truppen an der Somme zusammengezogen, es folgte ein **sieben-tägiges Trommelfeuer.**
- Die britischen Truppen **feuerten mehr als 1.700.000 Geschützgranaten** auf die deutschen Stellungen.
- **Nur die schwerste Artillerie konnte der deutschen Verteidigung etwas anhaben,** der schnelle Durchbruch, auf den die Briten hofften, wurde nicht erreicht.

DIE MÄNNER, DIE KÄMPFTEN

750.000 Männer aus **27 Divisionen** griffen an, davon waren **mehr als 80 Prozent aus der British Expeditionary Force** (BEF).

WAS WURDE ERREICHT?

- Im Laufe der folgenden **141 Tagen,** konnten die Briten maximal **11 Kilometer vorrücken.**
- Trotz der schlimmen Verluste, konnte man einen **strategischen Sieg erringen,** der die Deutschen hart traf.

GEDENKEN

- Die Commonwealth War Graves Commission unterhält über **450 Gedenkstätten und Friedhöfe** an der Somme.
- **Auf dem Thiepval-Denkmal** für die Vermissten sind 72.195 Namen von Soldaten zu lesen, **die nicht mehr in einem eigenen Grab bestattet wurden.**

DER ERSTE TAG

Am **1. Juli, 7.20 Uhr,** wurde eine **RIESIGE MINE** unter der Hawthorn-Ridge-Verteidigungsstellung gezündet. **Zehn Minuten später** überquerte sie die Infanterie.

Die Briten rückten in **Schrittgeschwindigkeit** vor, zum Teil, weil die Männer nicht trainiert waren, zum Teil, weil sie etwa **30 kg an Ausrüstung tragen mussten.**

Am ersten Tag ließen **19.240** britische Soldaten ihr Leben auf dem Schlachtfeld.

Das Kontingent von Neufundland, heute Teil Kanadas, erlitt die schwersten Verluste: **90 %** der **2.000 Männer** starben am ersten Tag der Schlacht.

MILITÄRISCHE EHREN

51 Soldaten aus dem Commonwealth und dem Empire wurde das **Victoria-Kreuz** für ihre Dienste in der Schlacht verliehen.

DER MORD AN RASPUTIN

Zu Lebzeiten hatte der Wanderprediger Grigori Rasputin großen Einfluss auf die russische Zarenfamilie. Seit seinem Tod fasziniert seine Geschichte die ganze Welt.

ZEITPUNKT 30. DEZEMBER 1916

ORT PALAST DES FÜRSTEN FELIX JUSSUPOW, ST. PETERSBURG

MÖRDER FÜRST JUSSUPOW UND WLADIMIR PURISCHKEWITSCH

HINTERGRUND

Zar Nikolaus II. und Zarin Alexandra hüteten ein tödliches Geheimnis: **Ihr einziger Sohn, der Thronfolger Alexej, litt unter der Bluterkrankheit,** wodurch er selbst an kleinen Verletzungen hätte verbluten können.

DER STECHENDE BLICK

Die **Zeitungen liebten das wilde Aussehen** des fanatischen Predigers **Grigori Rasputin** – besonders seine stechenden, durchdringenden Augen machten ihn zu einem echten Schreckensgespenst.

Die verzweifelten Romanows hofften, Rasputin könnte ihren Sohn heilen, die Öffentlichkeit sah nur den bösen Mann, der so viel Einfluss auf das Zarenpaar hatte – und, wenn nichts geschah, auf das ganze Land.

DER MORD AN RASPUTIN

Der Zar hatte der Zarin die Regierungsgeschäfte übertragen, während er im Ersten Weltkrieg kämpfte. Da sie fürchteten, Rasputin würde nun noch mächtiger werden, beschlossen die Verschwörer, dass nun die richtige Zeit gekommen war.

Augenzeugenberichte über Rasputins letzte Stunden sind widersprüchlich, und Fürst Jussupows Aussage wird angezweifelt.

Der Prediger wird in einen Keller gelockt, wo er **vergifteten Kuchen isst** – ohne dass etwas passiert.

Jussupow schießt auf Rasputin, er fällt „tot“ zu Boden, die Verschwörer verlassen den Raum.

Als die Verschwörer zurückkehren, hat sich Rasputin in einen Innenhof geschleppt.

Er wird abermals erschossen, beginnt aber zu zucken, **sodass er schließlich mit einem Hammer erschlagen wird.**

Rasputins Leiche wurde schließlich in die Kleine Newa geworfen, als man sie später fand, wurde bekannt, dass er wahrscheinlich noch nicht tot war, als man hin hineinwarf – und die Legende eines Teufels mit übermenschlichen Kräften war geboren.

Rasputin wurde heimlich begraben und **von der Zarin besucht,** bis die Romanows zwei Monate später von den Bolschewiki verhaftet wurden. **Die Leiche wurde wieder ausgegraben und verbrannt, die Asche im Wind verstreut.**

Die Romanows wurden 1918 von Revolutionären ermordet.

DIE SPANISCHE GRIPPE

1918 wurde die von Krieg gebeutelte Welt durch den Tod von Abermillionen Menschen durch einen tödlichen Supervirus, genannt die Spanische Grippe, abermals tief erschüttert.

ZEITRAUM 1918–1919

ERREGER INFLUENZAVIRUS, SUBTYP A / H1N1

SYMPTOME FIEBER, KOPFSCHMERZEN, ERSCHÖPFUNG, HÄUFIG LUNGENENTZÜNDUNG

GESCHÄTZTE TODESZAHL 25–50 MILLIONEN WELTWEIT

BETROFFENE REGIONEN FAST DIE GANZE WELT, ABGESEHEN VON EINIGEN ENTLEGENEN INSELN

Die erste Welle der Krankheit betraf vor allem Militärkrankenhäuser in Europa. **Heimkehrende Soldaten brachten den Virus mit, wodurch es zu einer zweiten und dritten Welle kam.** Die meisten Opfer waren junge, gesunde Erwachsene.

WARUM „SPANISCHE" GRIPPE?

Da man während des Kriegs **die Moral aufrechterhalten wollte,** hielten die Regierungen **das ganze Ausmaß der Tragödie geheim.** Spanien, das sich nicht im Krieg befand, berichtete darüber, weshalb man vor allem Spanien mit der tödlichen Krankheit verband.

KEINE BEHANDLUNG

Man wusste noch nichts über Vieren, daher **gab es keinen Impfstoff und kein Heilmittel.** Isolation, Quarantäne, die Schließung öffentlicher Gebäude und Körperhygiene waren die einzigen Gegenmittel, die die Behörden empfehlen konnten.

In New York City bekamen **Menschen, die husteten, Geldstrafen oder wurden sogar verhaftet.**

WIEDERKEHRENDER ALBTRAUM

Die Spanische Grippe **trat als saisonale Erkrankung in den nächsten 38 Jahren** überall auf der Welt **immer wieder auf.**

2005 rekonstruierten Forscher am amerikanischen Center for Disease Control **den H1N1-Virus, um die Eindämmung von Pandemien zu untersuchen.**

DIE RUSSISCHE REVOLUTION

Zu Beginn des 20. Jahrhunderts kam es in Russland zu einer Reihe von Umwälzungen, die schließlich zur Gründung der Sowjetunion führten.

ZEITTAFEL

Die Zeitangaben erfolgen nach dem gregorianischen Kalender, den Sowjetrussland 1918 übernahm.

1861 Die Leibeigenschaft ist abgeschafft, viele Bauern sind aber dennoch an das Land gebunden.

1881 Zar Alexander II. wird von der radikalen Untergrundgruppierung Volkswille ermordet.

1882 Brutale Pogrome führen zu einem Massenexodus von Juden.

1894 Nikolaus II. besteigt den Thron.

1905 Mit dem Blutsonntag beginnt die Revolution.

1905 Seemänner meutern auf dem Kriegsschiff *Potemkin.*

1905 Nikolaus verabschiedet das Oktobermanifest und verspricht Freiheiten für die Bürger.

1907 Durch einen Coup kommt es zur Auflösung der Staatsduma, der russischen Volksvertretung.

1914 Der Erste Weltkrieg bricht aus.

WLADIMIR LENIN

(1870–1924)

Der Revolutionär und spätere **Regierungschef der Sowjetunion** Lenin wurde wegen seiner radikalen Ansichten verhaftet, erlangte aber während der Aufstände der Bolschewiki Beliebtheit.

DER BLUTSONNTAG

Polizei und Soldaten eröffneten das Feuer auf **friedliche Demonstranten und töteten etwa 1.000.** Man gab Zar Nikolaus II. die Schuld dafür.

DIE FEBRUARREVOLUTION

Acht Tage öffentlicher Proteste, deren Anstoß der Marsch der Frauen war, führten zum Ende der Zarenherrschaft in Russland. **Nikolaus II. dankte am 15. März ab,** aber Unruhen angesichts der Übergangsregierung führten zu unsicheren Machtverhältnissen.

DER ROTE TERROR

Eine **Zeit der Massenverhaftungen** und Hinrichtungen folgten auf ein versuchtes Mordattentat auf Lenin.

1917 Nach der Februarrevolution wird am 14. September die russische Republik ausgerufen.

Nach der Oktoberrevolution kommen die Bolschewiki an die Macht, verabschieden neue Arbeiterrechte und schaffen privates Eigentum ab.

1918 Das bolschewistische Russland verliert nach dem Krieg große Teile seines Reiches.

Die russische Zarenfamilie wird hingerichtet.

Der Rote Terror beginnt.

1922 Die Sowjetunion wird gegründet.

1924 Lenin stirbt, den Machtkampf zwischen Leo Trotzki und Josef Stalin gewinnt schließlich Stalin.

1.300 MENSCHEN

werden im Zuge einer Massenpanik **bei den Krönungsfeierlichkeiten von Kaiser Nikolaus II. am 30. Mai 1896 getötet.**

DAS BAUHAUS

Die Arbeiten des 1919 gegründeten Staatlichen Bauhaus, einer Bildungsstätte für Design, Architektur und angewandte Kunst, sind so zeitlos, dass sie sich auch heute noch großer Beliebtheit erfreuen.

DAS STAATLICHE BAUHAUS

ZEITRAUM 1919–1933

ORT WEIMAR 1919–1925, DESSAU 1925–1932, BERLIN 1932–1933

GRÜNDER WALTER GROPIUS (1883–1969)

AUFLÖSUNG 1933 AUF DRUCK DER NAZIS

ORT DAS NEW BAUHAUS WIRD 1937 IN CHICAGO ERÖFFNET.

Gropius vereinte zwei Schulen, die Kunstschule Weimar und die Kunstgewerbeschule Weimar, zum **Bauhaus.**

DER BAUHAUS-ETHOS

Gropius erkannte zwar die Errungenschaften des britischen Arts and Crafts Movement an, im Zuge dessen Handwerk und Design zueinanderfanden, scheute aber vor luxuriösen Einzelanfertigungen zurück und setzte stattdessen auf **hochwertige Massenware.** Er wollte ästhetische **Objekte für die ganze Gesellschaft schaffen.**

STUDENTEN LERNTEN THEORIE UND PRAXIS

- der Schreinerei,
- der Metallarbeit,
- der Keramik,
- der Glasmalerei,
- der Wandmalerei,
- des Webens,
- der Grafik,
- der Typographie,
- der Bühnenkunst.

Die Absolventen verfügten außerdem über Wissen in moderner Architektur und Inneneinrichtung.

DER STAHLROHRSTUHL

Bauhaus-Studenten wurden **angehalten, moderne Materialien wie Stahlrohr, Sperrholz und Glasplatten und geometrische Formen** einzusetzen, um schöne und funktionale Gebäude und Möbel zu entwerfen.

Das berühmteste Möbelstück ist wahrscheinlich Marcel Breuers Stuhl B3, der später **Wassily-Stuhl** genannt wurde, aus Stahlrohr und schwarzem Leder.

ANHALTENDER EINFLUSS

Die Lehrmethoden und der Respekt für das Design alltäglicher Gegenstände des Bauhaus prägen noch heute viele Lehrpläne.

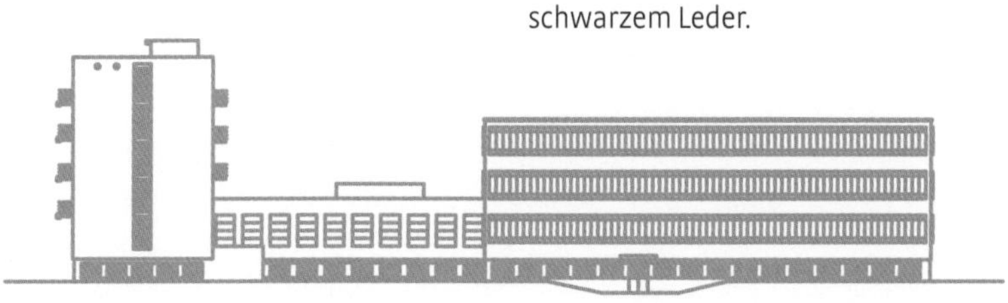

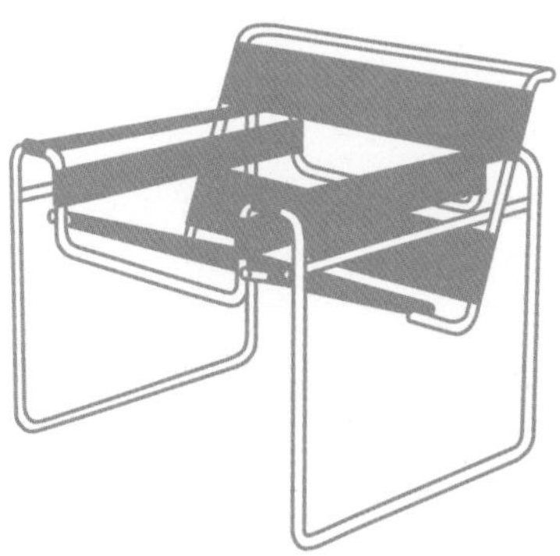

DIE ENTDECKUNG DES GRABES VON TUTANCHAMUN

Als er gefragt wurde, ob er etwas sehen könne, antwortete der Archäologe Howard Carter mit einer der größten Untertreibungen der Geschichte: „Ja, wunderbare Dinge!" Die Fundstücke im Grabmal des Kindkönigs Tutanchamun sind bis heute der größte archäologische Fund der Welt.

ORT TAL DER KÖNIGE, ÄGYPTEN

ZEITTAFEL

1323 v. Chr. Tutanchamun stirbt im Alter von etwa 18, wird einbalsamiert und mit allem, was er im Jenseits braucht, beigesetzt.

1907 Lord Carnarvon heuert Howard Carter an, um ägyptische Stätten auszugraben.

4. November 1922 Ein ägyptischer Wasserträger entdeckt eine Steinstufe.

26. November 1922 Carter öffnet das Grab.

16. Februar 1923 Der vollkommen intakte Sarkophag des Pharaos wird gefunden.

EIN LETZTES MAL

Carter wurde bereits 1907 von Carnarvon angeheuert. Nach einer Reihe von Rückschlägen, darunter der Erste Weltkrieg, war Carnarvon ernüchtert angesichts der Ergebnisse. **Carter überredete seinen Geldgeber, eine letzte Saison an Ausgrabungen zu finanzieren.**

DER SCHATZ

Man fand über **3.000 ARTEFAKTE,** darunter unschätzbar wertvolle Goldmöbel, Wandmalereien, Streitwagen, Weinkrüge und sogar Brot. **Viele der Objekte kann man heute im Ägyptischen Museum in Kairo bewundern.**

DIE TOTENMASKE

Die Totenmaske Tutanchamuns besteht aus reinem Gold **mit Einlegearbeiten aus Emaille und Halbedelsteinen.** Auf der Rückseite ist ein Spruch aus dem ägyptischen Totenbuch zu lesen.

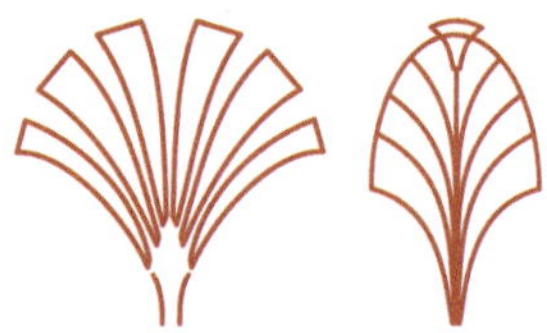

ÄGYPTENFIEBER

Die Welt verfolgte die Entdeckung mit Spannung und Begeisterung, und **der antike ägyptische Stil war wieder gefragt – in der Mode, in der Architektur und im Design.** Er war auch die Grundlage für den neuen Art-déco-Stil.

ALBERT EINSTEIN

Es gibt kaum ein Genie, das beliebter war als Albert Einstein, der für seine Beiträge zur Wissenschaft geschätzt und für seinen Sinn für Humor und sein Engagement für den Frieden bewundert wird.

GEBOREN 14. MÄRZ 1879, ULM, DEUTSCHLAND

GESTORBEN 18. APRIL 1955, PRINCETON, USA

Einstein hasste die Schule. Sein Schulleiter war der Meinung, dass er nie in irgendetwas erfolgreich sein würde.

Einstein nahm den Posten eines **technischen Experten 3. Klasse beim Schweizer Patentamt** an. Seine Arbeit ließ ihm genug Zeit zum Nachdenken, so begann er, an eigenen Ideen zu arbeiten.

ANNUS MIRABILIS

1905 veröffentlichte der 26-jährige Einstein vier Schriften. Er

- **bewies die Existenz der Atome** (Doktortitel),
- legte den Grundstein für die **Quantenmechanik,**
- entwickelte die **spezielle Relativitätstheorie,**
- **führte die Gleichung $E=mc^2$** ein und behauptete damit, dass Masse und Energie äquivalent sind.

EINSTEINS RELATIVITÄTSTHEORIEN

Die spezielle Relativitätstheorie besagt, dass Geschwindigkeit immer in Abhängigkeit von einer anderen Sache existiert und von der Geschwindigkeit dieses anderen Objekts abhängig ist.

Die allgemeine Relativitätstheorie ist eine Gravitationstheorie. Sie beschreibt das Raum-Zeit-Gefüge und wie es gekrümmt, gestreckt, verzerrt und vielleicht sogar gebrochen werden kann.

DER PAZIFIST

Der Erste Weltkrieg erschütterte **den überzeugten Pazifisten** Einstein. Als Jude konnte er nicht nach Nazideutschland zurückkehren. **Er lebte in verschiedenen Ländern, bis er sich schließlich in Princeton in den USA niederließ.** Seine Arbeit war zwar die Grundlage des **Manhattan-Projekts,** aber er kämpfte unermüdlich dafür, die Verbreitung nuklearer Waffen zu verhindern.

DER FRAUENHELD

Einstein war beliebt bei den Frauen, und sein Liebesleben war relativ turbulent: Er heiratete seine Cousine, nachdem er seine erste Scheidung mit dem Nobelpreisgeld finanziert hatte.

DIE PROHIBITION

In Amerika gab es schon immer starke Trinker – Bürgerkriegssoldaten etwa schmuggelten Schnaps in die Lager, weshalb man sie Bootlegger nannte (von „bootleg“ = Stiefelschaft, in dem der Alkohol versteckt wurde). Abstinenzler waren der Ansicht, dass Alkohol die Wurzel allen Übels in Amerika war.

BEGINN

16. JANUAR 1919

Durch den 18. Verfassungszusatz wurden die Produktion, die Einfuhr, der Verkauf und der Transport von Alkohol verboten.

ENDE

5. DEZEMBER 1933

Mit dem 21. Verfassungszusatz endete die Prohibition.

NOBLE ABSICHTEN

Verfechter des Verbots glaubten, dass Alkohol die Ursache für Kriminalität, zerrüttete Familien und gesundheitliche Probleme war und dass das Trinken gegen den Willen Gottes war. Im frühen 20. Jahrhundert begannen Mitglieder der Abstinenzbewegung, ein Verbot zu fordern.

UNVORHERGESEHENE FOLGEN

Durch die Prohibition kam es zu einem **Schwarzmarkt für geschmuggelten Alkohol sowie Speakeasies (illegale Bars) und kriminellen Machenschaften.** Eine neue Generation von Verbrechern begann, schwarz gebrannten Fusel zu importieren oder herzustellen – zuerst heimlich, dann ganz offiziell, da korrupte Beamte wegsahen. **Die Bandenkriminalität erreichte neue Höhepunkte,** und der Umsatz aus Alkoholsteuern brach ein.

Selbstgebrannter Schnaps (genannt „moonshine“) konnte einen umbringen, und Industriealkohol, der oft bewusst verunreinigt wurde, wurde zum Verzehr verkauft.

Die Durchsetzung des Verbots war aufgrund der langen Grenzen, bestechlicher Beamter und mangelnder Bereitschaft zur Korruption durch die Öffentlichkeit **fast unmöglich.**

DIE PROHIBITION IN ZAHLEN

32.000
Speakeasies gab es 1929 in New York.

280.000
illegale Brennereien wurden 1929 hochgenommen.

130
Bandenmorde wurden zwischen 1926 und 1927 in Chicago verübt.

ALKOHOLBEDINGTE TODE

BENITO MUSSOLINI

Benito Mussolini, der Sohn eines Schmieds, begann seine politische Karriere als Sozialist. Dann wurde er einer der berüchtigsten Faschisten des 20. Jahrhunderts.

ZEITTAFEL

- **29. Juli 1883** Mussolini wird in Predappio, Italien, geboren.
- **1902** Er zieht in die Schweiz, um Arbeit zu finden, und arbeitet für die sozialistische Zeitung *Avanti*.
- **1915** Enttäuscht vom Sozialismus, geht er zum Militär, als Italien in den Ersten Weltkrieg zieht.
- **1919** Er gründet die Faschistische Partei in Italien.
- **1921** Die Faschistische Partei kommt in einer Koalition an die Regierung.
- **1922** Die Schwarzhemden marschieren nach Rom, König Viktor Emanuel beruft ihn an die Spitze der Regierung.
- **1925** Als Diktator erklärt er sich selbst zum Duce, zum „Führer".
- **1935** Er marschiert in Abessinien (heute Äthiopien) ein und unterstützt General Franco im Spanischen Bürgerkrieg.
- **1939** Er unterschreibt den Bündnisvertrag Stahlpakt mit Nazideutschland und verabschiedet Gesetze gegen Juden.
- **1940** Italien erklärt den Briten und Franzosen den Krieg, wird aber in Nord- und Ostafrika und auf dem Balkan besiegt.
- **1943** Mussolini wird von ehemaligen Regierungsmitgliedern gestürzt und verhaftet. Dann wird Italien von den Nazis besetzt, und Mussolini wird als Marionettenanführer wieder eingesetzt.
- **1945** Er flieht vor den alliierten Truppen, wird aber gefangen genommen und am 28. April erschossen.

PERSONENKULT

Mussolini hatte Charisma und ein Auftreten, das **ihm die Hingabe der Bevölkerung sicherte,** auch wenn seine Regierung gerade nicht erfolgreich war.

DIE SCHWARZHEMDEN

Mussolini nutzte die Unzufriedenheit arbeitsloser Kriegsveteranen und machte sie zu bewaffneten Kampftruppen, die seine politischen Feinde einschüchterten. **Ihr Motto war „Me ne frego" – „Ich pfeif drauf".**

ITALIEN UNTER MUSSOLINI

Der Staat kontrollierte jeden Aspekt des Lebens, unterstützt durch die Geheimpolizei OVRA. Jugendorganisationen machten aus jungen Faschisten mutige Soldaten und starke Mütter.

5
Kinder sollten die italienischen Frauen gemäß **Mussolinis Geburtenpolitik zur Welt bringen.**

1940 wurden **4.000** Menschen von der OVRA ins Gefängnis gebracht. **10** wurden zum Tode verurteilt.

DER TONFILM

Der Übergang vom Stumm- zum Tonfilm war einer der größten Fortschritte des Kinos. Nach dem Erfolg von Der Jazzsänger *schien alles möglich.*

ZEITTAFEL

1877 Thomas Edison erfindet den Phonograph und versucht, Ton und Bewegtbild zu kombinieren.

1900 Das Phono-Cinéma--Théâtre in Paris lässt den Phonograph zu Stummfilmen laufen, wobei der Ton schneller abgespielt wurde, um zum Film zu passen.

1913 Léon Gaumont erfindet einen mechanischen Verstärker.

1919 Lee De Forest gelingt es, Ton mithilfe von parallelen Linien direkt auf dem Film aufzunehmen.

1920er Jahre Stummfilme sind der Hit, Hollywood hat kein Interesse, neue Techniken auszuprobieren.

1927 *Der Jazzsänger* ist der erste kommerzielle Tonfilmerfolg.

DIE STUMMFILMÄRA

Stummfilme wurden normalerweise von Livemusik, meist am Klavier, begleitet. Untertitel vermittelten die wichtigsten Handlungsschritte, und die Schauspieler arbeiteten mit übertriebener Gestik und Mimik, um Emotionen auszudrücken.

DIE PROBLEME

Zahlreiche Erfinder kämpften darum, den Ton ins Kino zu bringen. Dieser musste mit den Lippenbewegung der Schauspieler synchronisiert werden und laut genug abgespielt werden können.

Das Stummfilmpublikum war an die „Handschrift" von Stummfilmen gewohnt – **es brauchte viel Überzeugung, um ihm die modernen Tonfilme nahezubringen.**

PRODUKTIONSHÖLLE

Die Tonaufnahmen waren laut und fehleranfällig, wie man am Hollywood-Musical *Singin' in the Rain* 1952 sah, das sich darüber lustig machte.

Einige berühmte Schauspieler klangen einfach nicht gut und verloren über Nacht ihren Job. **International konnte man nicht mehr einfach die Untertitel austauschen, und die alten Drehbücher schienen übertrieben.** Aber als das Publikum Al Jolson singen hörte, gab es kein Zurück mehr.

PRODUKTIONSHIMMEL

Durch den Ton wurden Tragödien noch dramatischer, und Komödien arbeiteten auch mit Sprache und nicht mehr nur mit Bildern. **Das Hollywood-Musical wurde geboren.**

Als die Große Depression wütete, gab es zumindest noch eine schöne Sache: das Kino.

AL CAPONE

Der wahrscheinlich berüchtigtste Kriminelle aller Zeiten, Alphonse Gabriel Capone, war für viele ein herzloser Verbrecher – und für andere ein Held.

ZEITRAUM * 17. JANUAR 1899, † 25. JANUAR 1947

SPITZNAMEN AL, SNORKY, SCARFACE

HAUPTGESCHÄFT ILLEGALER ALKOHOLHANDEL

NEBENGESCHÄFTE SPEAKEASIES, HUNDERENNEN, GLÜCKSSPIEL, NACHTCLUBS, ERPRESSUNG, MORD, JURY-BESTECHUNG, WAHLMANIPULATION

GEWINN UNBEKANNT, CAPONE HATTE KEIN KONTO

Der in Brooklyn, New York, geborene **Capone fand in Chicago zu seiner Bestimmung: Er wurde der Oberboss des organisierten Verbrechens.** Durch die Prohibition gab es die Möglichkeit, mit illegalem Alkohol Geld zu machen, und das wollte Capone um jeden Preis – wenn nötig auch mit Gewalt.

DAS VALENTINSTAG-MASSAKER

Am **14. Februar 1929** führte eine Gruppe „Polizeimänner" eine inszenierte Razzia in der Autowerkstatt von Capones Rivale Bugs Moran durch. **Sieben Gangmitglieder wurden erschossen – Bugs schwor, Capone sei dafür verantwortlich.**

DIE UNBESTECHLICHEN

Der Prohibitionsagent Eliot Ness stellte eine **Polizeieinheit zusammen, die unbestechlich war,** und erklärte Scarface den Krieg. Sie machten Schlagzeilen mit unzähligen Razzien, konnten **Capone aber nichts nachweisen.** Frank Wilson vom Finanzamt schaffte es schließlich, ihm etwas anzulasten: Steuervermeidung.

STRAFE

Capone war **elf Jahre im Gefängnis,** davon einige im neu erbauten Alcatraz.

DER VOLKSHELD

Al Capone war bekannt dafür, den „kleinen Leuten" zu helfen: Er richtete eine Suppenküche für Obdachlose ein und zahlte die Krankenhausrechnung eines Fußgängers, der sich eine für Capone gedachte Kugel eingefangen hatte.

DIE WEIMARER REPUBLIK

Nach der Abdankung des deutschen Kaisers nach dem Ersten Weltkrieg war Deutschland besiegt und gebrochen.

ZEITTAFEL

- **11. November 1918** Deutschland kapituliert.
- **Januar 1919** Friedrich Ebert wird Präsident der Sozialdemokratischen Partei, die zeitweise in der Stadt Weimar zusammentritt.
- **Juli 1919** Durch den Vertrag von Versailles wird Deutschland bestraft – finanziell, militärisch und emotional.
- **1923** In Deutschland kommt es zur Hyperinflation.
- **1924** Die Weimarer Republik sorgt für Stabilität.
- **1929** Die Große Depression führt zu Entbehrungen, Verzweiflung und dem Aufstieg des Nationalsozialismus.

DIE NOVEMBERVERBRECHER

Die Männer, die den Vertrag von Versailles unterzeichneten, wurden von vielen als Verräter angesehen.

ARTIKEL 48

Die Verfassung erlaubte dem Präsidenten, das Parlament in einem „Ausnahmezustand" zu überstimmen. Diese sogenannte Notverordnung wurde eindeutig überbeansprucht.

HYPERINFLATION

Durch die instabile Lage **war die Weimarer Regierung gezwungen, Geld zu drucken,** wodurch es zur Hyperinflation kam. Arbeiter mussten **zweimal am Tag bezahlt werden, da das Geld so schnell an Wert verlor,** zum Einkaufen **brauchte man schubkarrenweise Geld.**

KUNST

Trotz der politischen Unruhen **war die Weimarer Republik ein goldenes Zeitalter für Kunst und Architektur.** Das **Bauhaus** brachte einen neuen Architekturstil, die ikonoklastische **Dada-Bewegung beeinflusste die Kunst, und der Expressionismus brachte eine neue Düsterheit in die deutschen Kinos.** In Berlin feierte eine hedonistische Kabarettkultur im Angesicht des Aufstiegs **der schrecklichsten Bewegung aller Zeiten: des Nationalsozialismus.**

PREIS FÜR EINEN LAIB BROT

Januar 1923 = **250 MARK**

November 1923 = **200.000 MILLIONEN MARK**

DIE GROSSE DEPRESSION

Am 29. Oktober 1929 kollabierten die Goldenen Zwanziger: Der amerikanische Aktienmarkt war im freien Fall, Banken gingen zugrunde, Vermögen wurden verloren und Millionen Menschen verhungerten.

VORGESCHICHTE

In den 1920ern boomte der US-amerikanische Markt. Amerikaner fanden problemlos Arbeit, **Henry Fords Autos verkauften sich wie warme Semmeln,** und für einige war es schwer in Mode, sich Geld zu leihen, um am Aktienmarkt zu spekulieren.

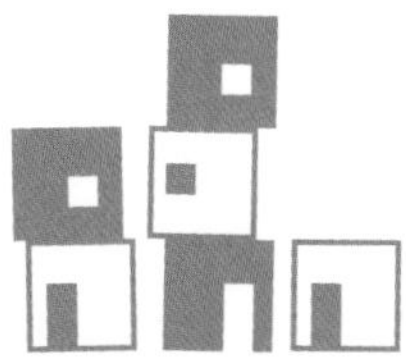

OKTOBER 1929

18. Die Aktienpreise fallen.
24. Schwarzer Donnerstag: Banker beginnen, Aktien zu kaufen, um den Markt zu stabilisieren.
29. Schwarzer Dienstag: Die Wall Street crasht, die Aktienpreise brechen ein.

Vermögende verloren über Nacht ihr ganzes Geld. Es dauerte nicht lange, bis normale Bürger in die absolute Armut abrutschten. **Tausende verloren ihr Zuhause und lebten fortan in Elendsvierteln, die man Hoovervilles nannte – nach Präsident Hoover,** der sich der Ansicht vieler nach nicht um ihre Not scherte.

Suppenküchen wurden eingerichtet. In Chicago spendete der Gangster Al Capone 1930 ein Thanksgiving-Essen für 5.000 hungrige Menschen.

DIE DUST BOWL

Die Großen Ebenen waren durch Überbewirtschaftung erodiert, einst fruchtbarer Boden war nun Staub. Viele Menschen ließen alles zurück und fuhren, trampten oder gingen zu Fuß nach Kalifornien, wo alles besser sein sollte – zumindest, wenn man Hollywood glaubte.

FRANKLIN D. ROOSEVELT

Bei der Präsidentschaftswahl 1933 gewann Franklin D. Roosevelt, der einen „New Deal" versprach, gegen Hover.

DER NEW DEAL

Roosevelt schaffte durch umfangreiche Wirtschafts- und Sozialreformen Arbeitsplätze für die Arbeitslosen. Sein regelmäßiges Radioprogramm *Fireside chats* (Kamingespräche) half, die Situation zu beruhigen, aber lange hielt der Frieden nicht an – der Zweite Weltkrieg bahnte sich bereits seinen Weg.

ADOLF HITLER

Unter den vielen schrecklichen Diktatoren des 20. Jahrhunderts war Adolf Hitler mit Sicherheit der schlimmste. Irgendwie wurde aus einem gescheiterten Künstler ein erfolgreicher Massenmörder.

TIMELINE

20. April 1889 Hitler kommt in Braunau zur Welt.

1903 Er wird an der Kunstakademie Wien abgelehnt.

1914 Begeistert tritt er in die deutsche Armee ein, um im Ersten Weltkrieg zu kämpfen.

1918 Angewidert von der deutschen Kapitulation und der Weimarer Republik tritt er der nationalistischen, antisemitischen Deutschen Arbeiterpartei bei.

1921 Durch seine charismatischen Reden erlangt er schnell die Kontrolle über die Partei.

1923 Nachdem er mit seinem Kampfbund in München einen Putschversuch startete, wird er zu fünf Jahren Haft verurteilt, neun Monate sitzt er ab.

1925 *Mein Kampf* wird veröffentlicht.

1933 Hitler wird deutscher Reichskanzler.

1934 Hunderte politische Rivalen werden von der SS in der Nacht der langen Messer ermordet, wodurch Hitler weitreichende Befugnisse erhält.

1935 Er verabschiedet die Nürnberger Gesetze zur Entrechtung von Juden und anderen „Unerwünschten".

1938 Die Gebietserweiterungen beginnen.

1939 Die Nazis marschieren zuerst in Polen und dann in vielen weiteren Ländern Europas ein.

1945 Sowjetische Truppen marschieren in Berlin ein. Hitler heiratet Eva Braun, bevor die beiden am 30. April mit Zyanid Selbstmord begehen.

DER URSPRUNG DES HASSES

Während seiner Zeit in Wien **wurde Hitler von der antisemitischen Politik des dortigen Bürgermeisters, Karl Lueger, inspiriert.**

DER BART

Während der Genesung von Verletzungen aus der Schlacht an der Somme begann Hitler, sein späteres Markenzeichen zu tragen: den Oberlippenbart.

DIE SWASTIKA

Das antike indische Symbol, der „Glücksbringer", war ein beliebtes Glückssymbol im Westen, **bis die Nazis sich dessen bemächtigten.**

MEIN KAMPF

Hitlers Manifest triefte vor **antisemitischem, nationalistischem Hass,** er forderte die militärische Expansion, die Auslöschung „unreiner" Rassen und die Diktatur. Das Buch war ein Riesenerfolg.

SS

Die Schutzstaffel (SS) war eine **paramilitärische Einheit, die Hitler für seine Terrorherrschaft einsetzte.**

STIMMEN FÜR DIE NAZIPARTEI

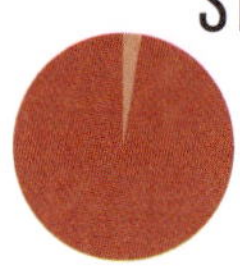

2,6 % Wahl 1928
37 % Wahl 1932

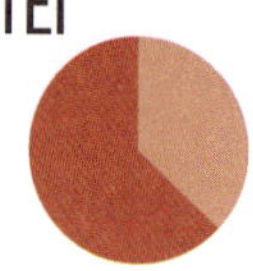

FRANKLIN D. ROOSEVELT

Franklin Delano Roosevelt kam in unruhigen Zeiten an die Macht. Er wurde bewundert und gehasst – und führte Amerika mit ruhiger Hand durch die Große Depression und den Zweiten Weltkrieg.

ZEITTAFEL

- **30. Januar 1882** Er wird in Hyde Park, New York, geboren.
- **1900** Roosevelt geht an die Harvard University.
- **1905** Er heiratet seine entfernte Cousine Eleanor.
- **1910** Er gewinnt einen eigentlich ungewinnbaren Sitz im New Yorker Staatssenat für die Demokraten.
- **1913** Er wird Staatssekretär im Marineministerium.
- **1914–1918** Während des Ersten Weltkriegs wird er als effizienter Verwalter der Marine gelobt.
- **1921** Er erkrankt an Polio und wird gelähmt.
- **1928** Roosevelt wird Gouverneur von New York und 1930 wiedergewählt.
- **1931** Roosevelt begründet die Federal Emergency Relief Administration.
- **1932** Er wird mit deutlicher Mehrheit zum 32. US-Präsidenten gewählt und beginnt mit dem New Deal.
- **1935** Der zweite New Deal beginnt.
- **1936** Er wird als Präsident wiedergewählt.
- **1940** Er wird zum dritten Mal wiedergewählt.
- **1941** Nach dem Angriff von Pearl Harbor greift Amerika in den Zweiten Weltkrieg ein.
- **1944** Roosevelt wird zum vierten Mal Präsident.
- **12. April 1945** Er stirbt in Warm Springs, Georgia.

DER NEW DEAL

Roosevelts zugegebenerweise **experimentelle Arbeitsbeschaffungsprogramme und finanzielle Reformen** sollten den einfachen Amerikanern durch die Große Depression helfen. Bei der Entwicklung **ließ er sich vom sogenannten Brain Trust unterstützen.** Die Bauarbeiten, die die Programme enthielten, umfassten Gebäude, Straßen, Brücken und Flughäfen, außerdem gab es Naturschutz- und kulturelle Projekte.

ÖFFENTLICHE VERSORGUNG

Durch den Bau hydroelektrischer Dämme fanden tausende Menschen Arbeit und noch mehr wurden mit billigem Strom versorgt. Andere Arbeitsbeschaffungsprojekte drehten sich um die Aufforstung und den Überschwemmungsschutz.

ROOSEVELT IM RADIO

Roosevelts Beherrschung des Mediums Radio wurde in seinen berühmten Kamingesprächen deutlich, wodurch er der Nation das Gefühl gab, alles im Griff zu haben.

5
Franklin D. war ein **Cousin 5. Grades von Theodore Roosevelt,** dem 26. Präsidenten.

4
Amtsperioden, der einzige Präsident, der mehr als zweimal wiedergewählt wurde

13 MILLIONEN
Menschen waren arbeitslos, als Roosevelt ins Amt kam.

2,1 MILLIONEN
fanden im Durchschnitt im Monat von **1935 bis 1941** durch **New-Deal-Projekte Arbeit.**

DER SPANISCHE BÜRGERKRIEG

Was als Militärrevolte begann,
führte zum blutigsten Bürgerkrieg in der Geschichte.

ZEITRAUM 18. JULI 1936 – 1. APRIL 1939

ORT SPANIEN

PARTEIEN SPANISCHE REPUBLIK VS. NATIONALISTISCHE REBELLEN

TOTE DIE GENAUE ANZAHL KANN NUR GESCHÄTZT WERDEN, BIS ZU EINE MILLION.

AUSGANG NATIONALISTISCHE DIKTATUR UNTER FRANCO

ZEITTAFEL

1936

Februar Eine Koalition linker Parteien gewinnt die Wahlen in Spanien knapp.

Juli Nach einem Militärputsch angeführt von General Francisco Franco übernehmen nationalistische Rebellen die Kontrolle über Spanien.

Oktober Madrid wird von den Nationalisten belagert.

1937

8.–27. März Die Republikaner bringen den Nationalisten in Guadalajara eine schwere Niederlage bei, aber Madrid ist noch immer bedroht.

26. April Franco lässt Guernica bombardieren, Tausende sterben. Er nimmt Malaga ein, aber die Republikaner drängen ihn in Madrid zurück.

1938

16.–18. März Barcelona wird bombardiert.

1939

28. März Franco marschiert in Madrid ein.

1. April Franco verkündet seinen Sieg.

HINTERGRUND

Die Große Depression traf Spanien schwer. **Die hungernden Arbeitslosen konnte sich nicht einigen, wer schuld war.**

Die Republikaner waren in Moderate und Anarchisten gespalten. Die Nationalisten nutzten die allgemeine Angst vor dem Kommunismus und nannten die republikanischen „Roten“ eine Bedrohung für die Regierung und das Christentum.

NATIONALISTEN

unterstützt von:
- Grundbesitzern
- Geschäftsleuten
- dem Militär
- der katholischen Kirche

REPUBLIKANER

unterstützt von:
- ausländischen Freiwilligen
- städtischen Arbeitern
- Tagelöhnern
- der Mittelklasse

NAZITRUPPEN

Hitler und Mussolini schickten finanzielle und militärische Hilfe für die Nationalisten. Die UdSSR unterstützte die Republikaner.

EL CAUDILLO

General Francisco Franco wurde vom Rebellen zum Militärdiktator und schließlich zum „Führer“.

DIE OLYMPISCHEN SOMMERSPIELE 1936

1936 gab es erstmals Aufrufe zum Boykott der Olympischen Spiele aufgrund von Menschenrechtsverbrechen. Hitler versprach, die Spiele nicht für Propaganda zu nutzen, tat dann aber genau das.

ZEITRAUM 1.–16. AUGUST 1936

ORT BERLIN

TEILNEHMENDE NATIONEN 49

TEILNEHMENDE ATHLETEN 4.000

BEWERBE 129

Deutschland bekam 1931 den Zuschlag für die Olympischen Spiele – **zwei Jahre vor Hitlers Machtergreifung.**

„ARISCHE PERFEKTION"

Die Nazis propagierten den Mythos der „arischen" Überlegenheit und idealisierte die Physis von Menschen der „richtigen" Rasse.

DIE WURZEL DES UNMUTS

Im April 1933 galt in allen deutschen Sportorganisationen das Ideal der Arier, Menschen jüdischer oder Roma-Abstammung durften nicht teilnehmen. **Sieger, die dem Naziideal nicht entsprachen, wurden aus dem Team ausgeschlossen.**

DER BOYKOTT

Weltweit gab es Aufrufe zum Boykott. **Nachdem er versprach, sich mit der Propaganda zurückzuhalten und jüdische Athleten antreten zu lassen, durfte Hitler fortfahren.**

Wegen der Forderung, auch **jüdische Athleten antreten zu lassen, schickte Deutschland eine Jüdin zu den Spielen – die Fechterin Helene Mayer.** Sie musste, wie alle deutschen Sieger, den Hitlergruß zeigen.

DIE VOLKSOLYMPIADE

Alternative Olympische Spiele, die von vielen Gegnern der offiziellen Spiele unterstützt wurden, **sollten in Barcelona stattfinden,** wurden aber aufgrund des Bürgerkriegs abgesagt.

JESSE OWENS

Der erfolgreichste Athlet der Spiele, **der Afroamerikaner Jesse Owens, belehrte Hitler eines Besseren.** Er war der erste Amerikaner, der vier Leichtathletik-Goldmedaillen gewann.

OLYMPIA

1938 wurde die Dokumentation von **Leni Riefenstahl** als **Propaganda für das Naziregime** veröffentlicht.

Deutschland marschierte am 1. September 1939 in Polen ein, drei Jahre nachdem es bei den Spielen ein freundliches Gesicht gezeigt hatte.

DIE OLYMPISCHEN SOMMERSPIELE 1936 IN ZAHLEN

800 Roma wurden am 16. Juli 1936 in Berlin verhaftet und dann in Marzahn interniert.

9 jüdische Athleten gewannen Medaillen.

348 Athleten stammten aus Nazideutschland.

312 Athleten kamen aus den USA, darunter 18 Afroamerikaner.

DIE HINDENBURG-KATASTROPHE

Am 6. Mai 1937 um 18.25 Uhr fing der Zeppelin Hindenburg *bei der Landung in Lakehurst, New Jersey, Feuer.*

LZ 129 HINDENBURG DAS GRÖSSTE JEMALS ERBAUTE STARRLUFTSCHIFF

TYP ZEPPELIN

JUNGFERNFAHRT FRIEDRICHSHAFEN, DEUTSCHLAND, MÄRZ 1936

HÖCHSTGESCHWINDIGKEIT 125 KM/H

URSACHE FÜR DAS FEUER ELEKTRISCHE ENTLADUNG IN DER ATMOSPHÄRE UND EIN LECK, AUS DEM WASSERSTOFFGAS AUSTRAT

AN BORD

- 72 Passagierbetten in beheizten Kabinen
- Speisesaal
- Lounge
- Schreibraum
- Bar
- Rauchsalon
- Promenaden

Das Luftschiff sollte eigentlich mit dem Edelgas Helium gefüllt werden, stattdessen verwendete man leicht entzündlichen Wasserstoff.

Die *Hindenburg* hatte **viele erfolgreiche Fahrten hinter sich** und tausende Passagiere zwischen Deutschland und den USA transportiert.

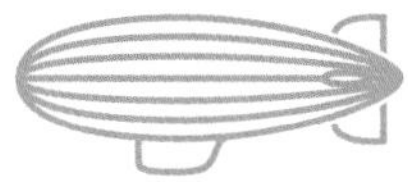

Am 1. August 1936 flog die *Hindenburg* über das Olympiastadion in Berlin.

NAZIPROPAGANDA

Das Schiff **wurde auch beim Reichsparteitag gezeigt,** Hakenkreuze zierten die Heckflossen des Zeppelins.

DER RADIOMODERATOR

Der WLS-Radiojournalist **Herb Morrison berichtete live über die Landung in New Jersey, Zehntausende hörten zu.** Sein schreckerfüllter Ausruf „Oh, die Menschheit" fasste die Lage in Worte.

$450 (heute etwa 7.000 Euro) kostete eine einfache Fahrt mit der *Hindenburg* 1937.

Die *Hindenburg*-Katastrophe markierte das Ende von Luftschiffen für die Personenbeförderung.

DIE *HINDENBURG* IN ZAHLEN

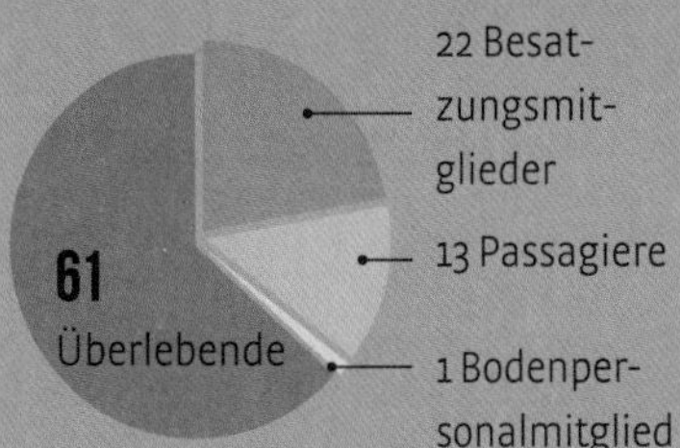

97 Personen waren an Bord.
36 Menschen starben.

IN CA. 60 M Höhe fing der Zeppelin Feuer, viele sprangen, um den Flammen zu entgehen.

12 STUNDEN Verspätung gab es aufgrund starker Winde und Wartezeiten wegen eines Sturms.

4 Unternehmen filmten das Unglück, das erste, das auf Film festgehalten wurde.

34 SEKUNDEN dauerte es, bis die *Hindenburg* komplett verbrannt war.

DER ZWEITE WELTKRIEG

Nur wenige Nationen blieben in dem verheerenden Krieg von 1939 bis 1945 neutral. Auf der einen Seite kämpften Deutschland, Italien und Japan, auf der anderen die Alliierten, Großbritannien, Frankreich und die USA.

ZEITRAUM 3. SEPTEMBER 1939 – 15. AUGUST 1945

ORT WELTWEIT

PARTEIEN ACHSENMÄCHTE VS. ALLIIERTE

TOTE DIE SCHÄTZUNGEN VARIIEREN, INSGESAMT STARBEN WOHL 50 BIS 80 MILLIONEN MENSCHEN.

AUSGANG SIEG DER ALLIIERTEN

ZEITTAFEL

1. September 1939 Adolf Hitler marschiert in Polen ein, Großbritannien und Frankreich erklären Deutschland am 3. September den Krieg.

1940 Deutschland marschiert im Zuge des Blitzkriegs in Belgien, Holland und Frankreich ein, alliierte Truppen werden aus Dünkirchen evakuiert.

1941 Hitler versucht, in Russland einzumarschieren, und bombardiert Großbritannien, Japan greift Pearl Harbor an, die USA greifen in den Krieg ein.

1942 Japan erobert Singapur, 25.000 Gefangene werden gemacht. Die Massenmorde in Auschwitz und anderen KZs beginnen.

1943 Deutschland erlebt erstmals eine größere Niederlage in Stalingrad, die Alliierten erreichen Italien. Deutschland gibt nicht auf, Großbritanien und Indien bekämpfen die Japaner in Burma.

1944 Am D-Day erreichen die Alliierten Frankreich, Paris wird befreit; die USA befreien Guam.

1945 Auschwitz wird befreit, sowjetische Truppen marschieren in Berlin ein. Hitler begeht Selbstmord, Deutschland kapituliert am 7. Mai. Die USA werfen Atombomben über Hiroshima und Nagasaki ab; Japan kapituliert am 14. August.

DER SITZKRIEG

Nach der Kriegserklärung 1939 wurde es in Europa überall still, da sich alle auf den Krieg vorbereiten.

DER BLITZKRIEG

Im Zuge des **Blitzkriegs wurden viele westeuropäische Städte bombadiert.** Die Alliierten taten es den Nazis gleich und beschossen deutsche Städte wie Berlin und Dresden aus der Luft.

PROPAGANDA

Alle Seiten machten sich während des Kriegs Propaganda zunutze – von Flugblättern, die abgeworfen wurden, bis hin zu Plakaten. Charismatische Anführer wie **Hitler, Winston Churchill und Franklin D. Roosevelt nutzten die modernen Medien wie etwa Fernsehnachrichten und Radioprogramme,** um die Moral hochzuhalten – und die andere Seite zu demoralisieren.

TOTE DURCH LUFTANGRIFFE

Deutschland: **543.000** Britannien: **60.400**
Militärische Tote: **1. WK 95 %, 2. WK 5 %**
Zivile Todesopfer: **1. WK 33 %, 2. WK 67 %**

ACHSENMÄCHTE VS. ALLIIERTE

Die Länder, die Deutschland, Japan und Italien unterstützten, sahen sich mehr als 50 alliierten Nationen gegenüber, darunter die USA, Großbritannien, Frankreich und Russland.

DIE ENTSCHLÜSSELUNG DES ENIGMA-CODES

Eine der größten Bedrohungen während des Zweiten Weltkriegs war der deutsche Beschuss von Schiffen, die Vorräte nach Großbritannien brachten. Als ihr Geheimcode geknackt war, konnte man die U-Boote abfangen.

NAME GOVERNMENT CODE AND CYPHER SCHOOL

MISSION ENTSCHLÜSSELUNG DES ENIGMA-CODES

ORT BLETCHLEY PARK, NAHE MILTON KEYNES, UK

ZEITRAUM 1939–1946

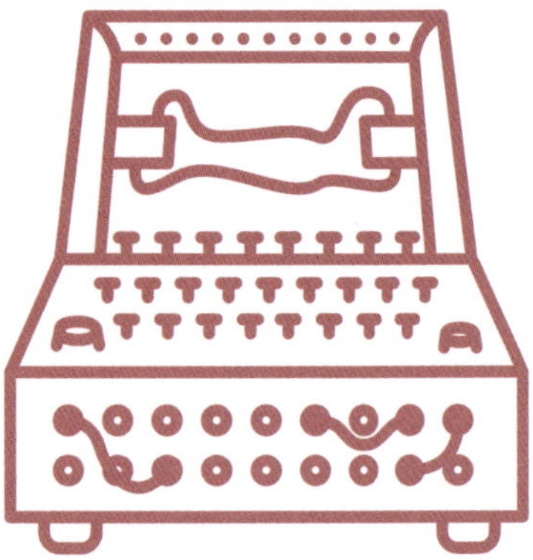

WAS WAR DIE ENIGMA?

Die Enigma war eine **automatisierte Schlüsselmaschine, die in den 1920ern entwickelt wurde.** Eingegebene Nachrichten **verschlüsselte die Enigma durch mehrere Walzen mit verschiedenen Geheimalphabeten, sodass man sie dann sicher als Morsezeichen verschicken konnte.** Der Tagesschlüssel wurde jeden Tag um Mitternacht geändert.

DER DURCHBRUCH

Am 9. Mai 1941 **erbeuteten die Briten eine Enigma und Kodierbücher vom festgesetzten deutschen U-Boot** *U-110.*

DELFIN

war der Codename für die Enigma mit drei Walzen, jene mit vier nannte man

HAI.

Tausende Mitarbeiter arbeiteten in Bletchley in sogenannten Huts, wobei niemand wusste, was die anderen taten. Da sie nicht über die Arbeit sprechen durften, **gab es zahlreiche gesellschaftliche Anlässe.**

HUT 8

Einige Mitarbeiter, darunter der Mathematiker **Alan Turing, entwickelten eine elektromechanische Maschine namens „Bombe“,** die häufige Wörter in einer verschlüsselten Nachricht schneller fand als der Mensch.

COLOSSUS Der erste Computer, der digitale Informationen **verarbeiten konnte, wurde 1944 von Tommy Flowers gebaut.**

10.000

Mitarbeiter gab es 1945 in Bletchley – **vor allem Frauen.**

DIE SCHLACHT UM DÜNKIRCHEN

Die von der Propaganda „Wunder der kleinen Schiffe“ genannte Operation, im Zuge derer die alliierten Truppen im Mai 1940 aus Dünkirchen evakuiert wurden, kostete einen hohen Preis.

DIE OPERATION DYNAMO IN ZAHLEN

8.000

Soldaten wurden am ersten Tag gerettet.

338.226

Soldaten wurden insgesamt evakuiert.

140.000

französische, polnische und belgische Soldaten wurden gerettet.

HINTERGRUND

Die British Expeditionary Forces waren gezwungen, sich nach Dünkirchen in Nordfrankreich zurückzuziehen, **und erwarteten nicht, gerettet zu werden, genauso wenig wie die Befehlshaber glaubten, sie retten zu können.**

Operation Dynamo war ein Versuch. Vizeadmiral Bertram Ramsay zog eine Flotte Zerstörer zusammen – und alles, was man noch aufbringen konnte.

Während einige Einheiten die Deutschen an Land in Schach hielten und die RAF in der Luft gegen die Luftwaffe kämpfte, entstanden lange Schlangen von Soldaten. **Viele verließen den Strand von der sogenannten Mole von Dünkirchen aus.**

Im Laufe der nächsten Woche **wurden tausende Soldaten evakuiert,** viele Schiffe fuhren halsbrecherische Manöver – **oftmals überladen und ständig unter Beschuss durch deutsche Bomber.**

Am **Sonntag, den 26. Mai, verließen die ersten von 933 Schiffen Ramsgate in Kent,** es folgten:

- Fähren
- Raddampfer
- Küstenschiffe
- Motorboote
- Schlepper
- Vergnügungsboote
- niederländische Lastkähne
- Fischerboote
- Rettungsboote
- private Yachten

Viele Schiffe wurden von ihren privaten Besitzern gesteuert.

EIN GETRÜBTER ERFOLG

Mehr als **236 Schiffe und tausende Soldaten schafften es nicht nach Hause,** darunter der Truppentransporter *Lancastria,* **bei dessen Untergang 3.500 Menschen starben.**

Fast **140.000 britische Soldaten blieben in Frankreich zurück,** wurden gefangen genommen oder waren gezwungen zu kapitulieren und wurden als Kriegsgefangene in Lager gebracht. **Am 4. Juni eroberte die Naziarmee Dünkirchen.**

Im Englischen spricht man noch heute vom „Dunkirk spirit“, wenn jemand Widrigkeiten erfolgreich trotzt.

DER ANGRIFF AUF PEARL HARBOR

Durch den überraschenden, zweistündigen Luftangriffangriff auf eine Militärbasis der USA auf einer entlegenen Insel im Südpazifik wurde aus einem multinationalen Konflikt ein Weltkrieg.

ZEITPUNKT SONNTAG, 7. DEZEMBER 1941

ORT OAHU, HAWAII

PARTEIEN JAPAN VS. USA

TOTE UND VERLETZTE AMERIKA: FAST 2.500 TOTE, 1.000 VERLETZTE; JAPAN: 64 TOTE, 1 GEFANGENER

AUSGANG KRIEGSEINTRITT DER USA

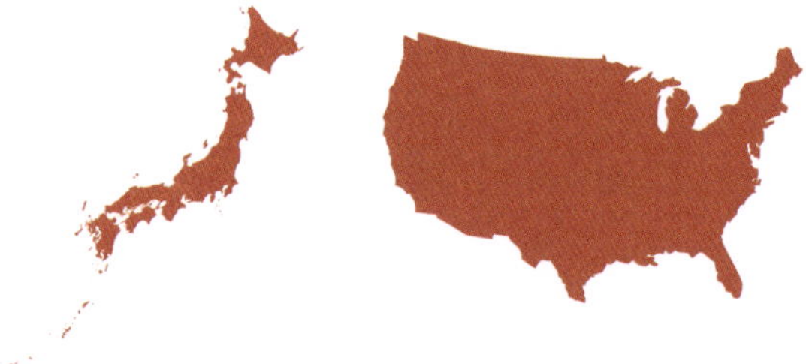

HINTERGRUND

Zwischen Japan und den USA gab es seit **Jahren Aggressionen.** Amerika, das besorgt war, Japan könnte mehr Macht in China erlangen, hatte harte Sanktionen verhängt.

Japan wollte die USA einschüchtern und eine Flotte neutralisieren, die seine Position im Südpazifik behinderte.

DER ANGRIFF

07.55 Uhr 353 japanische Kampfflugzeuge greifen Pearl Harbor an. Bomben regnen auf die nur mäßig besetzte Basis herunter.

08.10 Uhr Eine Bombe trifft die USS *Arizona* und dringt in das Pulver-Hauptmagazin ein. Das Schiff explodiert und sinkt, 1.177 Männer sterben.

08.54 Uhr Der zweite Angriff beginnt.

Nach zwei Stunden sind alle Schiffe in der Basis entweder gesunken oder schwer beschädigt.

EIN KLEINER TROST

Zum Glück **waren die US-amerikanischen Flugzeugträger gerade nicht in der Basis.**

SCHOCK UND WUT IN AMERIKA

Am **8. Dezember 1941 bat Präsident Franklin D. Roosevelt** unterstützt von der aufgebrachten amerikanischen Öffentlichkeit **den Kongress, Japan den Krieg zu erklären.**

Am **11. Dezember erklärten Japans Verbündete, Italien und Deutschland, den USA den Krieg.** Damit wurde aus dem Krieg in Europa ein Weltkrieg.

GLENN MILLER: DIE MUSIK DES ZWEITEN WELTKRIEGS

Als im kriegsgebeutelten Europa die Bomben fielen, brachten Radio und Kino die amerikanische Musik ins spießige, vernünftige Großbritannien der 1940er. Major Glenn Millers Big Band war ihr Inbegriff.

GEBOREN IOWA, 1904

INSTRUMENT POSAUNE

ERSTE BIG BAND 1937

GESTORBEN IM KRIEG VERMISST, 1944

HINTERGRUND

Der Jazz wurde in den 1930ern so richtig erfolgreich – mit Bandleadern wie **Benny Goodman, Tommy Dorsey, Artie Shaw, Count Basie** und **Duke Ellington.**

Auch in Großbritannien gab es beliebte Tanzorchester, aber **Hollywood machte die amerikanischen Big Bands zu Superstars**.

DER JIVE

Der neue Tanzstil, den amerikanische Soldaten mit nach Großbritannien brachten, schockierte und begeisterte die Briten gleichermaßen. Der verrückte Jitterbug-Tanzstil war schnell, wild – und sehr sexy.

DER KLANG

Für Millers einzigartigen Klang spielten Tenorsaxophone und Klarinetten zusammen die Melodie, während im Hintergrund satte Posaunenklänge zu hören waren.

US-ARMEE

1942 ging Miller zur US-Armee und wurde dem Army Air Force Orchestra zugeordnet. Er hielt die Moral der Soldaten aufrecht, indem er den Big-Band-Blues mit Marschmelodien kombinierte.

FILMSTARS

Millers Band spielte in zwei Hollywood-Filmen mit: *Adoptiertes Glück* (1941) und *Orchestra Wives* (1942). Sie drehte außerdem unzählige kurze Musikfilme (Soundies), oft mit den Andrews Sisters.

DIE TRAGÖDIE

Millers mysteriöses **Verschwinden auf dem Flug von England nach Paris** 1944 machte ihn nur noch berühmter. Seine Band verkaufte auch nach seinem Tod Millionen Platten.

1954 spielte James Stewart die Hauptrolle im Film *The Glenn Miller Story*, der lose auf dem Leben von Miller beruht.

MILLERS GRÖSSTE HITS ZU KRIEGSZEITEN

- *Moonlight Serenade*
- *Chattanooga Choo-Choo*
- *In the Mood*
- *American Patrol*
- *Pennsylvania 6-5000*
- *Tuxedo Junction*
- *A String of Pearls*
- *St. Louis Blues March*

DIE D-DAY-LANDUNG

Monatelange geheime Planung führte 1944 schließlich zum Beginn der Operation Overlord – und dem Anfang des Endes des Zweiten Weltkriegs.

ZEITPUNKT 6. JUNI 1944

ORD NORMANDIE, FRANKREICH

SUPREME ALLIED COMMANDER EUROPE GENERAL DWIGHT D. EISENHOWER

OBERBEFEHLSHABER DER ALLIIERTEN BODENTRUPPEN GENERALFELDMARSCHALL BERNARD MONTGOMERY

ZEITTAFEL

00.00 Uhr Bei der Operation Titanic werden hunderte Fallschirmjägerpuppen abgeworfen, um den Feind abzulenken.

00.10 Uhr Die ersten „echten" Fallschirmjäger landen.

01.20 Uhr Die Seeangriffe beginnen.

02.00 Uhr Die erste Welle Bomber starten in Großbritannien.

02.51 Uhr US-amerikanische Schiffe gehen vor Anker.

04.00 Uhr Sainte-Mère-Église ist die erste Stadt, die befreit wird.

05.30 Uhr Die Alliierten beginnen, die Strände zu bombardieren.

06.00 Uhr Die BBC sendet eine Nachricht an die Bevölkerung der Normandie und fordert diese auf, in Deckung zu gehen.

HINTERGRUND

1943 wusste man auf beiden Seiten, dass es zu einer Invasion der Alliierten kommen würde, aber nur **wenige wussten, wann und wo diese stattfinden würde.**

OPERATION FORTITUDE

Fehlinformationen der Regierung und Flugzeugattrappen ließen den Feind denken, die Invasion würde entweder **anderswo an der französischen Küste oder in Norwegen stattfinden.**

DIE STRÄNDE

Bodentruppen landeten an fünf Stränden mit den Codenamen **Utah, Omaha, Gold, Juno** und **Sword** und formierten sich zu Invasionstruppen.

GUSTAV

Eine RAF-Taube namens Gustav, mit der während der Funkstille Nachrichten verschickt wurden, erhielt später die Dickin Medal.

06.40 Uhr Die deutsche Verteidigung wird verstärkt.

08.20 Uhr Entsatztruppen der 1st Special Service Brigade gehen an Land; der Dudelsackspieler Bill Millin spielt *Highland Laddie.*

09.05 Uhr Adolf Hitler glaubt noch immer, dass die echte Invasion anderswo stattfindet.

12.07 Uhr Winston Churchill spricht vor dem Unterhaus.

13.00 Uhr Die Invasion wird offiziell von der BBC bestätigt.

21.00 Uhr König Georg VI. spricht zum Empire.

23.59 Uhr 159.000 alliierte Soldaten richten einen Invasionsstützpunkt ein – und Europa wartet darauf, befreit zu werden.

DIE BEFREIUNG VON AUSCHWITZ

Als sowjetische Truppen Auschwitz, das größte Konzentrationslager der Nazis, erreichten, erkannten sie den Schrecken in seinem ganzen Ausmaß – so etwas hatten sie zuvor noch nie gesehen.

ZEITPUNKT 27. JANUAR 1945

ORT AUSCHWITZ, ETWA 60 KM WESTLICH VON KRAKAU, POLEN

AUSCHWITZ KONZENTRATOINSLAGER, TODESZONE UND ZWANGSARBEITSLAGER

MOTTO „ARBEIT MACHT FREI"

FOLGEN EINE STAATLICHE KOMMISSION SOLL DIE VERBRECHEN IM LAGER AUFKLÄREN.

VOR DER BEFREIUNG

Als sie erfährt, dass die sowjetischen Truppen anrücken, beginnt die SS, das Lager zu evakuieren. **Die Gaskammern und Krematorien werden zerstört, um die Verbrechen der Nazis zu vertuschen.**

60.000 Männer, Frauen und Kinder werden zu Fuß ins 50 Kilometer entfernte Loslau geschickt. Mehr als 15.000 von ihnen verhungern, sterben durch Erschöpfung oder werden erschossen, weil sie zurückfallen.

DIE BEFREIUNG

Die Rote Armee stößt auf fast **3.000 verhungernde und sterbende Gefangene, die zu schwach waren, um das Lager zu verlassen.** Es handelt sich vor allem um **Juden, aber auch politische und homosexuelle Gefangene und Roma und Sinti sind darunter.**

WAS DIE SOWJETS NOCH FANDEN

- 7 Tonnen menschliches Haar
- menschliche Zähne, aus denen die Goldfüllungen herausgebrochen worden waren
- tausende Kinderkleidungsstücke

DIE GESCHICHTE EINES ÜBERLEBENDEN

Der Pole Jozef Paczynski war seit Juni 1940 als politischer Gefangener in Auschwitz. Er war der persönliche Barbier des Kommandanten von Auschwitz, Rudolf Höss, überlebte mehr als viereinhalb Jahre im Lager, wurde von US-amerikanischen Soldaten befreit und 95 Jahre alt.

6.000
Menschen konnten täglich in den Gaskammern getötet werden.

4 MILLIONEN
Menschen wurden Schätzungen zufolge zwischen 1940 und 1945 nach Auschwitz gebracht.

1–1,5 MILLIONEN
Menschen wurden in Auschwitz ermordet.

DER VE-DAY

Der Victory in Europe Day (VE-Day, „Sieg-in-Europa-Tag“) steht für das Ende des fast sechsjährigen Kriegs, der Europa verwüstete. Überall auf der Welt wurde der Sieg über die Achsenmächte gefeiert.

ZEITPUNKT 8. MAI 1945

ZEITTAFEL

- **30. April** Adolf Hitler begeht Selbstmord.
- **4. Mai** Der britische Generalfeldmarschall Montgomery akzeptiert die bedingungslose Kapitulation Deutschlands in den Niederlanden, Nordwestdeutschland und Dänemark.
- **7. Mai** General Eisenhower nimmt die bedingungslose Kapitulation der restlichen deutschen Truppen entgegen.

  Eine BBC-Sondermeldung erklärt den folgenden Tag zum Nationalfeiertag, die Zeitungsdruckereien werden gestoppt, um Spezialausgaben zu drucken.
- **8. Mai** Churchill spricht um 15.00 Uhr zur Nation, die königliche Familie ist ganze acht Mal auf dem Balkon zu sehen, die Kronprinzessinnen Elisabeth und Margaret schleichen sich heimlich aus dem Palast, um mit dem Volk zu feiern.

Schon seit einiger Zeit lag die Hoffnung auf den Sieg in der Luft, und die Briten warteten wie auf Nägeln auf die erlösende Nachricht.

ENDLICH WIRD GEFEIERT

In einigen Städten begannen die Menschen zu sofort zu feiern – mit Feuerwerken, Tanz und wilden Partys in den Pubs.

VERSORGUNG DES VOLKS

Premierminister Winston Churchill gab zusätzliche Biervorräte frei, außerdem konnte man rote, weiße und blaue Wimpel ohne Coupons kaufen.

DIE FEIERLICHKEITEN

GROSSBRITANNIEN

Dankgottesdienste, Paraden und die berühmten Straßenpartys wurden abgehalten. Die Menschen tanzten zum Klang von Grammophonen und Drehorgeln auf der Straße.

AMERIKA

Die Feierlichkeiten zum VE-Day waren überschattet vom Tod Präsident Roosevelts, dennoch wurde auf den Straßen von New York, vor allem auf dem Times Square, getanzt.

PARIS

Das erst kurz zuvor befreite Paris war so in Feierstimmung, dass es heißt, man konnte sich auf den **Straßen nicht mehr normal fortbewegen.**

Aufgrund des Zeitunterschieds feierte man den VE-Day in Neuseeland am 9. Mai.

DIE REALITÄT

Der VE-Day war nicht das Ende des Zweiten Weltkriegs. Die Welt musste sich noch bis zum **15. August, dem VJ-Day (Victory over Japan Day), gedulden, als die Kapitulation Japans wirklich Frieden einläutete.** Viele hatten ihre Lieben verloren, die Rationierungen in England blieben bis 1954 aufrecht.

DER ANGRIFF AUF HIROSHIMA

Um 08.16 Uhr Ortszeit am 6. August 1945 warf die Enola Gay, *ein amerikanischer B-29-Bomber, die erste militärisch eingesetzte Atombombe der Welt ab, die „Little Boy".*

CA. 290.000
Zivilisten lebten vor der Atombombe in Hiroshima.

20
der 200 Ärzte in der Stadt konnten nach dem Bombenangriff ihre Arbeit wiederaufnehmen.

KOKURA UND NAGASAKI
waren alternative Ziele, falls es Nebel geben sollte und ein Abwurf über Hiroshima nicht möglich war.

60.000–80.000
japanische Bürger waren sofort tot, tausende weitere starben in den folgenden Monaten und Jahren.

HINTERGRUND

Japan stand schon seit geraumer Zeit unter Beschuss mit konventionellen Waffen, machte aber keine Anstalten zu kapitulieren. **Prasident Harry S. Truman war der Ansicht, dass er nur zwei Möglichkeiten hatte: eine Invasion im Zuge der Operation Downfall – oder die Atombombe.**

WAS IST PASSIERT?

Augenzeugen sprechen von einem extrem hellen Blitz, gefolgt von einem ohrenbetäubenden Knall. **Die erste Druckwelle war so stark, dass die Menschen an Ort und Stelle verbrannten – von ihnen blieben nur seltsame geisterhafte Silhouetten übrig.** Viele weitere starben in den zahllosen Feuern.

DAS MANHATTAN-PROJEKT

Die **Angst, dass die Nazis Atombomben entwickeln könnten, brachte die US-Regierung dazu, ihr eigenes Forschungsprojekt** zur Verwendung der Kernspaltung für militärische Zwecke **zu starten.**

WARUM HIROSHIMA?

Die **alte japanische Hafenstadt war wichtig für die Versorgung Japans;** außerdem war die Stadt bisher noch nicht beschossen worden. Truman brauchte einen „sauberen" Ort, um die verheerenden Auswirkungen der Atombombe zu demonstrieren.

FOLGEN

Bei einer Siegesparade wurden Colonel Paul Tibbets und seine Besatzung durch New York City getragen, aber erst **nachdem die zweite Atombombe mit dem Codenamen „Fat Man" über Nagasaki abgeworfen worden war, kapitulierte Japan schließlich.**

Nur ein Gebäude blieb nach dem Angriff auf Hiroshima unbeschädigt: ein Ausstellungsgebäude mit einer Kuppel, das heutige **Friedensdenkmal in Hiroshima.**

DER KALTE KRIEG

Obwohl sie im Zweiten Weltkrieg gegen einen gemeinsamen Feind gekämpft hatten, hatten die Vereinigten Staaten und die Sowjetunion sehr unterschiedliche politische Agenden. Sobald der Krieg vorbei war, wuchs das Misstrauen zwischen den beiden Nationen.

Die Amerikaner misstrauten dem Kommunismus; sie verfolgten die blutrünstige Herrschaft des Sowjetführers Joseph Stalin mit Schrecken und **fürchteten, dass die sowjetische Expansion die Welt destabilisieren könnte.**

Die Sowjetunion war wütend, dass die Vereinigten Staaten die UdSSR in der internationalen Gemeinschaft isolierten.

ZEITTAFEL

- **1947** Präsident Harry Truman gibt vor dem Kongress bekannt, „freie Menschen im Kampf gegen die Unterjochung" unterstützen zu wollen – anders gesagt: dass er den Kommunismus bekämpfen will.
- **1950–1953** Koreakrieg
- **1962** Kubakrise
- **1972** Präsident Nixons Entspannungspolitik (Détente) verringert die unmittelbare Bedrohung durch einen Nuklearkrieg.
- **1983** Präsident Reagans Strategic Defence Initiative – oder auch Star Wars – heizt den Kalten Krieg wieder an.
- **1985** Staatspräsident Michail Gorbatschows Politik der *Glasnost* (Offenheit) und der *Perestroika* (wirtschaftlicher Umbau) läutet Veränderungen ein.
- **1989** Der Fall der Berliner Mauer markiert das Ende des Kalten Kriegs.

Der Kalte Krieg war besonders gefährlich, da beide Seiten über Atombomben verfügten. Als sich die Beziehungen verschlechterten, begann das Wettrüsten.

DIE H-BOMBE

Die erstmals 1952 auf dem Atoll Eniwetok getestete Wasserstoffbombe explodierte in einem **60 Quadratkilometer großen Feuerball,** der eine ganze Insel verdampfen ließ.

ÜBERLEBEN

Ängstliche Amerikaner bauten Atombunker in ihren Hintergärten und horteten Vorräte, während die Kinder in der Schule Atombombenübungen absolvierten.

$100 MILLIONEN stellte der Kongress für den Bau öffentlicher Bunker zur Verfügung.

DER WETTLAUF INS ALL

Mit der Weltraumforschung kam die Kontrolle über den Weltraum und dessen potentielle militärische Kapazitäten in Reichweite beider Nationen. **Jede wollte unbedingt den ersten Mensch ins Weltall bringen.**

SPUTNIK

Die UdSSR schickte am 4. Oktober 1957 mit der *Sputnik 1*, dem „Mitreisenden", den ersten Satelliten ins All.

Der Nachfolgesatellit *Sputnik 2* **startete am 3. November 1957** – an Bord war der Hund Laika, das erste Lebewesen im All.

MAO UND DAS KOMMUNISTISCHE CHINA

Sein Name ist der Inbegriff des kommunistischen Chinas – Mao Zedong, ein Bauernrevolutionär, der zum charismatischen Führer wurde.

ZEITTAFEL

- **26. Dezember 1893** Mao kommt in Shaoshan, in der Provinz Hunan in China zur Welt.
- **1921** Er ist Mitbegründer der Kommunistischen Partei Chinas.
- **1927** Als Nationalisten die Kontrolle über Nordchina übernehmen, geht er nach Südostchina.
- **1934** Er führt den Langen Marsch an.
- **1937–1945** China versöhnt sich im Kampf gegen Japan, versinkt dann aber im Bürgerkrieg.
- **1949** Mao ruft die Volksrepublik China aus.
- **1958** Großer Sprung nach vorn
- **1966** Kulturrevolution
- **1967** Mao versucht, mittels Kriegsrechts seine Macht zu stärken.
- **9. September 1976** Mao stirbt in Peking.

DER LANGE MARSCH

Mao führte seine Anhänger **12.000 Kilometer weit,** um eine neue Basis im Nordwesten Chinas aufzubauen – weit weg von den Kuomintang-Nationalisten.

MAOS CHINA

Die Industrie wurde verstaatlicht, Bauernhöfe kollektiv organisiert. Jeder – Männer, Frauen und Kinder – trugen den gleichen Zhongshan- oder Mao-Anzug.

DER GROSSE SPRUNG NACH VORN

Maos **Versuche, die Massen für noch mehr Produktion zu mobilisieren, hatte den gegenteiligen Effekt.** Zusammen mit schlechten Ernten kam es zu einer wirtschaftlichen Krise, Hunger und Toten.

DIE GROSSE PROLETARISCHE KULTURREVOLUTION

Mao gab den „unreinen“ Elementen der Gesellschaft die Schuld für das Scheitern des Großen Sprungs nach vorn **und wollte China von bürgerlichen Werten säubern.** Paramilitärische Rote Garden griffen Alte und Intellektuelle an, beschlagnahmten Besitz, folterten und zerstörten wertvolle Kulturgüter.

Etwa **1,5 MILLIONEN MENSCHEN STARBEN DURCH DIE KULTURREVOLUTION** und viel von Chinas 2.000-jähriger Kulturgeschichte wurde zerstört.

DAS KLEINE ROTE BUCH

Um Mao entwickelte sich ein Personenkult, der seinen Höhepunkt in der Veröffentlichung von *Worte des Vorsitzenden Mao Tsetung* fand. Jeder, der in der Kulturrevolution am Leben bleiben wollte, hatte eine Ausgabe zuhause.

267
Aphorismen finden sich im von Mao verfassten *Kleinen Roten Buch.*

1 MILLIARDE
Ausgaben wurden gedruckt.

DIE UNABHÄNGIGKEIT INDIENS

Unter der Ostindien-Kompanie litt Indien unter Korruption, Gewalt und hohen Steuern. Die britische Regierung übernahm 1857 die Kontrolle, aber das indische Volk wollte sich selbst regieren.

ZEITTAFEL

1885 Der Indische Nationalkongress wird gegründet.

1919 Ein Massaker an Sikhs in Amritsar schürt den schwelenden Unmut.

1920 Mahatma Gandhi ruft zum friedlichen zivilen Ungehorsam gegen die Briten auf.

1939 Indische Freiwillige kämpfen im Zweiten Weltkrieg.

1940 Die Lahore-Resolution wird verabschiedet.

1942 Nehru und Gandhi werden wegen ihrer Quit-India-Bewegung verhaftet.

1946 Lord Mountbatten, der letzte Vizekönig, wird nach Indien geschickt.

15. August 1947 Indien wird in die Unabhängigkeit entlassen, Hunderttausende sterben während der Abspaltung Pakistans von Indien.

DER INDISCHE NATIONALKONGRESS

Der von Mahatma Gandhi und Jawaharlal Nehru angeführte Indische Nationalkongress **war entschieden gegen Krieg.**

DIE MUSLIM-LIGA

Unter der Führung Muhammad Ali Jinnahs unterstützte die Liga **im Krieg die Briten** in der Hoffnung auf eine Belohnung nach dem Krieg. Da man angesichts einer Hindu-Mehrheitsregierung besorgt war, wurde **die Lahore-Resolution verfasst, um den islamischen Staat Pakistan zu schaffen.**

DIE QUIT-INDIA-BEWEGUNG

Quit India war eine Bewegung des zivilen Widerstand, basierend auf den spirituellen Prinzipien *Ahimsa* **(Gewaltlosigkeit)** und *Satyagraha* **(Suche nach der Wahrheit)**.

Obwohl Gandhi strikt gegen Gewalt war, kam es zu Zusammenstößen seiner Anhänger und jener anderer Religionen.

ZUM GEWALTFREIEN PROTEST GEHÖRTEN:

- Streiks
- Kauf in Indien hergestellter Kleidung
- selbstgemachtes (steuerfreies) Salz
- Nichteinhaltung britischer Gesetze

Im Nachkriegs-Großbritannien sah man den Imperialismus als Ausgabe und wollte Indien loswerden. Der einfachste Weg schien, die Teilung des Landes voranzutreiben.

DIE TEILUNG

Der Mann, der Indien teilen sollte, war noch nie zuvor dort gewesen und flog nur einmal mit dem Flugzeug über das Land. **Tausende Sikhs gerieten zwischen die Fronten der hauptsächlich muslimischen und hinduistischen Gebiete.**

17 MILLIONEN

Sikhs, Muslime und Hindus landeten im „falschen" Land.

1 MILLION

Menschen starben bei gewalttätigen Ausschreitungen im ersten Jahr nach der Unabhängigkeit.

MAHATMA GANDHI

Mahatma Gandhi, eine der wohl faszinierendsten Persönlichkeiten des 20. Jahrhunderts und der „Vater Indiens“, war die friedliche Galionsfigur eines gewaltsamen Unabhängigkeitskampfs.

ZEITTAFEL

2. Oktober 1869 Gandhi kommt in Porbandar, Indien, als Mohandas Karamchand Gandhi zur Welt.

1888 Er geht nach England, um in London Jura zu studieren.

1893–1914 Er arbeitet als Anwalt in Südafrika, wo er die Idee zum friedlichen Protest hat.

1897 Er wird in Durban von Weißen angegriffen, verzichtet aber darauf, sie anzuzeigen.

1906 Es kommt zu indischen Massenprotesten in Johannesburg unter der Führung Gandhis.

1920 Nach einem Massaker an 400 Sikhs erneuert Gandhi den Indischen Nationalkongress und setzt sich für die Unabhängigkeit ein.

1922–1924 Er sitzt zwei Jahre einer sechsjährigen Haftstrafe für Volksverhetzung ab.

MAHATMA
= „große Seele“

FRÜHES LEBEN

Gandhis Vater war Ministerpräsident von Porbandar in Westindien. Seine Mutter war streng religiös. **Er war zwar Hindu, seine Erziehung wurde aber auch vom Jainismus beeinflusst, einer ausdrücklich gewaltfreien Religion.**

SÜDAFRIKA

Gandhi führt den gewaltfreien Widerstand gegen die Rassendiskriminierungen in Südafrika an. Hunderte Inder, darunter auch Gandhi, wurden verhaftet, einige ausgepeitscht oder sogar erschossen, bevor Gandhi einen temporären Frieden verhandeln konnte.

APARIGRAHA

Aparigraha bedeutet so viel wie „Nicht-Besitzen-Wollen“ – dadurch lehnte Gandhi **jeglichen materiellen Besitz,** Geld und Land ab. *Samabhava* (Gleichmäßigkeit) erlaubte es ihm, **alles so zu akzeptieren, wie es kommt, egal ob gut oder böse.**

DIE TEILUNG INDIENS

Eine der größten Sorgen Gandhis war, dass das **unabhängige Indien gleichzeitig ein geteiltes war.** Er versuchte verzweifelt, Gewalt zu verhindern.

1930 Gandhi organisiert den Salzmarsch gegen die britischen Steuern.

1931 Er besucht eine Konferenz in London und wird bei seiner Rückkehr verhaftet.

1932 Er tritt in Hungerstreik.

1934 Er zieht sich aus der Kongresspartei zurück, um für die arme Landbevölkerung zu kämpfen.

1939 Er kritisiert den Zweiten Weltkrieg scharf.

1942 Gandhis Quit-India--Bewegung fordert den Rückzug der Briten.

1945 Indien wird unabhängig, aber geteilt.

30. Januar 1948 Gandhi wird von einem fanatischen Hindu ermordet.

60.000
Menschen werden nach dem Salzmarsch verhaftet.

DER KOREAKRIEG

Am Ende des Zweiten Weltkriegs wurde das zuvor von Japan besetzte Korea geteilt. In dem darauffolgenden dreijährigen Krieg zwischen Nord- und Südkorea verloren Tausende ihr Leben.

ZEITRAUM 25. JUNI 1950 – 27. JULI 1953

ORT FRONT AM 38. BREITENGRAD, KOREA

PARTEIEN NORDKOREA VS. SÜDKOREA

TOTE DIE UN SCHÄTZT 3 MILLIONEN KOREANISCHE, 900.000 CHINESISCHE UND 33.629 AMERIKANISCHE TOTE, ANDERE NATIONEN HATTEN OPFER IN DEN TAUSENDEN ZU VERZEICHNEN.

AUSGANG KOREA IST NOCH IMMER GETEILT.

ZEITTAFEL

38°

1945

Korea wird nach dem Krieg von den Siegermächten entlang des 38. nördlichen Breitengrads geteilt.

1948

Unterstützt von der US-Regierung, wird die antikommunistische Republik Korea in Südkorea gegründet.

Im Norden ruft der Kommunist Kim Il Sung, unterstützt von der kommunistischen Sowjetunion, die Demokratische Volksrepublik Korea aus.

1950

25. Juni Nordkoreanische Truppen marschieren in Südkorea ein.

27. Juni Der Sicherheitsrat der Vereinten Nationen verabschiedet die Resolution 83, mit der Mitgliedsstaaten aufgerufen werden, Südkorea militärisch zu unterstützen.

15. September Die X Corps der US-Armee landen, Seoul wird zehn Tage später befreit.

25. Oktober China tritt in den Krieg ein.

1951

4. Januar Seoul wird von China wieder eingenommen.

14. März Seoul wird von der UN wieder befreit.

10. Juli Die Friedensverhandlungen beginnen, es kommt aber weiter zu Kriegshandlungen.

1953

27. Juli Ein Waffenstillstandsabkommen wird verhandelt, Korea bleibt allerdings geteilt.

DER VERSTECKTE FEIND

Die Soldaten hatten auch gegen das Wetter zu kämpfen. Arktische Winter, tropische Sommer und verheerende Monsune forderten viele Leben.

KRIEGSGEFANGENE

Mehr als **1.000 UN-KRIEGSGEFANGENE** litten unter schrecklichen Bedingungen und **Hunger** und wurden sogar **gefoltert.**

UN-STREITKRÄFTE

• USA • Großbritannien • Australien • Kanada • Neuseeland • Niederlande • Türkei • Philippinen • Frankreich • Indien

PROPAGANDA

Beide Seiten nutzten Propaganda, vor allem aber die Chinesen, die Flugblätter, Karten und Geschenke abwarfen. Friedenstauben aus Porzellan wurden von den Soldaten als Souvenirs gesammelt.

DIE BESTEIGUNG DES MOUNT EVEREST

Jahrtausendelang galt der höchste Gipfel der Erde als unerreichbar. 1953 bewiesen zwei Männer das Gegenteil, aber auch sie hätten ohne ihre unzähligen Unterstützer und ihr Team keine Chance gehabt.

ZEITTAFEL

29. Mai 8.848 m – Hillary und Tenzing erreichen den Gipfel um 11.30 und bleiben 15 Minuten oben.
21. Mai 7.920 m – die „Todeszone", wo es so wenig Sauerstoff gibt, dass der Körper beginnt zu sterben
20. Mai. 7.460 m
17. Mai 7.310 m
4. Mai 7.010 m
3. Mai 6.700 m
1. Mai 6.490 m
22. April 6.150 m
15. April – Die Bergsteiger kommen bis auf 5.910 m.
12. April – Das Basislager wird auf ca. 5.450 m eingerichtet.
10. März 1953 – Die Expedition startet.

DAS TEAM

Das von Offizier John Hunt angeführte Team bestand aus **11 Briten, 2 Neuseeländern, 20 Sherpa-Führern, 362 Trägern,** einem Korrespondenten der *Times* **und einer Herde Yaks.**

Das Team startete in Kathmandu mit **4.500 KG** Gepäck.

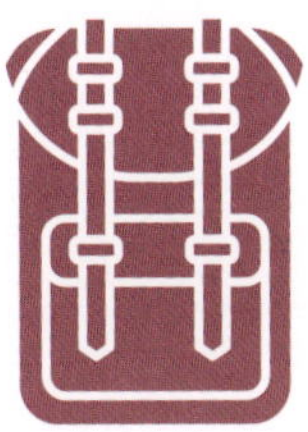

DIE EROBERER

EDMUND HILLARY
(1919–2008) aus Neuseeland

TENZING NORGAY
(1914–86) aus Nepal

Auch die britischen Bergsteiger Tom Bourdillon und Charles Evans hätten den letzten Anstieg machen sollen, **sie waren aber aufgrund von Erschöpfung gezwungen umzukehren.** Am nächsten Tag wurde der Gipfel von zwei Nicht-Briten bezwungen.

Die Nachricht der Besteigung erreichte Großbritannien pünktlich am **Morgen des 2. Juni, des Krönungstags von Königin Elisabeth II.** Sie war ein echter Scoop für die *Times* und zugleich die letzte verschlüsselte Nachricht, die von einem Läufer übermittelt wurde.

DIE KRÖNUNG VON KÖNIGIN ELISABETH II.

Im Februar 1952 starb König Georg VI., wodurch seine Tochter Elisabeth zur rechtmäßigen Königin wurde. Ihre Krönung 1953 war ein glücklicher Neubeginn für das kriegsversehrte Land.

ZEITPUNKT 2. JUNI 1953

BEGINN 11.15 UHR

GÄSTE 8.251

VERTRETENE NATIONEN 129

DAUER FAST DREI STUNDEN

Elisabeth hatte eigentlich keine Chance, Königin zu werden: Nur dank der Abdankung ihres Onkels Eduard VIII. wurde ihr Vater König. Die königliche Familie war wegen ihrer Rolle im Zweiten Weltkrieg sehr beliebt.

FERNSEHFIEBER

Elisabeth war die **erste Königin, deren Krönung im Fernsehen gezeigt wurde.** Die meisten Menschen hatten keinen Fernseher, vor der Krönung erreichten die Verkaufszahlen einen Höhepunkt, und viele taten sich mit Nachbarn zusammen, da sie keinen eigenen Fernseher hatten.

STRASSENPARTYS

Genau wie nach dem Ende des Zweiten Weltkriegs feierten viele Menschen auf der Straße. Nahrungsmittel waren noch rationiert, aber **jeder Haushalt erhielt zusätzlich ein Pfund Zucker und 110 g Margarine.** Auf Böcken stehende Tische wurden rot, weiß und blau dekoriert.

DIE ZEREMONIE

Seit 900 Jahre fanden Krönungen in **Westminster Abbey unter dem Vorsitz des Erzbischofs von Canterbury** statt. Elisabeth, der 39. Souverän (und die sechste Königin), der gekrönt wurde, trug ein **Kleid aus weißem Satin** bestickt mit dem Wappen des Vereinigten Königreichs und jenem des Commonwealth, das **Norman Hartnell entworfen hatte.**

DIE KRÖNUNG IN ZAHLEN

7 STUNDEN dauerte die Liveübertragung der BBC.

27 MILLIONEN Briten sahen vor den Bildschirmen zu.

11 MILLIONEN verfolgten die Krönung im Radio.

14 ZOLL war die beliebteste Bildschirmgröße.

8 graue Wallache zogen die goldene Staatskarosse.

2.000 Journalisten und **500** Fotografen aus **92** Nationen reisten an.

82 Lizenzen für Ochsenbrater wurden vergeben, Anwärter mussten beweisen, dass sie darin geübt waren.

DAS KOMITEE FÜR UNAMERIKANISCHE UMTRIEBE

Mit dem Fortschreiten des Kalten Kriegs war die amerikanische Regierung mehr und mehr besorgt angesichts vermeintlicher kommunistischer Bedrohungen im eigenen Land.

ZEITTAFEL

1938 Das Komitee für unamerikanische Umtriebe wird gegründet, es ist zuständig für die Identifikation und Untersuchung von Subjekten mit faschistischen oder kommunistischen Verbindungen.

1930er–1940er Viele Untersuchungen des Komitees betreffen erfolgreiche Stars.

1950–1944 Der „McCarthyismus" erreicht seinen Höhepunkt.

1960s Der Einfluss schwindet.

1969 Das Komitee wird in Komitee für innere Sicherheit umbenannt.

1975 Das Komitee wird aufgelöst.

DIE ROTE GEFAHR

Die Amerikaner wurden **glauben gemacht, dass der Kommunismus eine Entscheidung zwischen persönlicher Freiheit und nationaler Sicherheit bedeutete.** Viele waren jedoch der Ansicht, dass das gegen den ersten Verfassungszusatz war, in dem die Rede- und die Versammlungsfreiheit festgeschrieben sind.

McCARTHYISMUS

Während des nach **Senator Joseph McCarthy benannten Zeitabschnitts wurden viele Regierungsmitglieder der Sympathie mit dem Kommunismus bezichtigt.** Oft verloren sie ihre Stelle und fanden oft auch keine mehr. Die aggressive Vorgehensweise des Senators **wurde 1954 vom Kongress als unethisch eingestuft.**

VORGEHEN

Verdächtige wurden vorgeladen und zu ihren politischen Ansichten befragt. Diejenigen, die die Aussage verweigerten, konnten in Beugehaft genommen werden. Man legte ihnen außerdem nahe, andere zu verraten.

ALGER HISS

1948 wurde der Regierungsbeamte Alger Hiss der Spionage angeklagt und für schuldig befunden. Er saß 44 Monate im Gefängnis – und verbrachte den Rest seines Lebens damit, seine Unschuld zu beweisen.

HOLLYWOODS SCHWARZE LISTE

10 Namen umfasste die erste Schwarze Liste von 1947.

150 Namen waren 1950 auf der Liste.

500 Namen standen auf der Grauen Liste der „mutmaßlichen Staatsfeinde".

DIE HOLLYWOOD TEN

1947 wurden **41 Drehbuchautoren, Regisseure und Produzenten vorgeladen.** Diejenigen, die zugaben, ein Mitglied der kommunistischen Partei zu sein, aber dafür andere verrieten, durften weiterarbeiten.

Zehn verweigerten die Kooperation. Sie wurden verurteilt zu

- einer **STRAFE VON $1.000** (heute etwa 10.000 Euro),
- bis zu einem Jahr **Gefängnis,**
- **einem Verbot,** weiter in Hollywood zu arbeiten.

DIE VIER-MINUTEN-MEILE

Bis zu einem windigen Tag im Jahre 1954 waren die meisten Menschen der Ansicht, dass es unmöglich sei, eine Meile (ca. 1,6 km) in weniger als vier Minuten zu laufen.

ZEITPUNKT 6. MAI 1954

ORT IFFLEY-ROAD-BAHN, OXFORD UNIVERSITY, UK

LÄUFER ROGER BANNISTER

TEMPOMACHER CHRIS BRASHER, CHRIS CHATAWAY

ZEIT 3 MINUTEN UND 59,4 SEKUNDEN

ZUSCHAUER 3.000

ROGER BANNISTER

Der **24-jährige Medizinstudent** hatte in Oxford studiert. 1954 beendete Bannister seine Läuferkarriere und wurde Neurologe. **Er wurde 1975 zum Ritter geschlagen.**

DAS RENNEN

Bannisters **Rekordversuch fand während des jährlichen Wettbewerbs der Amateur Athletic Association in Oxford statt.** Der Tempomacher Chris Brasher war zunächst vorn, er tauschte dann den Platz mit Chris Chataway, den Bannister in den letzten Sekunden überholte. Im Ziel fiel Bannister erschöpft in die Arme eines Freundes.

IST ES MÖGLICH, EINE MEILE IN WENIGER ALS DREI MINUTEN ZU LAUFEN?

Die Distanz ist länger als eine Sprintdistanz, aber kürzer als eine Gehstrecke, das Wichtigste dabei ist die Sauerstoffversorgung. Oft geht den Läufern der Sauerstoff in den Lungen und Muskeln aus, bevor ihnen die Energie ausgeht, wodurch eine Drei-Minuten-Meile so gut wie unmöglich ist.

WELTREKORDBRECHER SEIT DEM ERSTEN REKORD

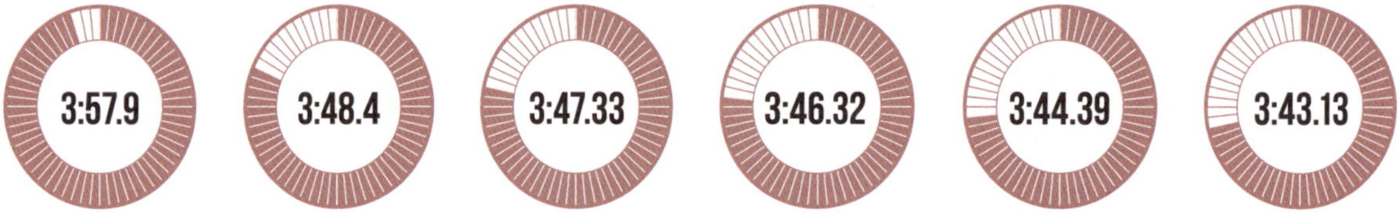

JOHN LANDY	STEVE OVETT	SEBASTIAN COE	STEVE CRAM	NOUREDDINE MORCELI	HICHAM EL GUERROUJ
Australien	**Großbritannien**	**Großbritannien**	**Großbritannien**	**Algerien**	**Marokko**
Juni 1954	August 1981	August 1981	Juli 1985	September 1993	Juli 1999

DIE ERSTE ERFOLGREICHE NIERENTRANSPLANTATION

Am 23. Dezember 1954 spendete Ronald Herrick seinem Zwillingsbruder Richard, der an Nierenversagen zu sterben drohte, eine Niere. Er wusste nicht, ob die Operation funktionieren und er selbst überleben würde.

ZEITTAFEL

1954 Die Welt hält den Atem an, als J. E. Murray die erste Nierentransplantation im Peter Bent Brigham Hospital in Boston durchführt.

1959 Murray gelingt die erste erfolgreiche Transplantation zwischen zweieiigen Zwillingen.

1962 Murray transplantiert erfolgreich die Niere eines Toten.

1990 Murray erhält zusammen mit Dr. Edward Donnall Thomas, einem weiteren Pionier auf dem Gebiet der Transplantation, den Nobelpreis.

DIE IDEE

Der Chirurg Joseph Edward Murray (1919–2012) hatte, als er Hauttransplantationen bei verwundeten Soldaten des Zweiten Weltkriegs vornahm, bemerkt, dass diese **nur bei eineiigen Zwillingen funktionierten.** Er fragte sich, ob das der Schlüssel zur Transplantation innerer Organe war.

KRITIK DURCH DIE PRESSE

Die Presse erfuhr erst kurz vor der Operation von der geplanten Transplantation und zitierte Ärzte, die sie als unethisch und zum Scheitern verurteilt kritisierten.

ETHISCHE FRAGEN

Murray wurde klar, dass er eine gesunde Person bat, ein hohes Risiko einzugehen. Bevor er die Operation den Herricks vorschlug beriet er sich mit Ärzten, Geistlichen und Anwälten. Richard war gegen die Transplantation.

DIE OPERATION

Während ein Team unter der Leitung von Murray Richard vorbereitete, entnahm ein zweites Team 45 m entfernt unter der Leitung von J. Hartwell Harrison eine von Ronalds Nieren und transplantierte diese Richard.

23
Jahre alt waren die Zwillinge bei der Operation.

17
Tests wurden durchgeführt, um absolut sicherzugehen, dass sie wirklich eineiige Zwillinge waren.

5,5 STUNDEN
dauerte die Operation.

MEHR ALS 450.000
Nierentransplantationen wurden seither in den USA durchgeführt.

1 MONAT
nach der Transplantation durften die Zwillinge das Krankenhaus verlassen.

8 JAHRE
wurde das Leben von Richard Herrick durch die Operation verlängert.

56 JAHRE
lebte Ronald als Bauer und Lehrer nach der Transplantation.

ELVIS PRESLEY

Elvis Presley verband die fröhliche Musik von Bill Haleys Comets mit den düstereren, bluesigen Wurzeln afroamerikanischer Musik und begeisterte eine ganze Generation Jugendlicher für den Rock 'n' Roll.

ZEITTAFEL

- **8. Januar 1935** Elvis wird in Tupelo, Mississippi, geboren.
- **1946** Er kauft seine erste Gitarre.
- **1953** Er nimmt eine Platte mit *My Happiness* und *That's When Your Heartaches Begin* auf.
- **1954** Er nimmt ein Demoband in Sam Phillips' Studio auf.
- **1955** Dank seines Managers Tom Parker unterschreibt Elvis Presley einen Vertrag beim Label RCA.
- **1956** *Heartbreak Hotel* verkauft sich mehr als eine Million Mal. Elvis' Debutalbum *Elvis Presley* erreicht die Nummer eins der Billboard-Charts, er tritt in der *Ed Sullivan Show* auf, und sein Film *Love Me Tender* kommt in die Kinos.
- **1957** Elvis kauft das Graceland-Anwesen.
- **1958** Er wird in die US-Armee eingezogen.
- **1960** Er verlässt den aktiven Dienst und beginnt eine steile Musik- und Filmkarriere.
- **1968** Nach einem Tief macht ihn die Sendung *The Comeback Special* wieder zum Star.
- **1969** Seine Liveauftritte in Las Vegas sorgen für Rekordbesucherzahlen.
- **16. August 1977** Elvis stirbt in Memphis, Tennessee.

FRÜHES LEBEN

Presleys wuchs in bitterer Armut auf – der Boden im Haus seiner Familie bestand aus nackter Erde.

DIE WURZELN SEINER MUSIK

Elvis liebte Gospelmusik – seine Familie gehörte der Pfingstkirche an –, aber auch den Country Blues der Clubs in der Beale Street in Memphis. **Viele seiner frühen Hits waren bereits von schwarzen Künstlern aufgenommen, aber nicht im Radio** gespielt worden, **was Elvis als Weißem einen Vorteil einbrachte.**

ENTTRÜSTUNG

Das Fernsehpublikum war schockiert angesichts Elvis' Hüftschwung. Oft wurde die Hüfte daher nicht gezeigt.

„COLONEL" TOM PARKER

Der frühere Schausteller Parker („Colonel" war ein Spitzname) **managte Elvis' Karriere mit eisernem Griff** und behielt bis zu **50 Prozent** der Einnahmen für sich.

$7,90 kostete Elvis' erste Gitarre.

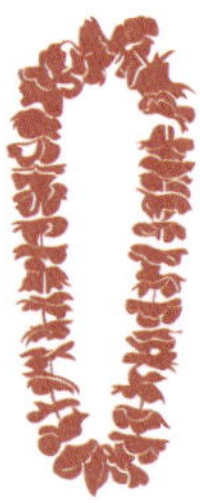

40 Das Konzert *Elvis: Aloha from Hawaii via Satellite* 1973 wird in **40 Länder übertragen, 1–1,5 Milliarden Menschen** sehen es.

PELÉ

Pelé, mit bürgerlichem Namen Edson Arantes do Nascimento, die Pérola Negra (Schwarze Perle), ist einer der berühmtesten Sportler der Welt.

ZEITTAFEL

- **23. Oktober 1940** Geboren in Três Corações, Brasilien
- **1956** Nachdem er von den großen Klubs in São Paulo abgelehnt wird, geht er zum FC Santos.
- **1958** Er gewinnt mit der brasilianischen Fußballnationalmannschaft die Weltmeisterschaft.
- **1962** Auch vier Jahre später wird er mit Brasilien Weltmeister.
- **20. November 1969** In seinem 909. Erstligaspiel schießt Pelé sein 1000. Tor.
- **1970** Abermals gewinnt er mit Brasilien die Fußballweltmeisterschaft.
- **1974** Er kündigt seinen Rücktritt an, unterschreibt aber dann doch einen $7-Millionen-Vertrag (heute etwa 30 Millionen Euro) bei den New York Cosmos.
- **1977** Die Cosmos gewinnen die US-Meisterschaft, und Pelé setzt sich endgültig zur Ruhe.
- **1978** Pelé erhält den Internationalen Friedenspreis für seine Arbeit für UNICEF.
- **1980** Er wird von der Zeitung *L'Equipe* zum Sportler des Jahrhunderts ernannt.
- **1999** Das Internationale Olympische Komitee ernennt ihn ebenfalls zum Sportler des Jahrhunderts.

ERFOLGE DES FC SANTOS MIT PELÉ ALS LINKEM INNENSTÜRMER

9 Staatsmeisterschaften von São Paulo

2 Copa Libertadores sowie Weltpokale

17

Jahre alt war Pelé bei seiner ersten Weltmeisterschaft.

WELTMEISTERSCHAFT 1958 (SCHWEDEN)

Pelé erzielte einen Hattrick im Halbfinale gegen Frankreich und zwei Tore im Finale, das **Brasilien 5:2 gegen Schweden gewann.**

WELTMEISTERSCHAFT 1962 (CHILE)

Pelé zog sich im zweiten Spiel eine **Oberschenkelverletzung zu,** seine Mannschaft gewann das Turnier dennoch.

WELTMEISTERSCHAFT 1970 (MEXIKO)

Nachdem er zuvor bereits über einen Rückzug ins Private nachgedacht hatte, schoss Pelé eines der vier Tor zum **4:1-Sieg über Italien.**

48 STUNDEN

dauerte die Waffenruhe im nigerianischen Bürgerkrieg 1967, sodass die Menschen das Spiel gegen die Gastmannschaft mit Pelé sehen konnten.

DER ERSTE MENSCH IM WELTALL

Im Zuge des Kalten Kriegs geschahen viele schlechte Dinge – aber auch einige positive. Egal welche Nationalität: Der erste Mensch im Weltall war eine Errungenschaft für die gesamte Menschheit.

ERSTER MENSCH IM WELTALL JURI GAGARIN

GEBOREN 9. MÄRZ 1934, GAGARIN, SOWJETUNION

GESTORBEN 27. MÄRZ 1968, BEI MOSKAU

BERUF TESTPILOT UND INDUSTRIETECHNIKER

RAUMSCHIFF *WOSTOK 1*

ZEITPUNKT 12. APRIL 1961

MISSION UMKREISUNG DES PLANETEN

START KOSMODROM IN BAIKONUR, SÜDKASACHSTAN

ERREICHTE HÖHE 300 KM

FLUGDAUER 108 MINUTEN

SERGEI PAWLOWITSCH KOROLJOW

Zu dem Zeitpunkt, als er Chefkonstrukteur wurde, **war Koroljow Gefangener in einem Arbeitslager nach einer von Stalins Säuberungsaktionen.** Koroljow erbaute später eine Rakete, die Sprengköpfe transportieren konnte, startete einen Satelliten, *Sputnik 1*, und schickte außerdem das erste Tier, den ersten Mann und die erste Frau ins Weltall.

HELDENTUM

Gagarin wurde ein internationaler Star und **ein Held der Sowjetunion.**

REAKTION DER USA

Ein weiterer Rückschlag für die USA erfolgte im **August 1961** als die *Wostok 2* mit dem Piloten **German Titow innerhalb von 25 Stunden die Erde 17 Mal umkreiste.**

Präsident John F. Kennedy wurde klar, dass er im Propagandakrieg noch eine Schippe drauflegen musste. Am **25. Mai 1961** verkündete er daher ein neues Ziel: **den ersten Mensch auf dem Mond.**

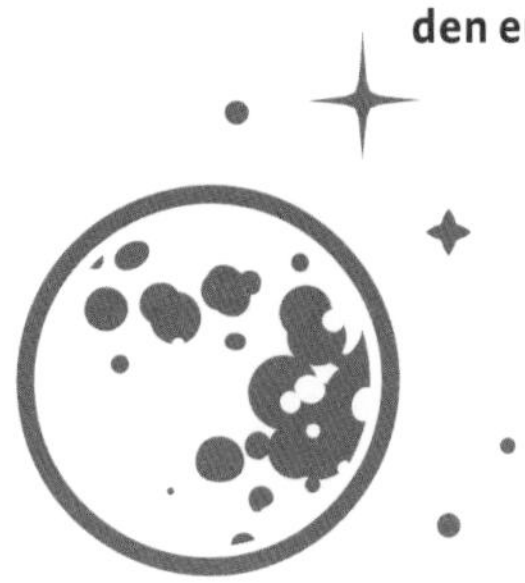

DIE KUBAKRISE

Für einige angespannte Wochen im Jahr 1962 hielt die Welt den Atem an, als die USA und die Sowjetunion ein gefährliches Spiel mit dem potenziellen Einsatz von Atomwaffen spielten.

ZEITRAUM 14.–28. OKTOBER 1962

ORT KUBA

AGGRESSOREN PRÄSIDENT JOHN F. KENNEDY, USA VS. NIKITA CHRUSCHTSCHOW, SOWJETUNION

AUSGANG BEIDE SEITEN GEBEN NACH

ZEITTAFEL

14. Oktober Spionageflugzeuge der USA fotografieren sowjetische Mittelstreckenraketen in Kuba.

16. Oktober Das Exekutivkomitee des Nationalen Sicherheitsrates der USA (ExComm) bespricht potenzielle Vorgehensweisen.

17. Oktober Die USA erfahren, dass in Kuba auch Langstreckenraketen stationiert sind.

18. Oktober Der sowjetische Außenminister Andrei Gromyko erklärt, die Raketen seien nur für Verteidigungszwecke.

20. Oktober Das ExComm empfiehlt eine „Quarantäne“ Kubas.

22. Oktober Präsident Kennedy wendet sich im Fernsehen an die Nation und fordert die Sowjets auf, die Raketen abzuziehen.

26. Oktober Das ExComm diskutiert eine Invasion Kubas im Wissen, dass dies zum Krieg führen könnte.

27. Oktober Der US-Pilot Major Rudolf Anderson wird im sowjetischen Luftraum abgeschossen, allerdings nicht auf Anordnung Chruschtschows. Die Gefahr ist allen bewusst.

27. Oktober Kennedy stimmt zu, nicht in Kuba einzumarschieren, wenn Chruschtschow die Raketen abzieht.

28. Oktober Chruschtschow lenkt über Radio Moskau ein, ein Atomkrieg wird knapp verhindert.

Da beide Seiten gesehen hatten, was hätte passieren können, **unterschrieben sie den Vertrag über das Verbot von Kernwaffenversuchen in der Atmosphäre, im Weltraum und unter Wasser** innerhalb eines Jahres und richteten einen **Heißen Draht zwischen Washington und Moskau ein.**

HINTERGRUND

Im April 1961 unterstützte die CIA die **Invasion Kubas in der Schweinebucht** durch 1.400 kubanische Exilanten. Sie wurde **problemlos von Castros Revolutionsarmee** verhindert, wodurch sich die Beziehungen mit dem Weißen Haus noch weiter verschlechterten.

EXCOMM

Das Exekutivkomitee des Nationalen Sicherheitsrates war **eine Gruppe amerikanischer Berater, die über die beste Vorgehensweise während der Krise berieten.**

AMERIKA WAR BEREIT FÜR KRIEG

4 taktische Luftwaffe-Staffeln sind bereit für Luftangriffe.

100.000 Soldaten werden für eine eventuelle Invasion in Florida stationiert.

180 Schiffe werden in die Karibik geschickt.

40.000 Marinesoldaten sind bereit.

B-52-BOMBER mit Nuklearwaffen waren ständig in der Luft.

DIE ANTIBABYPILLE

Es kommt selten vor, dass ein Medikament eine ganze Generation verändert, aber die Freiheit, die die Pille Millionen Frauen weltweit verschaffte, gab ihnen die Möglichkeit, endlich selbst zu entscheiden.

DIE „PILLE“ EIN HORMONBASIERTES, ORAL EINZUNEHMENDES, REVERSIBLES VERHÜTUNGSMITTEL

ALTERNATIVEN ZU JENER ZEIT KONDOME, DIAPHRAGMA, ENTHALTSAMKEIT

WIRKUNG TÄUSCHT EINE SCHWANGERSCHAFT VOR, WEITERE BEFRUCHTUNGEN WERDEN VERHINDERT

1916 MARGARET SANGER WIRD ZU 30 TAGEN HAFT VERURTEILT, WEIL SIE EINE KLINIK FÜR GEBURTENKONTROLLE ERÖFFNET.

ZEITTAFEL

1950er Die Antibabypille wird unter der Leitung von Dr. Gregory Pincus entwickelt – finanziert von Margaret Sanger.

1960 Das Präparat Enovid von Searle wird von der U. S. Food and Drug Administration freigegeben.

4. Dezember 1961 Der National Health Service erlaubt die Verwendung in Großbritannien – für verheiratete Frauen.

1,2 MILLIONEN
amerikanische Frauen nahmen die Pille, **zwei Jahre nachdem sie auf den Markt gekommen war.**

100 MILLIONEN
Frauen weltweit nehmen heute die Pille.

FEMINISMUS

Befreit von einem Leben, in dem das Kinderkriegen keine Wahl war, konnten **Frauen nun neue Rollen in der Arbeitswelt übernehmen** und hatten damit auch **allgemein mehr Mitspracherecht.**

MORAL

Die Pille warf moralische Fragen auf, da **Sex nun theoretisch ohne Konsequenzen genossen werden konnte. Viele waren genau deshalb dagegen, unverheirateten Frauen Zugang zur Pille zu gewähren.**

FREIE LIEBE

Einige Frauen fühlten sich durch die **Kultur der freien Liebe, die durch die Pille entstand,** unter Druck gesetzt.

GESUNDHEITLICHE BEDENKEN

Die gesundheitlichen Bedenken der Pille hielten sich hartnäckig, vor allem für Frauen, die rauchten. Sie hat aber auch positive Nebeneffekte.

DIE PROFUMO-AFFÄRE

Während der Swinging Sixties erschütterte ein Skandal um Sex und Spione, der eines James-Bond-Films würdig gewesen wäre, das britische Establishment. Die Wahrheit über die Affäre, durch die 1961 ein Minister unterging, ist bis heute nicht wirklich ans Licht gekommen.

DIE AKTEURE

JOHN „JACK" PROFUMO
Kriegsminister

CHRISTINE KEELER
Showgirl in Murray's Cabaret Club

MANDY RICE-DAVIES
Zeugin, eine Freundin von Keeler

STEPHEN WARD
Star-Ostheopat und Impulsgeber, Spitzname: „Fixer"

JEWGENI „EUGENE" IWANOW
Marineattaché der sowjetischen Botschaft

SWINGING LONDON

Bouffant-Frisuren, Sonnenbrillen, Sportwagen und Poolpartys – der ausschweifende Lebensstil von Stephen Ward und seinem jüngsten Schützling Christine Keeler war das Sinnbild für die glamouröseste Stadt der Welt.

ES WIRD KÜHL

Während London feierte, fegte der Kalte Krieg wie ein eisiger Wind durch die internationale Politik. **Paranoia trübte das schöne Leben, jeder konnte ein Spion sein.**

POOLPARTY

Als die **Gäste auf Lord Astors Landsitz, Cliveden House in Buckinghamshire,** amüsierte Schreie vom Pool hörten, eilten sie nach draußen – und erblickten Ward und Keeler nackt im Pool.

GEFÄHRLICHE LIAISON

Einer der Gäste der Poolparty, Kriegsminister John Profumo verliebte sich in Keeler und die beiden hatten eine kurze Affäre. Leider hatte Keeler auch eine Liaison mit dem Marineattaché der sowjetischen Botschaft, Jewgeni Iwanow.

SKANDALBLÄTTER

Profumos einstige Liebschaft mit Keeler wurde irgendwann öffentlich – da die Skandalblätter um die nationale Sicherheit „fürchteten". **Profumo trat am 4. Juni 1963 zurück.**

Ward, der von seinen Freunden fallengelassen wurde, wurde wegen Zuhälterei angeklagt. Als er auf Kaution freikam, **beging er mit Schlaftabletten Selbstmord** – ob er diese freiwillig nahm, ist unklar.

6
Trauernde wohnten Stephen Wards Begräbnis bei.

2046
werden die Unterlagen, die es zur Profumo-Affäre gibt, freigegeben.

DIE KUBANISCHE REVOLUTION

In den 1950ern hatte Kuba bereits ein halbes Jahrhundert unter verschiedenen unstabilen Regierungen gelitten – die Herrschaft eines weiteren Diktators führte schließlich zur Revolution.

FULGENCIO BATISTA

Durch einen **Staatsstreich im Jahr 1933 kam Batista an die Macht** und herrschte als gewählter Präsident. **1952 wurde er durch einen weiteren Staatsstreich zum Diktator.**

FIDEL CASTRO

Der **Anwalt** Fidel Castro wollte bei den Wahlen 1952 antreten. Als Batista an die Macht kam, **schwor Castro, gegen die Diktatur zu kämpfen.**

1953

Am 26. Juli greifen **160 Mann** angeführt von Fidel Castro und seinem Bruder Raúl eine **Kaserne** an, scheitern, **die Castro-Brüder werden verhaftet.**

1955

Im Exil in Mexiko treffen die Brüder **Ernesto „Che" Guevara,** einen argentinischen Arzt mit revolutionären Idealen.

1956

Fidel und Raúl Castro und Che Guevara marschieren mit 79 bewaffneten Rebellen in Kuba ein, sie erleiden eine schwere Niederlage und sind gezwungen, sich zurückzuziehen.

1957

Studentengeführte Demonstranten greifen den Präsidentenpalast an, Gewerkschaften rufen zum Generalstreik auf, Bomben- und Arsenanschläge erschüttern Batistas Regierung.

1958

Amerika verbietet Waffenexporte nach Kuba, wodurch Batista geschwächt wird.

In der **Operation Verano** greift **Batista** Castros Truppen an, **wird aber in der Schlacht am Río de la Plata besiegt.**

Che Guevaras Rebellen nehmen die Stadt Santa Clara ein.

1959

1. Januar Batista flieht aus Kuba.
3. Januar Guevara führt die Revolutionsarmee ungehindert nach Havana.
16. Februar Fidel Castro übernimmt formal das Amt des Ministerpräsidenten.

DIE BEWEGUNG DES 26. JULI
Die nach dem fehlgeschlagenen Kasernenangriff 1953 benannte Guerillabewegung der Castro-Brüder operierte von einer Basis in der Sierra Maestra aus.

KUBA UNTER BATISTA

600.000 Kubaner sind arbeitslos.
46 % des Landes gehören **1,5 %** der Bevölkerung.

Amerikanische Unternehmen besitzen in Kuba:

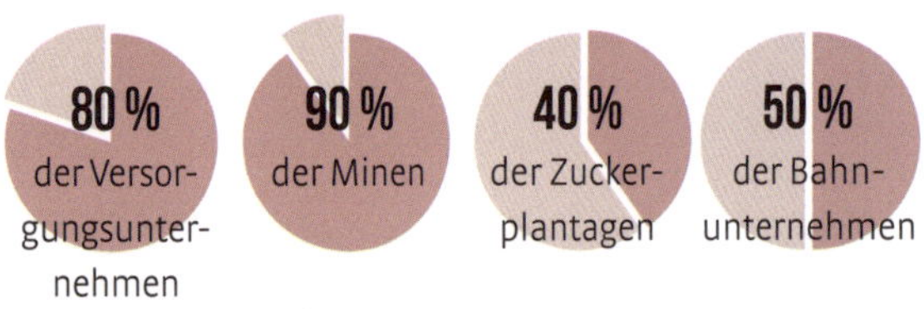

KUBA UNTER CASTRO

- **600** Mitarbeiter der Batista-Regierung wurden von Revolutionsgerichten zum Tode verurteilt.
- Parzellen mit einer Fläche von mehr als **400** Hektar, wurden vom Staat beschlagnahmt.
- Amerikanische Unternehmen wurden **verstaatlicht.**

Fidel Castro regierte Kuba von 1959 bis 2008. Zuerst wurde er von den USA geduldet, aber als Kuba begann, mit der Sowjetunion zusammenzuarbeiten, kühlten sich die Beziehungen merklich ab.

DAS ATTENTAT AUF JOHN F. KENNEDY

Am 22. November 1963 fuhr Präsident John F. Kennedy während seiner Wahlkampfreise in einem offenen Wagen durch das Zentrum von Dallas, Texas. Als der Präsidentenwagen um 12.30 Uhr die Dealey Plaza in der Stadtmitte erreicht, fallen mehrere Schüsse.

WER WURDE VERLETZT?

JFK wurde im Rücken, im Hals und – tödlich – im Kopf getroffen.

Gouverneur John Connally, der direkt vor Kennedy saß, wurde an der Brust, am Handgelenk und am Oberschenkel verletzt.

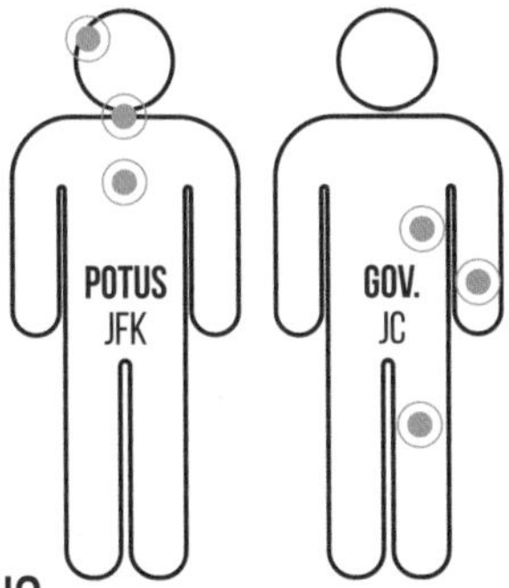

WER WAREN DIE VERANTWORTLICHEN?

- Die Schüsse kamen aus dem **sechsten Stock** des texanischen Schulbuchdepots. Dort fand man ein Gewehr sowie **drei Patronenhülsen.**
- **Lee Harvey Oswald** arbeitete als Aushilfskraft im Schulbuchdepot.
- Oswald wurde **weniger als 90 Minuten nach den Schüssen auf JFK im nahe gelegenen Texas Theatre** verhaftet und des Mordes an Kennedy und des **Polizisten John Tippit angeklagt.**
- Oswald wurde schließlich vom **Nachtclubbesitzer Jack Ruby** bei der Überführung in das Staatsgefängnis von Dallas erschossen.
- 1979 ergab eine Untersuchung des parlamentarischer Untersuchungsausschuss des Repräsentantenhauses, dass Kennedy **„höchstwahrscheinlich im Zuge einer Verschwörung ermordet wurde"** und dass die „hohe Wahrscheinlichkeit" bestand, dass ein zweiter Schütze ebenfalls auf den Präsidenten feuerte.

FOLGEN

- Am 24. November wurde JFKs Leichnahm in einem Begräbniszug vom Weißen Haus zum Kapitol gebracht – auf Wunsch seiner Frau genau wie **beim Begräbnis von Abraham Lincoln.**
- **250.000** Menschen erwiesen ihm die letzte Ehre.
- Am 25. November wurde er auf dem Nationalfriedhof Arlington beigesetzt. Zum Begräbnis kamen **Vertreter aus mehr als 100 Ländern.**
- Am 29. November 1963 berief Präsident Johnson eine Untersuchungskommission, die President's Commission on the Assassination of President Kennedy, auch **Warren-Kommission** genannt, ein.

DAS ENDE VON JFK

12.30 UHR
JFK und Gouverneur Connally werden beschossen.

12.34 UHR
Die Nachricht des Attentats wird in den Nachrichten verlautbart.

12.38 UHR
Mrs. Kennedy hält ihren sterbenden Ehemann in den Armen, sein Blut auf ihrem ganzen Körper: „Sie haben meinen Mann ermordet."

13.00 UHR
Die Ärzte des Parkland Memorial Hospital erklären JFK für tot.

13.26 UHR
JFKs Leichnam wird an Bord der *Air Force One* gebracht.

13.30 UHR
Sein Tod wird offiziell bestätigt.

14.38 UHR
Vizepäsident Lyndon B. Johnson wird an Bord des Flugzeugs als Präsident vereidigt, die blutbeschmierte Jackie Kennedy steht dabei neben ihm.

DIE BEATLEMANIA

1963 entstand um vier junge Männer aus Liverpool eine Euphorie, die selbst jene um den Bobby-Soxer Frank Sinatra und den King of Rock 'n' Roll Elvis Presley übertraf.

DIE „FAB FOUR"

JOHN LENNON
GITARRE, GESANG, HAUPTSONGWRITER

PAUL McCARTNEY
BASSGITARRE, GESANG, HAUPTSONGWRITER

GEORGE HARRISON
GITARRE, GESANG, SONGWRITER

RINGO STARR
SCHLAGZEUG, GESANG, SONGWRITER

BEATLEMANIA-ZEITTAFEL

1962

- **Oktober** *Love Me Do*, die erste Single der Beatles, erreicht Platz 17 der Charts.

1963

- **Januar** 1. Nummer-eins--Single: *Please Please Me*
- **November** 1. Millionen-fach verkaufte Album: *With the Beatles*

1964

- **Februar** Die Beatlemania erreicht mit einer Tour und einem Auftritt in der *Ed Sullivan Show* Amerika.
- **Juli** Der erste Band-Film der Beatles, *A Hard Day's Night*, kommt heraus.
- **Dezember** Ihr viertes Album erreicht sofort Platz eins.

1966

- **August** Das letzte offizielle Konzert der Band findet in San Francisco statt.

Die Beatles wurden 1960 in Liverpool gegründet, ihre Musik begeisterte vor allem Jugendliche, die sie fast wie besessen verehrten.

FANDEMONIUM

Der Begriff **Beatlemania** wurde zum ersten Mal 1963 vom *Mirror*-Journalisten Don Short verwendet, nachdem er die wild schreienden Fans bei einem Auftritt der Beatles in der Fernsehsendung *Sunday Night at the London Palladium* gesehen hatte.

BAND-ENTWICKLUNG

- Zum Teil um dem Fanwahnsinn zu entgehen, **wurden die Beatles eine Studioband, mit der „erwachseneren" Musik** wurde auch die Hysterie um die Band etwas abgemildert.
- Einige Fans wurden mit der Band erwachsen, Alben wie *Rubber Soul*, *Revolver* und *Sgt. Pepper's Lonely Hearts Club Band* lockten aber auch neue Aficionados an.
- Der letzte Auftritt der Band im **Januar 1969** fand so weit weg von der Öffentlichkeit statt, wie es nur ging: **auf dem Dach ihrer Londoner Firma Apple Corps.**
- Mit einem unaufgeregten Statement erklärten **die Beatles am 10. April 1970 ihren Rückzug.**

WENN VEREHRUNG IN HASS UMSCHLÄGT

Die meisten Fans der Beatles waren harmlos, aber am **8. Dezember 1980** erfuhr die Welt mit Schrecken vom **Mord an John Lennon durch Mark David Chapman,** bei dem Verehrung in Besessenheit umgeschlagen war.

DER VIETNAMKRIEG

Der Vietnamkrieg zwischen dem kommunistischen Nordvietnam – unterstützt von der Volksrepublik China und der Sowjetunion – und Südvietnam – unterstützt von nicht-kommunistischen Ländern, vor allem den USA – war im Prinzip ein von Stellvertretern ausgetragener Kalter Krieg.

ZEITRAUM 1. NOVEMBER 1955 – 30. APRIL 1975

ORT DSCHUNGEL VON VIETNAM

TOTE MEHR ALS 58.000 AMERIKANISCHE SOLDATEN UND MEHRERE MILLIONEN VIETNAMESEN, SOWOHL SOLDATEN ALS AUCH ZIVILISTEN

AUSGANG SÜDVIETNAM KAPITULIERT, DAS LAND WIRD VEREINIGT UND DIE SOZIALISTISCHE REPUBLIK VIETNAM AUSGERUFEN. AMERIKA ZIEHT SICH 1973 ZURÜCK – NACH DEM VERLUST IHRES ANSEHENS UND TAUSENDER JUNGER MÄNNER.

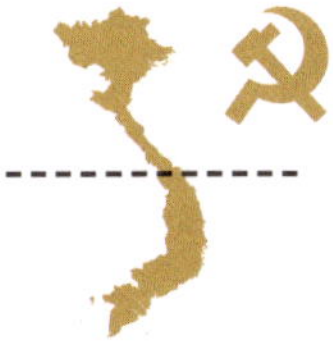

VORGESCHICHTE

Der Kommunist Ho Chi Minh wollte, dass sich das vietnamesische Volk selbst regiert, die Alliierten wünschten sich Vietnam unter der Kontrolle der Franzosen. **Das Land wurde in zwei Staaten geteilt.**

RÜCKZUG DER FRANZOSEN

Ho Chi Minh rief Krieg aus, um das Land zu vereinigen. Aus Angst vor einer weiteren kommunistischen Nation übernahm Amerika eine aktive Rolle. Die ersten **US-amerikanischen Kampftruppen trafen 1965 ein.**

ANDERE REGELN

Der Krieg war nur bedingt mit traditioneller westlicher Taktik zu bestreiten. Im dichten Dschungel und den Reisfeldern war es für die Amerikaner schwer, den Feind – **die südlichen Rebellen namens Viet Cong** – überhaupt zu finden, **außerdem kamen sie mit den Guerrillakämpfen nicht klar.**

UNBELIEBTER KRIEG

In der Heimat sah die Bevölkerung vor allem die menschlichen Opfer des Kriegs und kritisierte den Einsatz amerikanischer Truppen scharf.

19 JAHRE

alt waren die amerikanischen Soldaten im Durchschnitt.

7 MILLIONEN

Bomben wurden über Vietnam, Laos und Kambodscha abgeworfen.

SCHRECKLICHE WAFFEN

USA: Napalm, giftige Chemikalien wie Agent Orange, M14

Viet Cong: Tunnel, Sprengfallen, AK-47

DIE BÜRGERRECHTSBEWEGUNG

In den 1950er und 1960er Jahren hatten die afroamerikanischen Amerikaner genug von der Diskriminierung. Die Sklaverei war zwar verboten worden, die Segregation war aber noch immer gesetzlich verankert.

ZEITTAFEL

1955 Rosa Parks weigert sich, ihren Platz im Bus aufzugeben.

1956 Die öffentlichen Busse Montgomerys werden boykottiert.

1957 In Little Rock verwehrt eine wütende Menge neun schwarzen Schülern den Zugang zur Schule, die Nationalgarde muss sie begleiten.

1957 Ein Bürgerrechtsgesetz stellt sicher, dass alle Amerikaner ihr Wahlrecht ausüben können.

1960 In Greensboro weigern sich vier afroamerikanische Studenten, einen nach Rassen getrennten Woolworth-Imbiss zu verlassen, bis sie bedient werden – der Beginn der Sit-in-Bewegung.

1963 Während des Marsches auf Washington hält Martin Luther King Jr. seine berühmte Rede „Ich habe einen Traum".

RASSENUNRUHEN IN DETROIT 1967

JIM-CROW-GESETZE

Im Süden gab es für Afroamerikaner getrennte, meist schlechtere öffentliche Einrichtungen, Wohngegenden und Schulen. Zudem waren **„interrassische" Eheschließungen verboten,** und aufgrund von Analphabetismus-Tests **durften viele Schwarze nicht wählen.** Im Norden war es etwas besser, aber Schwarze wurden auch dort diskriminiert.

ROSA PARKS

(1913–2005)

Als sie am **1. Dezember 1955** mit dem Bus von der Arbeit nach Hause fuhr, weigerte sich Parks**, ihren Sitzplatz** für einen weißen Fahrgast aufzugeben. **Sie wurde verhaftet,** was Proteste auslöste.

MALCOLM X

(1925–1965)

Während er für einen Bagatelldelikt im Gefängnis saß, **schloss sich Malcolm Little der Nation of Islam an** und wurde zu deren Wortführer, der die Wut, die viele Afroamerikaner verspürten, zum Ausdruck brachte. **Durch sein Eintreten für die Bürgerrechte „mit allen notwendigen Mitteln" inspirierte er die Black-Power-Bewegung.**

1964 Ein weiteres Bürgerrechtsgesetz schafft die Rassentrennung in öffentlichen Einrichtungen ab.

1965 Am „Bloody Sunday" in Selma, Alabama, werden 600 friedliche Demonstranten von der Polizei angegriffen, Dutzende werden verletzt.

1965 Analphabetismus-Tests für Wähler werden abgeschafft.

1965 Malcolm X wird ermordet.

1965 Bei den Watts-Unruhen in L. A. kommt es zu Gewalt zwischen Polizei und Demonstranten, 34 Menschen sterben, 1.000 werden verletzt, der Schaden beträgt $40 Millionen.

1966 Die Black Panther Party wird gegründet.

1968 Martin Luther King Jr. wird ermordet.

2008 wurde **Barack Obama** zum **ersten afroamerikanischen Präsidenten der USA gewählt.** Der Kampf um Gleichberechtigung ist aber keineswegs zu Ende.

MARTIN LUTHER KING JR.

Die Reden des wohl bekanntesten Bürgerrechtsaktivisten aller Zeiten, Martin Luther King, werden noch heute sehr oft zitiert.

ZEITTAFEL

15. Januar 1929 King kommt in Atlanta, Georgia, zur Welt.

1944 Er besucht das Morehouse College in Atlanta. Bei einer Reise in den Norden merkt er, dass die Rassentrennung nicht überall strikt durchgesetzt wird.

1955 Er erhält einen Doktortitel von der Boston University.

1956 Er organisiert den Busboykott von Montgomery.

1959 Bei einer Reise nach Indien ist King begeistert von Gandhis gewaltfreiem Widerstand.

1963 Er ist Mitorganisator des Marschs auf Washington – und wird verhaftet.

1964 Er erhält als jüngste Person bis dahin den Friedensnobelpreis.

1964 Das Bürgerrechtsgesetz von 1964 wird verabschiedet.

1968 King wird am 4. April in Memphis, Tennessee, ermordet.

DER BUS-BOYKOTT VON MONTGOMERY

Nach Rosa Parks' Weigerung, ihren Platz im Bus für einen weißen Fahrgast aufzugeben **organisierte King einen Boykott der öffentlichen Busse, um das Ende der Rassentrennung zu erwirken.** Seine mitreißende Reden trugen zum Erfolg der Sache bei.

KINGS REDEN

Kings **Waffe** war **seine Stimme.** Auch seine Briefe, wie der aus dem Gefängnis von Birmingham, waren bekannt, aber mit seinen Reden inspirierte er die Massen. **„Ich habe einen Traum"** und **„Ich war auf dem Gipfel des Berges"** sind weltbekannt.

ZIELE DES MARSCHES AUF WASHINGTON

- Ende der Rassentrennung in Schulen
- Ende der Polizeigewalt gegen Schwarze
- Ende der Diskriminierung am Arbeitsplatz

250.000
Menschen nahmen am **Marsch auf Washington teil.**

GEGNER

Einige Bürgerrechtler, wie etwa Malcolm X, waren der Meinung, dass Kings Vorgehen zu passiv sei, und forderten mehr Aggressivität.

ERMORDUNG

Martin Luther King wurde auf dem Balkon eines Hotels **erschossen.** Der Berufskriminelle **James Earl Ray wurde für den Mord zu 99 Jahren Haft verurteilt.**

Jeden dritten Montag im Januar wird der Martin Luther King Jr. Day in den USA als Nationalfeiertag begangen.

730 Straßen in den USA sind nach Martin Luther King Jr. benannt.

DER SIEGESZUG DES MINIROCKS

Nichts verkörpert den jugendlichen Optimismus der Swinging Sixties besser als der Minirock.

ZEITTAFEL

1920er Die Röcke sind so kurz wie noch nie, in den 1930ern werden sie wieder länger.

1926 Der Ökonom George Taylor entwickelt die Rocksaumtheorie, wonach Wirtschaftsaufschwung dazu führt, dass die Röcke kürzer werden.

1957 Mary Quant eröffnet die Boutique „Bazaar“ in der King’s Road in Chelsea.

1962 Quant unterschreibt einen Vertrag mit der amerikanischen Ladenkette J. C. Penney; sie experiementiert mit verschiedenen Saumlängen und bunten Farben.

1965 André Courrèges zeigt in seiner Frühjahrs-/Sommerkollektion einen kurzen Rock, John Bates designt ein kurzes Kostüm für Diana Rigg in der Fernsehserie *The Avengers*.

1966 Mary Quant zeigt ihre kurzen Röcke und benennt sie nach ihrem Lieblingsauto: dem Mini Cooper.

1968 Jackie Kennedy trägt bei ihrer Hochzeit mit Aristoteles Onassis einen kurzen Rock.

RENAISSANCE

In den 1960ern war man bereit für den Minirock. **Die Jungen wollten aus der steifen, farblosen Welt ihrer Eltern ausbrechen.** Die Musik veränderte sich, die Welt veränderte sich, und durch die Entwicklung der Pille **veränderten sich auch die Einstellungen.**

Wer der „Erfinder“ des Minirocks ist, ist umstritten. Allgemein ist man sich einig, dass der Pariser Modeschöpfer **André Courrèges** und die britische Designer **Mary Quant** unabhängig voneinander zur gleichen Zeit daran arbeiteten.

STILFRAGEN

Courrèges’ Röcke waren kantig und eher steif und sollten zu nackten Beinen getragen werden, **Quant hingegen setzte auf die gerade erst erfundene Strumpfhose.** Flache Schuhe oder kniehohe Stiefel sorgten für einen frechen Mix aus Flirt und Unschuld.

NEUE MATERIALIEN

- Quant liebte künstliche Fasern und **war die Erste, die Kleidung aus PVC designte.**
- Nicht jeder liebte Miniröcke. **Coco Chanel etwa hasste sie,** und in einigen Ländern, vor allem in Afrika, wurden sie verboten.

CA. 7 MILLIONEN

Frauen hatten in den 60ern **zumindest ein Kleidungsstück von Mary Quant** im Schrank.

15–17 CM

oberhalb des Knies endeten Mary Quants Miniröcke.

DER WANDEL DER SAUMLINIE

1920er	knapp unterhalb des Knies
1930er	untere Wade
1940er	mittlere Wade
1950er	knapp unterhalb des Knies
1960er	oberhalb des Knies
1970er	Hippy – bodenlang
1970er	Punk – oberhalb des Knies
1980er	Rara – oberhalb des Knies
1990er/2000er	Alles ist erlaubt.

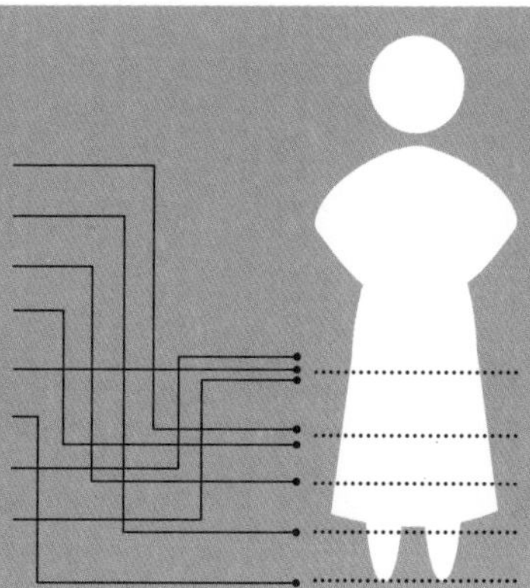

KATHRINE SWITZER BEIM BOSTON-MARATHON

Der Boston-Marathon ist einer der beliebtesten Amateur-Laufbewerbe der Welt. Im Jahr 1967 waren Frauen noch von der Teilnahme ausgeschlossen – aber einer war das egal.

ZEITPUNKT 19. APRIL 1967

ORT BOSTON

ANGEMELDET ALS K. V. SWITZER

LÄUFERIN KATHRINE SWITZER (GEB. 1947), US-JOURNALISTIN UND AMATEURLÄUFERIN

Switzers Trainer war der Ansicht, dass Frauen zu zart für den Marathon seien. Davon unbeirrt meldete sie sich beim Boston-Marathon an. **Im Regelwerk der Amateur Athletic Union wird das Geschlecht nicht genannt,** ihrer Meinung nach brach sie also keine Regeln.

Etwa bei Kilometer sechs **begann der Renndirektor sie anzuschreien, und versuchte, ihre Rennnummer abzureißen.** Sie konnte das Rennen dennoch fortsetzen – und die Presse schoss unzählige Fotos.

Die beendete das Rennen, obwohl sie von der Presse in die Zange genommen wurde, vom Renndirektor gedemütigt worden war und Streit mit ihrem Freund hatte.

Die Aufnahmen von der Attacke auf Switzer **gehören zu den berühmtesten Fotos der Sportgeschichten.** Sie haben bis heute Millionen Frauen verärgert – und inspiriert.

NACH DEM RENNEN

Switzer setzte sich offizielle Langstreckenstatuten für Frauen ein und inspiriert Sportlerinnen bis heute. **1972 durften beim Boston-Marathon schließlich auch Frauen antreten.**

$2
Eintritt

4 STUNDEN 20 MINUTEN
Switzers Laufzeit

261
Switzers Startnummer **wird zu ihren Ehren nicht mehr vergeben.**

741
Läufer nahmen am Boston-Marathon 1967 teil.

DER SUMMER OF LOVE

Es lag etwas in der Luft im Sommer 1967 – und nicht alles davon war absolut legal. Seit einiger Zeit bahnte sich Veränderung ihren Weg, aber als psychedelische Kunst und Musik auf die Hippieliebe traf und die Jugend so richtig loslegte, bemerkte es die ganze Welt.

HAPPENINGS

Happenings – zum Teil geplant, zum Teil nicht – **fanden vor allem in London und San Francisco statt,** wobei es zu gemeinschaftlichen Ausbrüchen von Kreativität kam. Manche experimentierten mit halluzinogenen Drogen wie LSD.

LIEBE UND SEX

Öffentliche Treffen, **bei denen sich alles um Meditation, Liebe, Musik und Sex drehte, wurden als Love-ins bekannt.** Das erste Love-in fand im **März oder April 1967 im Elysian Park in Los Angeles statt.**

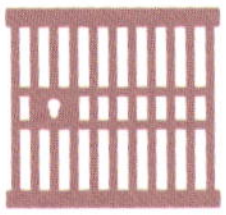

DROGENKULTUR

Im Juni **drohten Mick Jagger und Keith Richards von den Rolling Stones wegen Drogenmissbrauchs mehrjährige Haftstrafen.** Nach öffentlichem Protest erhielten sie doch nur Geldstrafen.

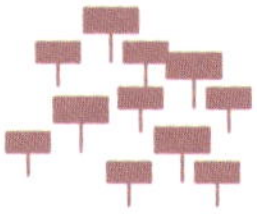

PROTEST FÜRS ÜBERLEBEN

100.000

Menschen nahmen Schätzungen zufolge im Oktober an **Protesten gegen den Vietnamkrieg am Washington Monument teil.** Einige verbrannten öffentlich ihre Einberufungsbescheide.

SGT. PEPPER'S LONELY HEARTS CLUB BAND

Das Besondere an dem von den Beatles am 1. Juni veröffentlichten Album war der Einsatz des Tonstudios als kreatives Mittel für ihr Konzeptalbum.

£3.000

Kosten für die Covergestaltung von Peter Blake und Jann Haworth **(heute etwa 60.000 Euro)**

£100

Kosten für ein normales Cover **(heute etwa 2.000 Euro)**

DAS LINE-UP

Das Monterey International Pop Festival – das weithin als der Beginn des **Summer of Love** gilt – fand **von 16. bis 18. Juni** in Kalifornien statt. Zum Line-up gehörten:

- JIMI HENDRIX
- THE WHO
- SCOTT MCKENZIE
- RAVI SHANKAR
- JANIS JOPLIN
- OTIS REDDING
- THE MAMAS & THE PAPAS
- SIMON & GARFUNKEL
- THE BYRDS
- JEFFERSON AIRPLANE
- GRATEFUL DEAD

DIE MONDLANDUNG

1969 erreichte der Wettlauf ins All seinen schwindelerregenden Höhepunkt, als tausende Dollar, drei Leben und der amerikanische Stolz auf einen einzigen großen Sprung gesetzt wurden.

ZEITTAFEL *APOLLO 11*-MISSION

- **16. Juli, 09.32 Uhr Östliche Sommerzeit (EDT)**
  Die *Apollo 11* startet von Cape Canaveral.
- **19. Juli, 17.21 Uhr Koordinierte Weltzeit (UTC)**
  Die Astronauten umkreisen den Mond mehrere Male.
- **20. Juli, 17.44 Uhr UTC** Die Mondlandfähre *Eagle* mit Aldrin und Armstrong an Bord wird vom Kommandomodul *Columbia* abgekoppelt und beginnt ihre Reise zur Mondoberfläche.
- **20.17 Uhr UTC** Die *Eagle* setzt im Mare Tranquillitatis auf dem Erdtrabanten auf.
- **21. Juli, 21.34 Uhr UTC** Die *Eagle* verlässt den Mond und dockt erfolgreich an der *Columbia* an.
- **22 Juli, 00.01 Uhr UTC** Die *Eagle* wird abgestoßen, die *Columbia* macht sich auf den Weg zurück.
- **24. Juli, 12.50 Uhr EDT** Das Kommandomodul tritt mit 36-minütiger Verspätung in die Atmosphäre ein.
- **16.44 Uhr EDT** Die Besatzung landet sicher im Pazifik.

21
Tage
musste
die **Besatzung**
in Quarantäne bleiben,
um sicherzugehen, dass sie
keine Krankheiten mitbrachten.

DIE BESATZUNG

NEIL ARMSTRONG
Kommandant,
erster Mensch auf dem Mond

EDWIN „BUZZ“ ALDRIN
Pilot der Mondfähre

MICHAEL COLLINS
Pilot des Kommandomoduls

STEVE BALES
Guidance Officer bei der Mission Control in Houston

ÜBERLASTETER COMPUTER

Während der Fahrt zur Mondoberfläche schlugen eine Reihe von Alarmen aus, da der Computer überlastet war, Armstrong war gezwungen, auf halbmanuelle Steuerung umzuschalten.

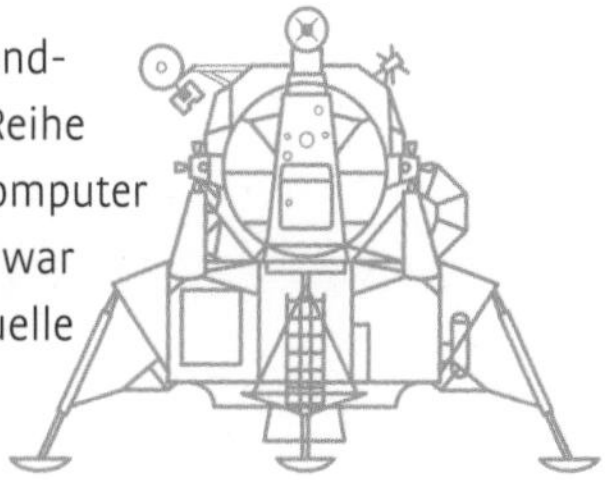

DER ZURÜCKGELASSENE

Michael Collins umkreiste den Mond im Kommandomodul **24 Stunden lang.** Seine größte Angst war, dass Armstrong und Aldrin etwas zustoßen könnte und er allein zurückkehren müsste.

DER STONEWALL-AUFSTAND

Eine Überraschungsrazzia in einer Schwulenbar im Greenwich Village war der Auslöser dafür, dass der Widerstand gegen Missstände, der seit vielen Jahren unter der Oberfläche brodelte, nicht länger zurückzuhalten war.

ZEITPUNKT 28. JUNI 1969

ORT STONEWALL INN, NEW YORK CITY

PARTEIEN GÄSTE DER BAR UND ANWOHNER VS. POLIZEI VON NEW YORK CITY

AUSGANG DER STONEWALL-AUFSTAND IST DER BEGINN DER LESBEN- UND SCHWULENBEWEGUNG.

Homosexualität bzw. jede Form der „abweichenden Sexualität“ wurde in den 1960ern genauso wenig toleriert wie in den Jahrzehnten zuvor. Die Aufforderung zu homosexuellen Handlungen war 1969 in New York illegal.

DAS STONEWALL INN

Das als **private „Flaschenbar“ geführte Stonewall Inn** war eine Kultstätte für LGBT-Menschen und Cross-Dresser.

DIE RAZZIA

Ausgestattet mit einem Durchsuchungsbefehl **führte die Polizei eine Razzia durch, vordergründig wegen des Verkaufs von Alkohol ohne Lizenz.** Die Mitarbeiter und Gäste wurden grob behandelt. Es war die dritte derartige Razzia innerhalb kurzer Zeit.

DER AUFSTAND BEGINNT

Nach der Razzia sammelten sich wütende Gäste und Anwohner. Als ein lesbischer Gast am Kopf getroffen wurde, begannen die anderen Gäste, **die Polizisten mit Flaschen zu bewerfen, woraufhin sich diese in der Bar verbarrikadierten.**

DAS FEUER

Die Menge zündete die Bar an. Das Feuer wurde von der Feuerwehr gelöscht, die zur Verstärkung gerufenen Polizisten konnten die wütende Menge vertreiben, aber **die Unruhen sollten noch fünf Tage anhalten.**

GEWORFEN WURDEN:

- Pennys
- Pflastersteine
- Flaschen

Der **Stonewall-Aufstand** war nicht der Beginn des radikalen Aktivismus, aber er **wurde zum Symbol** des Widerstands gegen die Diskriminierung und Verfolgung, unter denen LGBTs seit Jahrzehnte zu leiden hatte.

3

In New York konnte man **verhaftet werden,** wenn man nicht mindestens **drei für das eigene Geschlecht angemessene Kleidungsstücke trug.**

13

Menschen wurden bei der Razzia verhaftet.

400

Menschen nahmen am Aufstand teil.

2016

erklärte Präsident Obama das Stonewall Inn und die umgebenden Straßen zum **Nationaldenkmal.**

DIE APOLLO 13

Aufgrund von unglücklichen Umständen hätte die 13. Reise zum Mond im Rahmen des Apollo-Programms zu einer Tragödie werden können. Durch Einfallsreichtum und Mut wurde sie zum Ruhmesblatt der NASA.

ZEITTAFEL

11. APRIL 1970
(Stunden seit Beginn der Mission)

00:00 Die *Apollo 13* startet um 13:13 – jedem Aberglauben zum Trotz.

14. APRIL

55:53 Bei einem Routinemanöver kommt es zu Explosionen in mehreren Flüssigsauerstofftanks, die Brennstoffzellen halten nun nur noch wenige Stunden.

56:33 Das Kommandomodul wird abgeschaltet.

58:40 Die Mondlandefähre *Aquarius* wird zum ersten Mal hochgefahren; die Besatzung hält sich hier auf, bis sie wieder zur Erde zurückkehren kann, nichtlebensnotwendige Systeme werden abgeschaltet.

17. APRIL

140:10 Das Kommandomodul *Odyssey* wird wieder hochgefahren, durch spezielle Befehle bleibt der Stromverbrauch gering.

142:40 Die *Apollo 13* beginnt mit dem Landeanflug.

142:50 Die Funkverbindung wird wiederhergestellt.

ZENTRALE AKTEURE

JIM LOVELL
Kommandant

FRED HAISE
Pilot der Mondfähre

JACK SWIGERT
Pilot des Kommandomoduls

GENE KRANZ
Flugdirektor,
Mission Control

Die ersten 55 Stunden der *Apollo 13*-Mission verliefen nach Plan, bis ein Routinemanöver eine **Kette verhängnisvoller Ereignisse auslöste.** Die Hoffnung, den Mond zu erreichen, war schnell dahin, **jetzt handelte es sich vielmehr um eine Rettungsmission,** wobei Kontrolleure, Techniker, Ingenieure und Astronauten zusammenarbeiteten, um innovative Lösungen zu finden.

DER BAUSATZ

Aus an Bord befindlichen Materialien wurde neue technische Ausrüstung entwickelt und schließlich an Bord nachgebaut.

FILMISCHE ADAPTION

Der Film *Apollo 13* mit Tom Hanks ist aufgrund seiner Realitätstreue weithin beliebt.

DIE ÖLPREISKRISE VON 1973

1973 verhängten die ölfordernden arabischen Länder ein temporäres Embargo über Lieferungen in die USA, die Niederlande, nach Portugal und Südafrika. Das hatte weitreichende Auswirkungen.

ZEITTAFEL

1973

6. Oktober Ägypten und Syrien greifen am höchsten jüdischen Feiertag, Jom Kippur, Israel an. Israel mobilisiert Truppen und kann, unterstützt u. a. durch die USA, in ägyptisches und syrisches Territorium vordringen.

19. Oktober 19 Die OAPEC verhängt in der Hoffnung, Israel so zum Rückzug zu zwingen, ein Ölembargo über die USA.

1974

März Nach Verhandlungen wird das Embargo aufgehoben, die Preise bleiben aber hoch.

Ölpreise im Oktober 1973, vor dem Embargo

$2,90 pro Barrel

Preise im Januar 1974

$11,65 pro Barrel

WEITERE URSACHEN

Auch wenn **der Jom-Kippur-Krieg der Hauptauslöser war:** Die ölfördernden Länder waren bereits zuvor aufgebracht, da **Präsident Nixon den Dollar vom Goldstandard abgekoppelt hatte.** So wurde die Währung abgewertet, und da Öl in Dollar gehandelt wurde, **bekamen die Produzenten weniger Geld für ihre Ware.** Das Embargo war wirksam, **da die entwickelte Welt von billigem Öl abhängig war.**

OPEC UND OAPEC

Die **Organisation erdölexportierender Länder (OPEC) wurde 1960** als Interessenvertretung und für die Koordination der Ölpreise und der Produktion **gegründet.** Die **OAPEC (Organisation der arabischen Erdöl exportierenden Staaten) wurde 1968 gegründet.**

Die OPEC verfügt über **vier Fünftel** der weltweiten Ölreserven und fördert **zwei Fünftel** der weltweiten Produktion.

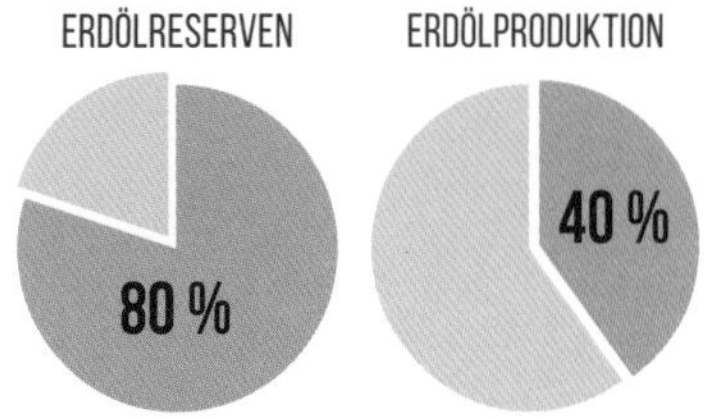

REAKTION DER USA

Die Regierung musste Sparmaßnahmen und Geschwindigkeitsbeschränkungen erlassen. Für Nixon war ein militärischen Einsatz der letzte Ausweg, zum Glück waren die Verhandlungen erfolgreich.

FOLGEN

Die Preise stiegen weiter, und viele Länder versuchten, die inländische Produktion zu steigern und sich um mehr Energieeffizienz zu bemühen, da ihnen klar wurde, wie sehr sie vom nahöstlichen Öl abhängig waren.

55 MPH

Geschwindigkeitsbeschränkung auf US-amerikanischen Highways

10

Gallonen Benzin waren pro Person erlaubt.

DIE WATERGATE-AFFÄRE

Als er versuchte, seine Spuren in einer zwielichtigen Verschwörung zu verwischen, missbrauchte Präsident Richard Nixon seine Regierungsvollmachten. Das führte zu seinem Rücktritt und einer Vertrauenskrise.

ZEITTAFEL

1972

17. Juni Fünf Einbrecher werden im Büro des Democratic National Committee verhaftet.

10. Oktober Die *Washington Post* bringt Nixon mit dem Einbruch in Verbindung, Abhörwanzen sollten installiert und Dokumente fotografiert werden.

7. November Die Wähler glauben Nixon, der schwört, nichts damit zu tun zu haben, er gewinnt die Wahlen.

1973

23. Juli Nixon weigert sich, Tonbandaufnahmen für Sonderstaatsanwalt Archibald Cox freizugeben.

20. Oktober Beim Saturday Night Massacre weigern sich drei Beamte, Cox zu feuern, und treten zurück.

1974

1. März Eine Grand Jury erklärt Nixon zum „nichtangeklagten Mitverschwörer".

30. April Das Weiße Haus gibt bearbeitete Tonbänder frei.

24. Juli Der Supreme Court ordnet an, dass Nixon die Tonbänder freigeben muss.

27. Juli Das Repräsentatenhaus votiert für die Amtsenthebung Nixons.

31. Juli Die herausgegebenen Tonbandaufnahmen beweisen Nixons Schuld.

8. August Nixon tritt zurück.

HINTERGRUND

Amerika war aufgrund des Vietnamkriegs gespalten, und die Methoden im Wahlkampf 1972 waren brutal.

Das **Komitee zur Wiederwahl des Präsidenten,** bekannt als **CREEP, hatte das Hauptquartier der Demokraten verwanzen** und Dokumente stehlen lassen. Da die Wanzen nicht funktionierten, kehrten sie zurück – und wurden auf frischer Tat ertappt.

VERSCHLEIERUNGSVERSUCHE

Nixon zahlte den Einbrechern Schweigegeld und wies die CIA an, die FBI-Ermittlungen, und so die Justiz, zu behindern.

DIE AUFDECKUNG

Da sie einen Verdacht hatten, begannen die *Washington Post*-Reporter **Bob Woodward und Carl Bernstein zu recherchieren.**

WHISTLEBLOWER

Ein Whistleblower, wie sich später herausstellte der FBI-Agent **Mark Felt,** gab Informationen an die Presse weiter.

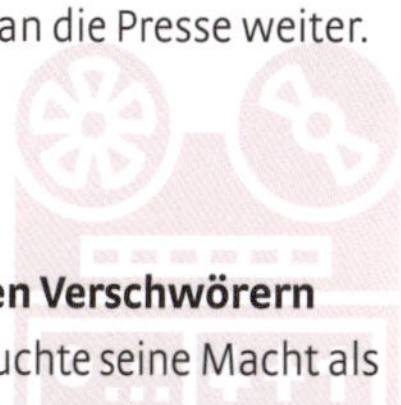

NIXONS ACHILLESFERSE

Nixon hatte Unterhaltungen mit den Verschwörern heimlich aufgenommen. Er missbrauchte seine Macht als Präsident, um die Aufnahmen nicht herausgeben zu müssen.

DAS SATURDAY NIGHT MASSACRE

Am Abend des 20. Oktobers wies Nixon drei Beamte an, Sonderstaatsanwalt Archibald Cox zu entlassen. Alle verweigerten dies und traten stattdessen zurück.

DER PUNKROCK

Es gab viele wütende Bands, die sehr viel wütende Musik machten, aber nichts kam an den nihilistischen Punkrock heran.

ZEITTAFEL

1960s Bands wie die Stooges und Velvet Underground brechen mit der traditionellen Musik.

1973 Der legendäre Nachtclub CBGB eröffnet im East Village in Manhattan und sorgt nicht nur für einen neuen Sound, sondern auch einen Look und eine bestimmte Einstellung.

1974 Malcolm McLaren und Vivienne Westwood eröffnen die Boutique „SEX" in der King's Road in Chelsea.

1975 McLaren wird Manager der berüchtigten Punkband Sex Pistols, die für Empörung sorgt und im Fernsehen flucht. Sie sind das Gegenteil der Discomusik – und äußerst beliebt bei der Jugend.

1977 Das Album *Never Mind the Bollocks, Here's the Sex Pistols* wird veröffentlicht und erobert die Charts, und das nicht trotz, sondern gerade weil die Single *God Save the Queen* von der BBC nicht gespielt wird.

DIE ANFÄNGE

Kritiker **benutzten den Begriff „Punkrock" zum ersten Mal in den frühen 1970ern** für die Musik der Garagenbands der 1960er. Was **diesen Amateurmusikern an Ausbildung und Geld fehlte,** machten sie durch ihre rebellische Musik wett.

CBGB IN NEW YORK

The Ramones, Blondie, Talking Heads, und Johnny Thunders & the Heartbreakers traten im CBGB auf und waren die Wegbereiter des New Yorker Punk.

BERÜHMTE PUNKBANDS

- The Clash
- Buzzcocks
- Siouxsie and the Banshees
- Generation X
- Ramones
- The Damned
- The Cramps

Der Punk drang in Mode, Film, Kunst, Literatur und alle Bereiche der Popkultur vor. Obwohl andere Musikstile folgten, blieb der Punk für viele unsterblich.

DER LONDONER LOOK

In Großbritannien hatten politisch und wirtschaftlich unsichere Zeiten zu Massenarbeitslosigkeit geführt. Die Londoner Jugendlichen hingen in der Boutique „SEX" ab und kauften dort manchmal auch Kleidung – viel öfter improvisierten sie für ihren Look aber mit Bondagezubehör, Sicherheitsnadeln und jeder Menge Haarspray.

DAS CHALLENGER-UNGLÜCK

Am 28. Januar 1986 endete die Routinemission STS-51-L der NASA in einer Tragödie.

CHALLENGER SPACE SHUTTLE, EINE DER ERSTEN WIEDERVERWENDBAREN RAUMFÄHREN

JUNGFERNFLUG 4. APRIL 1983

START KENNEDY SPACE CENTER, CAPE CANAVERAL, FLORIDA, USA

MISSION AUSSETZEN EINES NEUEN SATELLITEN UND BEOBACHTUNG DES KOMETEN HALLEY

BESATZUNG SIEBEN ASTRONAUTEN, DARUNTER DIE LEHRERIN CHRISTA MCAULIFFE, DIE ERSTE ZIVILISTIN IM WELTALL

KOSTEN $200 MILLIARDEN (180 MILLIARDEN EURO)

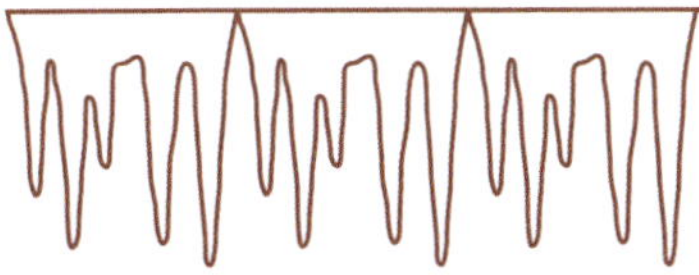

PROBLEME VOR DEM START

Die zuvor gestartete Raumfähre *Columbia* landete verspätet, und durch extreme Kälte hatte sich **eine dicke Eisschicht auf der Startrampe gebildet.**

WAS IST PASSIERT?

Der externe Wasserstofftank der *Challenger* riss ein, Wasserstoff und Sauerstoff vermischten sich, dadurch kam es zur Entzündung. Die Raumfähre brach vom Tank und wurde zerstört, das Cockpit blieb intakt und gewann weiter an Höhe, bis es schließlich in den Atlantik stürzte.

WORAN STARB DIE CREW?

Die Besatzungsmitglieder wurden angeschnallt in ihren Sitzen gefunden. Wahrscheinlich **starben sie an Sauerstoffmangel.** Schleudersitze hätten sie nicht gerettet.

DIE ROGERS-KOMMISSION

Ein Expertenteam, darunter der Astronaut **Neil Armstrong, der Testpilot Chuck Yeager und der Physiker Richard Feynman,** sollte die Ursachen untersuchen.

WAS FÜHRTE ZU DEM UNGLÜCK?

Mehrere Faktoren kamen zusammen, darunter **ein Leck in einer Feststoffrakete,** wodurch überhitztes Gas ausströmte, durch die **niedrigen Temperaturen** versagten zwei Dichtungselemente (O-Ringe). **Fehler beim Bau, Zeitersparnis und falsche Entscheidungen taten ihr Übriges.**

FOLGEN

Die NASA setzte die bemannte Raumfahrt bis 1988 und zum Start der *Discovery* aus. Ein weiteres Unglück ereignete sich **am 1. Februar 2003,** als **die** *Columbia* **beim Eintritt in die Erdatmosphäre auseinanderbrach** und die gesamte Besatzung starb.

DIE ZAHLEN

9
erfolgreiche Missionen hatte die *Challenger* bereits absolviert.

11.39 UHR
Start der Raumfähre

73 SEKUNDEN
lagen zwischen dem Start und dem Unglück.

14.000 M
Höhe, in der es zur Explosion kam

12 M
Länge der Stichflamme, die aus dem Leck loderte

320 KM/H
Geschwindigkeit, mit der die *Challenger* auf dem Atlantik aufkam

DIE NUKLEARKATASTROPHE VON TSCHERNOBYL

Als Arbeiter 1986 Versuche im Atomkraftwerk von Tschernobyl durchführten, sorgten sie aus Versehen für die schlimmste Katastrophe in der Geschichte der Atomkraft.

ZEITRAUM 25.–26. APRIL 1986

ORT PRIPJAT, HEUTIGE UKRAINE; 15 KM VON TSCHERNOBYL UND 130 KM VON KIEW ENTFERNT

BEVÖLKERUNG 30.000–50.000

ATOMREAKTOR 1977 VON DER SOWJETUNION ERBAUT, LEISTUNG: 1.000 MEGAWATT

ORT DES UNGLÜCKS REAKTOR 4

WAS IST PASSIERT?

Die Stromversorgung und das Notkühlsystem wurden abgeschaltet, die meisten Steuerstäbe aus dem Reaktor entfernt. **Xenon reicherte sich an,** und eine Kettenreaktion führte **zur Kernschmelze und zwei Explosionen, der Deckel des Reaktors wurde angehoben** und radioaktive Materie freigesetzt.

GEHEIMHALTUNG

Die sowjetische Regierung verschwieg den Unfall, aber **in Schweden bemerkten Meteorologehn erhöhte radioaktive Werte in der Atmosphäre.** Schließlich gab die Sowjetunion zu, dass es einen Unfall gegeben hatte.

ERSTE HILFE

Helikopter warfen Sand und Borsäure ab, um das Feuer zu löschen und weitere nukleare Reaktionen zu verhindern.

GEGENMASSNAHMEN

Die Anwohner wurden erst nach 36 Stunden evakuiert. In einem gefährlichen Manöver wurde **der Reaktor heruntergefahren** und **mit einer Schutzhülle aus Beton bedeckt,** dennoch wurden Millionen Hektar Wald und Ackerland kontaminiert.

FOLGEN

Schlussendlich wurden tausende Menschen evakuiert, viele blieben aber in der Nähe des Sperrgebiets. **In der Folge kamen Tiere mit Missbildungen zur Welt, viele Menschen erkrankten an strahlungsbedingten Krankheiten und Schilddrüsenkrebs.**

2
Angestellte des Atomkraftwerks starben noch in der gleichen Nacht, **28** unmittelbar nach dem Unglück.

1.000 TONNEN
wog der Reaktordeckel, der sich durch die Explosion hob.

8 TAGE
lang brannte es auf dem Gelände.

CA. 200
Menschen wurden der Strahlung direkt ausgesetzt.

An **800**
verschiedenen Orten wurde radioaktive Materie vergraben.

30 KM
betrug der Radius der Sperrzone, was etwa 2.500 Quadratkilometern entspricht, heute beträgt die Sperrzone etwa 4.300 Quadratkilometer.

CA. 335.000
Menschen wurden permanent umgesiedelt.

DIE BERLINER MAUER

Ein enormes Grenzbefestigungssystem, besser bekannt als Berliner Mauer, riegelte den zur DDR gehörenden Teil Berlins für fast 30 Jahre von Westberlin ab.

ERBAUT 12.–13. AUGUST 1961 DURCH DIE DEUTSCHE DEMOKRATISCHE REPUBLIK (DDR)

BAUWEISE STACHELDRAHT UND HOHLBLOCKSTEINE, SPÄTER BETONPLATTEN

HÖHE 3,60 M

LÄNGE RUND 160 KM, DAVON 43 KM IN BERLIN

Zusätzlich gab es **302 Wachtürme, Elektrozäune, Hunde, Sprengfallen mit Maschinengewehren, Flutlichter und Minen;** Soldaten durften auf Flüchtende schießen.

WARUM WURDE SIE GEBAUT?

Nach dem Zweiten Weltkrieg war Deutschland von den vier Siegermächten besetzt worden – **im Osten durch die Sowjetunion.** Die ehemalige Hauptstadt **Berlin war ebenfalls viergeteilt.**

FLUCHT IN DEN WESTEN

Der Antifaschistische Schutzwall **sollte angebliche westliche „Faschisten" davon abhalten, nach Ostdeutschland zu gelangen.** Tatsächlich wollte man flüchtende Ostdeutsche aufhalten.

CHECKPOINTS

Zunächst an drei Checkpoints – Alpha, Bravo und Charlie – konnte die Grenze zwischen Ost- und Westberlin überquert werden. **Schlussendlich gab es zwölf Grenzübergänge in Berlin.**

DER MAUERFALL

1989 begann der Zerfall der Sowjetunion. Im August öffnete das ebenfalls kommunistische Ungarn die Grenze zu Österreich. Auch die Menschen in Ostdeutschland forderten nun Freiheit. Generalsekretär Honecker trat zurück.

Die neue Regierung **beschloss, es Ostberlinern zu erlauben, Visa für Besuche im Westen zu beantragen,** der Vertreter, der dies in einer Pressekonferenz mitteilen sollte, war aber schlecht vorbereitet und verlautbarte, **dass die Regelung unmittelbar in Kraft treten würde.** Tausende Menschen versammelten sich auf beiden Seiten der Mauer. **Die Grenzbeamten waren hilflos, und am 9. November 1989 wurde die Grenze geöffnet.**

2,5 MILLIONEN
Ostdeutsche reisten 1949–1961 in den Westen.

CA. 5.000
Ostdeutsche schafften es 1961–1989 über die Grenze.

CA. 5.000
wurden auf der Flucht verhaftet.

171
wurden beim versuchten Grenzübertritt getötet.

NELSON MANDELA

Vom politischen Aktivisten zum Gefangenen hin zu Südafrikas erstem schwarzem Präsidenten – Nelson Mandela war einer der beliebtesten und am meisten respektierten Staatsmänner der Welt.

ZEITTAFEL

18. Juli 1918 Rolihlahla Mandela kommt in Mvezo in Südafrika zur Welt.

1939 Er besucht die Fort Hare, die einzige westliche Universität für Schwarze.

1940 Er muss die Uni aufgrund seiner Proteste verlassen.

1944 Er wird Mitglied und Schlüsselfigur der ANC und gründet die ANC Youth League.

1948 Die Apartheid wird eingeführt.

1949 Die ANC organisiert Boykotte, Versammlungen, Streikaktionen und zivilen Ungehorsam.

1952 Mandela ist Mitbegründer der ersten schwarzen Kanzlei.

1960 Polizisten eröffnen das Feuer auf friedliche Demonstranten, 69 werden getötet – nach dem Massaker von Sharpeville kommt es zu Unruhen, und die ANC wird verboten.

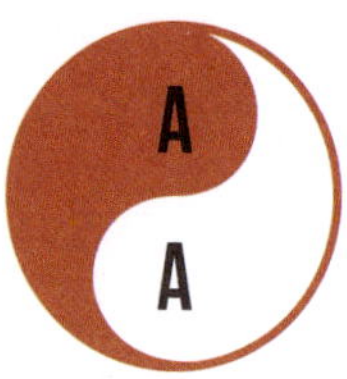

APARTHEID

Es gab eigene Krankenhäuser, Schulen, Toiletten und Strände für „Weiße" und. „Schwarze". Die Einrichtungen für die schwarze Mehrheit waren meist schlechter als die für die weiße Minderheit. Schwarze hatten kein Wahlrecht.

GEFÄNGNIS

Robben Island war eine ehemalige Leprakolonie. Mandela verrichtete Zwangsarbeit in einem Steinbruch. In seiner Zelle gab es weder Bett noch fließend Wasser. Fotos waren verboten.

FREE NELSON MANDELA

Die ANC unterstützte Mandela mit einer Kampagne. Im Ausland gab es Produktboykotts, Konzerte und sogar ein Lied – *Free Nelson Mandela* – zu seiner Unterstützung.

MADIBA

Als Zeichen des Respekts wurde Mandela oft mit seinem Xhosa-Clannamen angesprochen.

27
Jahre im Gefängnis

1961 Mandela ist Mitbegründer von Umkhonto we Sizwe (Speer der Nation), dem bewaffneten Flügel der ANC.

1964 Mandela kommt auf die Gefängnisinsel Robben Island.

1980 Die „Free Nelson Mandela"-Kampagne macht sein Schicksal weltweit bekannt.

1990 Mandela kommt frei.

1991 Die Apartheid wird abgeschafft.

1993 Mandela erhält den Friedensnobelpreis.

1994 Bei den Wahlen dürfen erstmals alle wählen; Mandela wird zum Präsidenten ernannt.

1995 Südafrika richtet die Rugby-Union-Weltmeisterschaft aus. Mandelas Unterstützung für das hauptsächlich weiße Team hilft, das Land zu einen.

5. Dezember 2013 Mandela stirbt in Johannesburg.

DAS TIAN'ANMEN-MASSAKER

1989 wurde ein friedlicher Studentenprotest für mehr Demokratie von der chinesischen Armee brutal niedergeschlagen.

ZEITPUNKT 4. JUNI 1989

ORT TIAN'ANMEN-PLATZ, PEKING, CHINA

PARTEIEN STUDENTEN UND BÜRGER VS. CHINESISCHE VOLKSBEFREIUNGSARMEE

TOTE UND VERLETZTE UNBEKANNT

DIE ANFÄNGE DER PROTESTE

Der **Tod Hu Yaobangs, eines prodemokratischen Beamten, im April** war der Anstoß für eine Reihe von Demonstrationen, die sich über mehrere Wochen zogen und sich auch auf andere Städte ausbreiteten.

WESTLICHES INTERESSE

Westliche Journalisten, die in der Stadt waren, um über den Besuch des sowjetischen Generalsekretärs Michail Gorbatschow zu berichten, begannen die Ereignisse zu verfolgen, was die chinesische Regierung verärgerte und beschämte.

DIE GÖTTIN DER DEMOKRATIE

In den letzten beiden Maiwochen wurde **das Kriegsrecht ausgerufen, aber die Truppen konnten** aufgrund der Menge an Demonstrierenden **den Tian'anmen-Platz nicht erreichen. Die Demonstranten sammelten sich um eine Statue der Göttin der Demokratie.**

DIE NIEDERSCHLAGUNG

- In der Nacht vom **3. auf den 4. Juni eröffneten Panzer und bewaffnete Truppen das Feuer,** wer sich ihnen in den Weg stellte, wurde erschossen oder überfahren.
- Tausende flohen, aber die Schüsse hörten nicht auf.
- **Am 5. Juni hatte die Armee die Lage unter Kontrolle** – auf Kosten hunderter, vielleicht tausender Toten. **Weitere Demonstranten wurden später verhaftet oder hingerichtet.**

TANK MAN

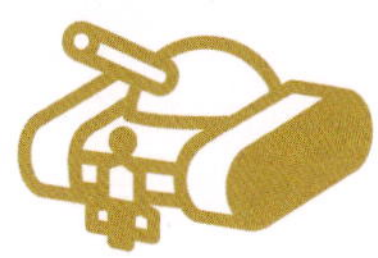

Das Foto **eines einzelnen Demonstranten, der sich den Panzern in den Weg stellte,** wurde zum Symbol des Massakers. Seine Identität – und sein Schicksal – sind unbekannt.

DAS TIAN'ANMEN-MASSAKER IN ZAHLEN

0

Es gibt keine vertrauenswürdigen Statistiken und Zahlen zum Massaker.

Noch heute handelt es sich um ein sensibles Thema, das öffentliche Gedenken ist in China verboten, anderswo gibt es aber jährliche Mahnwachen.

DER TOD VON LADY DI

Die öffentliche Trauer nach dem Unfalltod von Diana, Princess of Wales, war etwas, das es im steifen Großbritannien zuvor noch nie gegeben hatte.

DIE BETEILIGTEN

HRH PRINCE CHARLES britischer Thronfolger
DIANA, PRINCESS OF WALES Ex-Ehefrau von Prinz Charles
DODI AL-FAYED Sohn des Harrods-Eigentümers Mohamed Al-Fayed
HENRI PAUL leitender Sicherheitschef des Hôtel Ritz in Paris
TREVOR REES-JONES Dianas Bodyguard
DIE PAPARAZZI mehrere Pressefotographen

Charles und Diana hatten sich 1996 scheiden lassen. 1997 **begann Diana eine Beziehung mit Dodi Al-Fayed,** diese wurde von der Klatschpresse mit enormem Interesse verfolgt, da eine baldige Hochzeit vermutet wurde. **Am 30. August 1997 checkte das Paar im Hôtel Ritz in Paris ein.**

ZEITTAFEL

23.30 Uhr Das Paar verlässt das Hotel in Richtung Al-Fayeds Apartment in der Nähe des Champs-Élysées.
00.25 Uhr Verfolgt von Paparazzi auf Motorrädern, verunglückt die von Henri Paul gelenkte Limousine in einem Tunnel unter der Pont de l'Alma. Paul und Dodi Al-Fayed sind sofort tot, Diana und Trevor Rees-Jones werden schwer verletzt.
04.00 Uhr Diana wird für tot erklärt, Rees-Jones überlebt.
05.09 Uhr Der Buckingham Palace veröffentlicht ein kurzes Statement.
11.00 Uhr Der britische Premierminister Tony Blair nennt Diana die **„Prinzessin des Volkes".**

ÖFFENTLICHE TRAUER

Spontane Trauerfeiern fanden statt. **Innerhalb von Stunden entstand vor dem** Kensington Palace **ein Blumenmeer.**

DIE SCHULDFRAGE

Offiziell Schuld an dem Unfall hatte **Henri Paul, der unter Alkohol- und Medikamenteneinfluss stand.** In der Öffentlichkeit gab man die Schuld aber **den Paparazzi.**

DIE BEERDINGUNG

Milliarden Menschen auf der ganzen Welt verfolgten **Dianas Beerdigung am 6. September.**

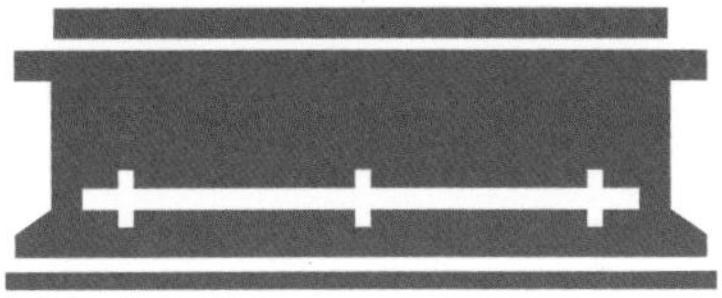

9/11

Am 11. September 2001 werden vier Flugzeuge von Terroristen entführt, um einen Angriff im Herzen Amerikas durchzuführen. Danach soll die Welt nicht mehr die gleiche sein.

DIE FLUGZEUGE

AMERICAN-AIRLINES-FLUG 11, BOEING 767
BOSTON – LOS ANGELES, 92 PASSAGIERE

AMERICAN-AIRLINES-FLUG 77, BOEING 757
WASHINGTON, D. C. – LOS ANGELES, 64 PASSAGIERE

UNITED-AIRLINES-FLUG 175, BOEING 767
BOSTON – LOS ANGELES, 65 PASSAGIERE

UNITED-AIRLINES-FLUG 93, BOEING 757
NEWARK – SAN FRANCISCO, 44 PASSAGIERE

ZEITTAFEL

(ÖSTLICHE STANDARDZEIT, EST)

8.19 Uhr Das Bodenpersonal wird informiert, dass Flug 11 entführt wurde, Kampfflugzeuge der Nationalgarde werden bereit gemacht.

8.46 Uhr Das von Mohammed Atta gesteuerte Flugzeug (Flug 11) schlägt in den Nordturm des World Trade Center (WTC) ein.

9.03 Uhr Flug 175 schlägt auf Höhe der Stockwerke 75–85 des Südturms des WTC ein.

9.37 Uhr Flug 77 fliegt in den Westflügel des Pentagon.

9.42 Uhr Alle Flugzeuge im US-Luftraum werden angewiesen zu landen.

9.45 Uhr Das Weiße Haus und das Kapitol werden evakuiert.

9.59 Uhr Der Südturm des WTC stürzt ein.

10.07 Uhr Nachdem sie von Freunden von den Angriffen erfahren haben, attackieren Passagiere und Crew von Flug 93 die Entführer, das Flugzeug stürzt in Pennsylvania ab.

10.28 Uhr Der Nordturm stürzt ein.

20.30 Uhr Präsident Bush spricht zur Nation.

WAS IST PASSIERT?

Vier Flugzeuge waren entführt worden. Die Behörden wurden von der Kabinencrew des ersten Flugzeugs informiert, aber bevor Kampfflugzeuge der Nationalgarde starten konnten, **wurden zwei der Flugzeuge ins World Trade Center gesteuert.** Alle Menschen an Bord und tausende weitere in den Türmen starben.

AL-KAIDA

Das von Osama bin Laden angeführte Terrornetzwerk war der Ansicht, dass Amerika schwach war. Tatsächlich zeigten sich Schwächen in der nationalen Sicherheit, die die Terroristen ausnutzten.

DIE TWIN TOWERS

Nach dem Terroranschlag wurde Ground Zero zu einer Pilgerstätte. Heute befindet sich dort ein Gedenkmuseum sowie ein einziger Baum, der „Baum der Überlebenden".

2.750
Menschen sterben in New York.

184
Tote gibt es im Pentagon.

40
Menschen sterben in Pennsylvania.

ALLE 19 TERRORISTEN STERBEN.

400
tote Polizei- und Feuerwehrmänner

FOLGEN

Millionen verfolgten den ganzen Tag schockiert die Liveberichterstattung im Fernsehen. **Zum ersten Mal in der Geschichte rief die NATO den „Bündnisfall" nach Artikel 5 aus,** der es allen Mitgliedsstaaten erlaubt, gemeinsam zu handeln. Am **7. Oktober starteten die USA Angriffe in Afghanistan** – das war der Beginn eines langen und blutigen Kriegs.

ZEITTAFEL

CA. 1420ER–1670ER Die Europäer beginnen, die ihnen noch unbekannten Teile der Welt zu erforschen.
CA. 1330ER–1350ER Der Schwarze Tod sucht Europa heim und tötet viele Millionen Menschen.
CA. 1400–1600 Die Renaissance ist eine Blütezeit für Kunst und Wissenschaften.
CA. 1300–1521 Das Aztekenreich in Süd- und Mittelamerika erlebt seine Hochzeit.
CA. 1439 Der Goldschmied Johannes Gutenberg erfindet die Druckerpresse.
1515 Martin Luther kritisiert die katholische Kirche.
1508–1513 Nikolaus Kopernikus entwickelt seine Theorien der Planetenbewegungen.
1478 Die Spanische Inquisition „überprüft" den Glauben konvertierter Katholiken.
1526 In Nordindien wird das Mogulreich begründet.
1534 Durch die Suprematsakte wird Heinrich VIII. zum Oberhaupt der Kirche von England.
1620 Die *Mayflower* segelt mit protestantischen Separatisten an Bord in Richtung Amerika.
1632 Die Bauarbeiten am Taj Mahal beginnen.
1649 Die Hinrichtung von König Karl I. erschüttert den Glauben an das Gottesgnadentum.
1660 Die englische Monarchie wird restauriert.
1692 Die Hexenprozesse von Salem erschüttern Amerika.
1756 Wolfgang Amadeus Mozart wird geboren.
1776 Dreizehn Vertreter der amerikanischen Kolonien unterschreiben die Unabhängigkeitserklärung.
1783 Mit dem Frieden von Paris wird der Amerikanische Unabhängigkeitskrieg formal beendet.
1787 Die First Fleet verlässt Großbritannien in Richtung Australien.
1789 Die Französische Revolution beginnt.
1804 Napoleon Bonaparte krönt sich selbst zum Kaiser.
1811 In Südamerika beginnt der Unabhängigkeitskampf.
1825 Die Eisenbahnverbindung Stockton–Darlington stellt eine Revolution im Transportwesen dar.
1833 In Großbritannien wird die Sklaverei abgeschafft.
1861 In Amerika kommt es zum Bürgerkrieg.
1867 Karl Marx veröffentlicht *Das Kapital.*
1868 Der Boshin-Krieg markiert das Ende der japanischen Shogune.
1897 Die National Union of Women's Suffrage Societies wird gegründet.
1898 Chinesische „Boxer" greifen Ausländer an, es kommt zu brutalen Vergeltungsmaßnahmen.
1903 Orville Wright absolviert den ersten Flug – er dauert zwölf Sekunden.
1914 Die Ermordung Erzherzog Franz Ferdinands führt zum Beginn des Ersten Weltkriegs.
1917 Die Russische Revolution beginnt.
1918 Durch die Spanische Grippe sterben Millionen Menschen.
1929 Der Aktienmarkt in den USA bricht zusammen, daraufhin kommt es zur Großen Depression.
1936 Der Spanische Bürgerkrieg beginnt.
1939 Die Invasion Polens durch die Nazis stellt den Beginn des Zweiten Weltkriegs dar.
1941 Aufgrund des japanischen Angriffs auf Pearl Harbor treten die USA in den Zweiten Weltkrieg ein.
1945 Die Alliierten beenden den Zweiten Weltkrieg.
1945 Die erste Atombombe der Welt wird über Hiroshima abgeworfen.
1947 Indien erlangt die Unabhängigkeit.
1947 Zehn Hollywood-Stars weigern sich, mit dem Komitee für unamerikanische Umtriebe zu kooperieren.
1949 Vorsitzender Mao ruft die Volksrepublik China aus.
1953 Durch die Kubanische Revolution kommt der Kommunismus den USA gefährlich nahe.
1955 Der Vietnamkrieg beginnt.
1955 Rosa Parks weigert sich, ihren Platz im Bus aufzugeben – das ist der Beginn der Bürgerrechtsbewegung.
1960 Die Antibabypille kommt in Amerika auf den Markt.
1962 Im Zuge der Kubakrise schrammt die Welt knapp an einem Atomkrieg vorbei.
1969 Die *Apollo 11* bringt den ersten Mensch auf den Mond.
1989 Friedliche Proteste auf dem Tian'anmen-Platz werden brutal niedergeschlagen.
1990 Nelson Mandela kommt aus dem Gefängnis frei.
2001 Am 9. September treffen vier entführte Flugzeuge Amerika direkt ins Herz.

WEITERFÜHRENDE LITERATUR

Seit Jahrhunderten versuchen Historiker, Biographen und Philosophen zu verstehen, warum bestimmte Ereignisse zu einer bestimmten Zeit auf eine bestimmte Weise geschehen – darauf gibt es immer mehr als eine Antwort. Viele Bücher wurden darüber geschrieben, einige sind trocken und schwer verständlich, andere bieten den Lesern und Leserinnen einen guten Überblick, gehen aber nicht ins Detail: Ein Buch wie dieses kratzt daher immer nur an einer sehr großen Oberfläche.

Bücher über die Weltgeschichte sind von Natur aus allgemein gehalten, stellen aber dennoch einen guten Einstieg dar. *The New Penguin History of the World* von J. M. Roberts, das regelmäßig überarbeitet wird, ist der Klassiker. Für traditionellere Gemüter ist die Online-Version der *Encyclopaedia Britannica* zu empfehlen, hier finden sich Einträge zu unterschiedlichsten Themen.

Zu jedem in diesem Buch enthaltenen Ereignis bzw. Thema wurden ganze Bibliotheken voller Bücher verfasst, es erfordert einiges an Entscheidungskraft, um hier einzelne Empfehlungen auszusprechen. Biographien der frühen Entdecker, wie etwa *Columbus: The Four Voyages* und *Over the Edge of the World: Magellan's Terrifying Circumnavigation of the Globe* von Laurence Bergreen sind ein guter Anfang.

Christianity in the West 1400–1700 von John Bossy ist ein tolles Einstiegswerk, das Lesern viele Aspekte der Reformation näherbringt. Antonia Frasers *Die sechs Frauen Heinrichs VIII.*beschäftigt sich mit vielen Aspekten der Kirche, des Staats und der Politik in Großbritannien; auch *Maria Stuart, Königin der Schotten* von Fraser ist zu empfehlen.

The Slave Trade: The Story of the Atlantic Slave Trade 1440–1870 von Hugh Thomas ist eine tiefgehende Aufarbeitung eines schwierigen Themas, während sich *Unter schwarzer Flagge: Legende und Wirklichkeit des Piratenlebens* von David Cordingly, Reiner Pfleiderer, et al. eingehend mit dem Goldenen Zeitalter der Piraterie beschäftigt.

Unter den vielen Werken zur Herrschaft der Briten in Indien sind William Dalrymples Bücher besonders hervorzuheben, vor allem *The Last Mughal.*

The American Revolution von Gordon Wood und *Ideological Origins of the American Revolution* von Bernard Bailyn bieten Einblicke in die Amerikanische Revolution, während James McPhersons *Für die Freiheit sterben. Die Geschichte des amerikanischen Bürgerkrieges* die Entwicklungen des amerikanischen Bürgerkriegs nachzeichnet. Eine fesselnde, alternative Erzählung der Weltausstellung in Chicago 1893 stellt Eric Larsons *Der Teufel von Chicago: Ein Architekt, ein Mörder und die Weltausstellung, die Amerika veränderte* dar.

The First World War von Michael Howard ist ein tolles Einstiegswerk zur Geschichte des Ersten Weltkriegs, und Michael Burleighs *Die Zeit des Nationalsozialismus: Eine Gesamtdarstellung* bietet Hintergrundwissen zum Zweiten Weltkrieg. *Der Kalte Krieg: Eine neue Geschichte* von John Lewis Gaddis beschäftigt sich mit den Entwicklungen nach Kriegsende, während *Mao: Das Leben eines Mannes, das Schicksal eines Volkes* von Jung Chang and Jon Halliday das Wirken des Vorsitzenden Mao näher beleuchtet.

Tom Wolfes Beschäftigung mit dem Raumfahrtprogramm der NASA in *Die Helden der Nation* ist einfach großartig, und auch Jim Lovells Buch über die *Apollo 13*-Mission, *Apollo 13*, ist die Lektüre wert – diejenigen, die dabei waren, erzählen eben immer die besten Geschichten. In *Die Watergate-Affäre* von Carl Bernstein und Bob Woodward berichten die beiden über ihre Rolle in der Aufdeckung der Watergate-Affäre, und Nelson Mandelas Autobiographie *Der lange Weg zur Freiheit* ist zu Recht ein absoluter Bestseller. Um die Angriffe vom 9. September im Lichte der Geschichte zu betrachten zu können, muss noch etwas Zeit vergehen, aber Laurence Wrights *Der Tod wird euch finden: Al-Qaida und der Weg zum 11.September* ist eine eindrucksvolle Darstellung dessen, was man bisher weiß.

ENGLISCHE MONARCHEN SEIT 1066

Haus Normandie
Wilhelm I. (der Eroberer) 1066–1087
Wilhelm II. 1087–1100
Heinrich I. 1100–1135
Stephan 1135–1154

Haus Plantagenet
Heinrich II. 1154–1189
Richard I. 1189–1199
Johann 1199–1216
Heinrich III. 1216–1272
Ab diesem Zeitpunkt gehört Wales zum Königreich.
Eduard I. 1272–1307
Eduard II. 1307–1327
Eduard III. 1327–1377
Richard II. 1377–1399

Haus Lancaster
Heinrich IV. 1399–1413
Heinrich V. 1413–1422
Heinrich VI. 1422–1461

Haus York
Eduard IV. 1461–1483
Eduard V. 1483
Richard III. 1483–1485

Haus Tudor
Heinrich VII. 1485–1509
Ab diesem Zeitpunkt gehört Irland zum Königreich.
Heinrich VIII. 1509–1547
Eduard VI. 1547–1553
Maria I. 1553–1558
Elisabeth I. 1558–1603

Haus Stuart
Ab diesem Zeitpunkt gehört Schottland zum Königreich.
Jakob I. (Jakob VI., König von Schottland) 1603–1625
Karl I. 1625–1649

Der Commonwealth of England
Oliver Cromwell, Lordprotektor 1653–1658
Richard Cromwell 1658–1659

Die wiederhergestellte Monarchie
Karl II. 1660–1685
Jakob II. (Jakob VII., König von Schottland) 1685–1688
Wilhelm III. und Maria II. 1680
Anne 1702–1714

Haus Hannover
Georg I. 1714–1727
Georg II. 1727–1760
Georg III. 1760–1820
Georg IV. 1820 –1830
Wilhelm IV. 1830–1837
Viktoria 1837–1901

Haus Sachsen-Coburg und Gotha
Eduard VII. 1901–1910

Haus Windsor
Georg V. 1910–1936
Eduard VIII. 1936
Georg VI. 1936–1952
Elisabeth II. 1952–

US-PRÄSIDENTEN SEIT 1789

George Washington 1789–1797
John Adams 1797–1801
Thomas Jefferson 1801–1809
James Madison 1809–1817
James Monroe 1817–1825
John Quincy Adams 1825–1829
Andrew Jackson 1829–1837
Martin Van Buren 1837–1841
William Henry Harrison 1841
John Tyler 1841–1845
James K. Polk 1845–1849
Zachary Taylor 1849–1850
Millard Fillmore 1850–1853
Franklin Pierce 1853–1857
James Buchanan 1857–1861
Abraham Lincoln 1861–1865
Andrew Johnson 1865–1869
Ulysses S. Grant 1869–1877
Rutherford Birchard Hayes 1877–1881
James A. Garfield 1881
Chester A. Arthur 1881–1885
Grover Cleveland 1885–1889
Benjamin Harrison 1889–1893
Grover Cleveland 1893–1897
William McKinley 1897–1901
Theodore Roosevelt 1901–1909
William H. Taft 1909–1913
Woodrow Wilson 1913–1921
Warren G. Harding 1921–1923
Calvin Coolidge 1923–1929
Herbert Hoover 1929–1933
Franklin D. Roosevelt 1933–1945
Harry S. Truman 1945–1953
Dwight D. Eisenhower 1953–1961
John F. Kennedy 1961–1963
Lyndon B. Johnson 1963–1969
Richard M. Nixon 1969–1974
Gerald R. Ford 1974–1977
Jimmy Carter 1977–1981
Ronald Reagan 1981–1989
George Bush 1989–1993
Bill Clinton 1993–2001
George W. Bush 2001–2009
Barack Obama 2009–2017
Donald J. Trump 2017–2021
Joe Biden 2021–